Über dieses Buch Seit die Katze die Herzen der Dichter eingefangen und mit ihnen wie mit empfindsamen Mäusen gespielt hat, ist dieses eleganteste unter den Tieren nicht mehr aus der Literatur wegzudenken.

Eine Auswahl der schönsten klassischen und modernen Katzengeschichten sind in diesem Band versammelt. In sechs Kapiteln finden Katzen- und Literaturfreunde hier Geschichten von Charles Baudelaire, Colette, den Brüdern Grimm, Bernhard Grzimek, Ernest Hemingway, E. T. A. Hoffmann, James Joyce, Gottfried Keller, Rudyard Kipling, Svend Leopold, Guy de Maupassant, Edgar Allan Poe, Eugen Roth, Gustav Schenk, Theodor Storm, Kurt Tucholsky, Robert Walser, Eugen Skasa-Weiß und Emile Zola.

In allen Geschichten dieses Bandes ist die Katze nicht nur Hauptperson, sondern auch Persönlichkeit – rätselhaft, vertraut, abgründig, häßlich, schön oder makellos vollkommen. Sei es nun die Katze, die ihre eigenen Wege geht, die listige, die unheimliche, die abenteuerliche Katze oder der Gestiefelte Kater, der am Ende seinem Herrn Macht und Reichtum beschert. »Eine anarchistische Aristokratin« hat Kurt Tucholsky sie genannt. Und Tucholskys Brief an seinen Kater Mingo schließt mit dem Gruß: »An dich und an alles was schön ist und rätselhaft, überflüssig und geschwungen, unergründlich und einsam und ewig getrennt von uns: also an die Katzen und an die Frauen. Mit einem herzlichen Fellgestreichel und Grüßen an die Herrschaften, die bei dir wohnen. Dein Peter Panther.«

Weitere »Katzenbücher« im Fischer Taschenbuch Verlag:
Robert Crottet, *Negri. Tagebuch einer Katze* (2422), Marguerite Steen, *Kleiner weißer König* (8008).

Die schönsten Katzengeschichten der Welt

Fischer Taschenbuch Verlag

Ungekürzte Ausgabe
Fischer Taschenbuch 8055
Januar 1983
Fischer Taschenbuch Verlag GmbH, Frankfurt am Main
Lizenzausgabe mit freundlicher Genehmigung der
Delphin Verlag GmbH, München und Zürich
© 1981 by Delphin Verlag GmbH, München und Zürich

Umschlaggestaltung: Rambow, Lienemeyer, van de Sand
Gesamtherstellung: Hanseatische Druckanstalt GmbH, Hamburg
Printed in Germany
780-ISBN-3-596-28055-9

Inhalt

STATT EINES VORWORTES
Kurt Tucholsky: Brief an einen Kater
9

SO IST DIE KATZ...
Robert Walser: Das Kätzchen
13

Rudyard Kipling: Die Katze geht ihre eigenen Wege
14

Bernhard Grzimek: Die Katze mit den zwei Heimaten
24

Karel Čapek: Die fanatischen Mütter
32

ERNST UND HEITER
Emile Zola: Das Katzenparadies
37

Guy de Maupassant: Das verzauberte Schloß
42

Colette: Saha
46

Kurt Tucholsky: Die Katz
60

Eugen Roth: Die Katze
63

Ernest Hemingway: Katze im Regen
67

Eugen Skasa-Weiß: Charivari aus dem Park
71

DIE LITERARISCHE KATZE
Svend Leopold: Goethes Katze
75

E. T. A. Hoffmann: Lebensansichten des Katers Murr
78

UNHEIMLICHE KATZENGESCHICHTEN
Edgar Allan Poe: Der schwarze Kater
123

Theodor Storm: Bulemanns Haus
134

LIST UND ABENTEUER
Svend Leopold: Napoleons Katze
155

Gottfried Keller: Spiegel, das Kätzchen
162

Gustav Schenk: Seefahrer Kador
196

MÄRCHEN, FABELN, LEGENDEN
Katze bleibt Katze
203

Charles Baudelaire: Die Uhr
204

Der Katzenkönig
205

James Joyce: Die Katze und der Teufel
207

Schicksal einer Schönheit
210

Aesop: Die tote Katze
212

Warum Hund und Katze einander feind sind
213

Brüder in der Not
215

Brüder Grimm: Der Gestiefelte Kater
216

QUELLENNACHWEIS
220

Statt eines Vorwortes

Paris, den heutigen
Lieber Mingo,
du liegst grade, ein weißer Knäul, unter dem Sofa, im Zimmer des blonden Engels, und wartest auf Konrad, der dir aus seiner Fabrik etwas mitbringen wird; einen Wurstzippel oder einen Knochen vom Kalbskotelett oder sonst etwas Eingewickeltes. Hättest du die Freundlichkeit, einmal zuzuhören? Komm heraus! He! Komm! Mies – mies – mies! Mingo! Mingo!
Du wärst keine richtige Katze, wenn du kämst. Und so muß ich mich denn vor das Sofa legen, platt auf den Boden, und dir unter die geschweiften Beine des Möbels herunterflüstern, was ich dir zu sagen habe... Hör zu.
Daß du in die Malerei eingegangen bist, weißt du ja. Die Japaner... Ja, mach die Augen zu und schnurre im traumlosen Schlaf – es ist nicht neu. Aber in der Literatur, da muß man dich schon suchen; so viele gute Katzenbücher gibt es nicht. Sieh, was ich hier habe! Du siehst kaum auf. Fauler. Atmendes Kissen. Es ist ein kleines Buch, weiß wie du, heißt ›Katzen‹. Und – zerkratz den Deckel nicht – du sollst die Pfoten vom Deckel nehmen! Untier! Drache! Geschöpf! Mingo, das ist das allerreizendste Buch, das mir seit langem unter die Kritikerkrallen gekommen ist...
Deine Zähigkeit, mit der du am Leben hängst; die Sinnlosigkeit dieses Lebens... Und wie noch eine verwilderte Katze eine Dame ist, bis in die letzte Schwanzspitze, und wie man eigentlich immer ein bißchen Angst vor dir haben muß, solche Angst, wie man sie vor einer Pistole hat, von der man nicht weiß, ob sie geladen ist oder nicht... Man weiß nicht. Mingo, was denkst du? Ach, lach mich nicht aus.
Ja, großmütig bist du, voll von einer stillen Verachtung für uns alle. In einem seiner ersten Romane hat Max Brod entdeckt, wie sich die Tiere über die Menschen heimlich lustig machten... Du verschmähst sogar das. Du siehst uns gar nicht mehr. Wie du ins Leere schaust! Wohin blickst du? In welcher Zeit lebst du? In deiner eigenen – in unserer nur, wenn du etwas zu fressen haben

willst. Übrigens sehe ich dich nicht gern essen; die kleinen ruckenden, bösen Bewegungen, mit denen du schluckst ... Verzeih.
Sag mal – Mingo! Schläft. Nein, schläft nicht – blinzelt durch den dünnsten Spalt der Augenlider mich an, ich kann doch den Kopf nicht dauernd auf den Fußboden legen, wenn man auch von ihm – natürlich – essen könnte... Mingo! Komm heraus. Kommt nicht.
Mingo, du kannst lesen, ich weiß es, du zeigst es nur nicht. Dieses Buch. Es ist so unsüßlich, so gar nicht verniedlicht, so unheimlich – und es ist in der Form so edel, wie du es bist. Es muß wohl Katzenmenschen und Hundemenschen geben. Magst du den Hund? Ich auch nicht. Er brüllt den ganzen Tag, zerstört mit seinem unnützen Lärm die schönsten Stillen und wird in seiner Rücksichtslosigkeit nur noch von der seiner Besitzer übertroffen. (Protest des Reichsbundes Deutscher Hundefreunde. Kusch.) Man kann dich nicht fangen, ich weiß. Aber bist du in diesem Satz nicht ganz enthalten? »Die Katze ist eine anarchistische Aristokratin, mit gesundem proletarischem élan vital.« Das bist du.
So, nun stehe ich wieder auf. Und sitze plötzlich in dem silbergrauen Paris und denke an dich, an dich und den blaugrauen Angorakater, der so klein war, daß er nicht einmal einen Namen hatte; er konnte einem gerade entgegenwackeln, wenn man ins Zimmer kam, und dann aß er nichts mehr und dann starb er, und nun liegt er in meinem Garten a. D. von Fontainebleau.
Einen Gruß, Mingo! An dich und an alles, was schön ist und rätselhaft, überflüssig und geschwungen, unergründlich und einsam und ewig getrennt von uns: also an die Katzen und an das Feuer und das Wasser und an die Frauen.
Mit einem herzlichen Fellgestreichel
und Grüßen an die Herrschaften, die bei dir wohnen.

                                      Dein Peter Panter (Kurt Tucholsky)

So ist die Katz...

Robert Walser

Das Kätzchen

Was gab es für einen schönen Regenbogen, die Welt so zart, alles so glänzend, aber ich will von was anderem reden. Ich dachte heute an nichts als an ein Kätzchen. Ist das nicht total belanglos? Ich gebe es zu, aber Nebensächlichkeiten sind oft wie Sonnenschein. Ich sah das Kätzchen schon gestern, jetzt zeichne ich es. Von Farbe ist es gestreift wie ein Tigerchen. Gähnen kann es prächtig, ganz wie jemand, der sich langweilt. Wie sprang es herum, bald war's in der Küche, bald im Eßzimmer, bald im Salon. Klubsessel und Plüschsofa gefallen ihm sehr. Alle schenkten ihm eine Aufmerksamkeit, die der Sorgfalt ähnelte. Eines fragte, ob es wohl sein früheres Heim schon vergessen habe oder noch vermisse. Welche Anteilnahme! Unter anderem hing es sich an einen Zottel, ließ sich hin- und herschwenken wie ein Akrobat, der für Geld turnt. Äugelchen hat es große, schwarze; Tatzen harmlose. Kratzen kann es noch nicht recht, wird es aber mit der Zeit schon lernen. Im Bratloch sollte es übernachten, zog hierfür jedoch einen Stuhl vor. Jede Kiste, jede Schachtel untersucht es, machte zahlreiche Entdeckungen. Im Herunterreißen von Tüchern und Umwerfen von Vasen erwies es sich, so jung und unerfahren es ist, als Meister. Es hat dies Talent wohl mit zur Welt gebracht. Bereits leckt es Milch auf; ferner versteht es sich zusammenzukugeln und wie ein Kreisel sich herumzudrehen. Ein Kater wurde ihm vorgestellt. Die Zumutung war etwas stark. Es hob sich empor, sträubte die Haare, machte einen Buckel und blieb minutenlang noch ganz nachdenklich und zaghaft. Jemand spielte Klavier. Husch, verschwand es unter die Kommode, kam erst wieder zum Vorschein, als das Konzert verklungen war. Anscheinend macht es sich aus Musik nicht viel. Es spielt lieber selber, zwar nicht nach Noten, eher mit einem Rölleli oder Hobelspan. Das Närrchen zu machen geht ihm über alles, ist ihm das Höchste. Ein Mädchen wollte den Pfarrer spielen und es taufen, selbstverständlich nur im Spaß. Wer spräche so etwas im Ernste? Diese Skizze ist ein wenig schnurrig, gleichwohl hoff' ich sie als Beitrag brauchbar.

Rudyard Kipling

Die Katze geht ihre eigenen Wege

Höre, lausche und vernimm, mein liebstes Kind; dies begab und ereignete sich, wurde und war, da die Haustiere noch wild waren. Der Hund war wild, und das Pferd war wild, und die Kuh war wild, und das Schaf war wild, und das Schwein war wild – das war schon ganz und gar wild –, und die gingen da im nassen, wilden Wald ihre wilden, einsamen Wege. Aber das wildeste aller Tiere war die Katze. Die ging ganz allein für sich, und ein Ort war für sie wie der andere.
Der Mensch war selbstverständlich auch wild. Furchtbar wild sogar. Er fing erst an, ein bißchen zahm zu werden, als er mit der Frau zusammengetroffen war und die ihm gesagt hatte, sie habe keine Lust, in so wilder Weise zu leben wie er. Sie suchte sich eine hübsche trockene Höhle, um darin zu schlafen, statt auf einem Haufen nassen Laubs; und dann streute sie sauberen Sand auf den Boden und zündete ganz hinten in der Höhle aus Holz ein hübsches Feuerchen an; darauf hängte sie noch die getrocknete Haut eines Wildpferdes mit dem Schwanz nach unten vor den Einlaß der Höhle und sagte: »Wische deine Füße ab, mein Lieber, bevor du eintrittst; so, und nun wollen wir mit dem Haushalt anfangen.«
Am Abend gab es dann Wildschaffleisch, das auf heißen Steinen gebraten und mit wildem Knoblauch und wildem Pfeffer gewürzt war; darauf mit wildem Reis, wildem Fenchel und wildem Koriander gefüllte Wildente; danach Markknochen von wilden Ochsen und schließlich wilde Kirschen und wilde Granatäpfel. Und dann legte sich der Mann glücklich und zufrieden vor dem Feuer schlafen; aber die Frau blieb auf und kämmte ihr Haar. Und sie nahm das große, flache Schulterblatt von dem Hammel und betrachtete die wundersame Zeichnung darauf, und dann warf sie frisches Holz aufs Feuer und machte einen Zauber, den ersten Sangeszauber auf der Welt.
Draußen im nassen wilden Wald aber liefen all die wilden Tiere zusammen, an einer Stelle, wo sie von ganz weit her den Schein des Feuers sehen konnten, und machten sich Gedanken darüber, was das bedeuten möge.

Schließlich stampfte das Wildpferd mit dem wilden Huf auf und sagte: »O meine Freunde und meine Feinde, warum haben der Mann und das Weib das große Licht in der großen Höhle dort angezündet, und welchen Schaden wird uns dies bringen?«
Und der Wildhund hob die wilde Nase und roch den Geruch des Hammelbratens und sagte: »Ich werde einmal hingehn und nachsehn und euch Bescheid sagen; denn mich dünkt, es ist schon recht. Katze, komm mit!«
»Nichts da!« sagte die Katze. »Ich bin die Katze, und ich gehe nur allein für mich, und jeder Ort ist für mich wie der andere. Ich gehe nicht mit.«
»Dann können wir nie wieder Freunde sein«, sagte der Wildhund und setzte sich in Trab nach der Höhle. Als er aber ein Stückchen weit fort war, sprach die Katze bei sich selbst: »Ein Ort ist für mich wie der andere. Warum soll ich eigentlich nicht auch hingehn, mir alles ansehn und wieder weggehn, grade wie es mir beliebt?« Sie schlich also hinter dem Wildhund drein, sachte, ganz sachte, und versteckte sich an einer Stelle, wo sie alles hören konnte.
Als der Wildhund beim Eingang zur Höhle angelangt war, schob er die getrocknete Pferdehaut mit der Nase hoch und schnupperte den herrlichen Duft vom Hammelbraten. Die Frau aber, die immer noch das Schulterblatt betrachtete, hatte ihn gehört und sagte: »Da kommt der erste. Wildes Wesen aus dem wilden Wald, was willst du?«
Und der Wildhund sagte: »O meine Feindin und Weib meines Feindes, was duftet so wunderschön in den wilden Wald hinaus?«
Da nahm die Frau einen angebratenen Hammelknochen, warf ihn dem Wildhund zu und sagte: »Wildes Wesen aus dem wilden Wald, da koste einmal.« Und der Wildhund nagte den Knochen ab, und er schmeckte köstlicher denn alles, was er je gekostet hatte; und er sagte: »O meine Feindin und Weib meines Feindes, gib mir noch einen.«
Und die Frau sagte: »Wildes Wesen aus dem wilden Wald, hilf meinem Mann tagsüber beim Jagen und bewache diese Höhle zur Nachtzeit, dann werde ich dir so viele gebratene Knochen geben, wie du magst.«
Da das die Katze hörte, sagte sie: »Ei, ei, das ist eine gescheite Frau, aber so gescheit wie ich ist sie doch nicht.«

Der Wildhund aber kroch in die Höhle hinein zu der Frau hin, legte seinen Kopf in ihren Schoß und sagte: »O meine Freundin und Weib meines Freundes, ich werde deinem Mann tagsüber bei der Jagd helfen und zur Nachtzeit eure Höhle bewachen.«

»Ei, ei«, sagte die horchende Katze, »das ist ja ein ganz dummer Hund.« Und sie ging zurück durch den nassen wilden Wald und wanderte, mit dem wilden Schwanz wedelnd, für sich allein ihres wilden Weges. Aber sie erzählte niemandem je etwas davon.

Als der Mann aufwachte, sagte er: »Was tut der Wildhund hier?« Und die Frau sagte: »Er heißt nicht mehr Wildhund, sondern Erster Freund, denn er wird immer und ewig unser Freund sein. Nimm ihn mit, wenn du auf die Jagd gehst.«

Am nächsten Abend schnitt die Frau ganze Armvoll frischen grünen Grases auf den nassen Wiesen ab und trocknete es am Feuer, so daß es duftete wie frischgemähtes Heu, und dann setzte sie sich an den Eingang der Höhle und flocht einen Halfter aus Pferdeleder; dabei beschaute sie immer das Hammelschulterblatt und machte einen Zauber. Das war der zweite Sangeszauber auf der Welt.

Draußen im wilden Wald wunderten sich alle wilden Tiere darüber, was dem Wildhund zugestoßen sein möge, und schließlich stampfte das Wildpferd mit dem Huf auf und sagte: »Ich werde einmal hingehen und sehen und euch Bescheid sagen, warum der Wildhund nicht zurückgekehrt ist. Komm mit, Katze!« – »Nichts da!« sagte die Katze. »Ich bin die Katze, die für sich allein geht, und ein Ort ist für mich wie der andere. Ich gehe nicht mit.« Trotzdem aber lief sie sachte, ganz sachte dem Wildpferd nach und versteckte sich an einer Stelle, wo sie alles hören konnte.

Als die Frau das Wildpferd herantrampeln und über seine lange Mähne stolpern hörte, lachte sie und sagte: »Da kommt der zweite. Wildes Wesen aus dem wilden Wald, was willst du?«

Und das Wildpferd sagte: »O meine Feindin und Weib meines Feindes, wo ist der Wildhund?«

Da lachte die Frau, hob den Schulterknochen hoch, schaute darauf und sprach: »Wildes Wesen aus dem wilden Wald, du bist nicht wegen des Wildhundes gekommen, sondern um des schönen Grases willen.«

Und da trappelte das Wildpferd und verhedderte sich in seiner langen Mähne und sagte: »Wahrlich, so ist es ... laß mich davon fressen.«
Und die Frau sagte: »Wildes Wesen aus dem wilden Wald, beuge deinen wilden Kopf und trage, was ich dir zu tragen gebe, und du sollst dreimal am Tag das wunderschöne Gras zu fressen bekommen.«
»Ei, ei«, sagte die horchende Katze, »das ist eine sehr gescheite Frau, aber sie ist nicht so gescheit wie ich.«
Das Wildpferd aber beugte den wilden Kopf, und die Frau streifte ihm das geflochtene Lederhalfter über, und das Wildpferd schnaubte auf die Füße der Frau und sagte: O meine Herrin und Weib meines Herrn, um des wunderschönen Grases willen will ich dein Knecht sein.«
»Ei, ei«, sagte die horchende Katze. »Das ist ja ein ganz dummes Pferd.« Und sie ging zurück durch den nassen wilden Wald und wanderte, mit dem wilden Schwanz wedelnd, für sich allein ihres wilden Weges. Aber sie erzählte niemand je davon.
Als der Mann und der Hund von der Jagd heimkamen, sagte der Mann: »Was tut denn das Wildpferd hier?« Und die Frau sagte: »Es heißt nicht mehr Wildpferd, sondern Erster Knecht, denn es wird uns nun immer und ewig von einem Ort zum andern tragen. Reite auf ihm, wenn du jagen gehst.«
Am nächsten Tag kam, den wilden Kopf hoch haltend, damit sich ihre wilden Hörner nicht im wilden Baumgeäst verfingen, die Wildkuh zu der Höhle, und die Katze schlich ihr nach und versteckte sich wieder, wie sie vorher getan; und es begab sich auch alles wie vorher, und die Katze sagte die gleichen Worte wie vorher; und als die Wildkuh versprochen hatte, der Frau gegen das wunderschöne Gras alle Tage ihre Milch zu geben, ging die Katze wiederum davon durch den nassen wilden Wald und wanderte, mit dem wilden Schwanz wedelnd, für sich allein ihres wilden Weges. Und erzählte niemand je ein Wort davon.
Und als der Mann mit dem Pferd und dem Hund von der Jagd heimkam, stellte er wieder die gleiche Frage, und da sagte die Frau: »Sie heißt nicht mehr Wildkuh, sondern Spenderin trefflicher Nahrung. Immer und ewig wird sie uns ihre warme weiße Milch spenden, und ich werde für sie sorgen, während du mit dem Ersten Freund und dem Ersten Knecht auf der Jagd bist.«
Am nächsten Tag paßte die Katze auf, ob noch irgendein wildes

Wesen zur Höhle ginge; aber es regte sich nichts im nassen wilden Wald, und so ging die Katze für sich allein hin; und sie sah die Frau die Kuh melken und den Feuerschein in der Höhle und roch den Geruch der warmen weißen Milch.
Und die Katze sagte: »O meine Feindin und Weib meines Feindes, wo ist die Wildkuh hingekommen?«
Da lachte die Frau und sagte: »Wildes Wesen aus dem wilden Wald, geh nur wieder in den Wald zurück, denn ich habe mein Haar geflochten und aufgesteckt und habe den Zauberknochen von mir getan, und wir brauchen in unserer Höhle keine weiteren Freunde und Knechte.«
Da sagte die Katze: »Ich bin weder ein Freund noch ein Knecht. Ich bin die Katze, die für sich allein geht, und ich möchte in eure Höhle.« Und die Frau sagte: »Warum bist du dann nicht mit dem Ersten Freund am ersten Abend gekomen?« Da wurde die Katze erbost und fragte: »Hat der Wildhund mich verklatscht?«
Da lachte die Frau und sagte: »Du bist doch die Katze, die für sich allein geht und für die ein Ort ist wie der andere. Du bist weder ein Freund noch ein Knecht. Das hast du selbst gesagt. So geh denn auch für dich allein an alle Orte, die dir einer wie der andere sind.«
Da tat die Katze, als sei sie traurig, und sagte: »Darf ich denn nicht in die Höhle? Darf ich denn nicht am warmen Feuer sitzen? Darf ich denn nicht die warme weiße Milch trinken? Du bist sehr klug und sehr schön. Du solltest selbst gegen eine Katze nicht grausam sein.«
Und die Frau sagte: »Ich wußte, daß ich klug bin; aber ich wußte nicht, daß ich schön bin. Drum will ich ein Abkommen mit dir machen. Wenn ich jemals ein Wort zu deinem Lobe sage, dann magst du in die Höhle kommen.«
»Und wenn du zwei Worte zu meinem Lobe sagst?« fragte die Katze.
»Das wird nicht geschehen«, sagte die Frau. »Aber wenn ich zwei Worte zu deinem Lobe sage, dann darfst du in der Höhle am Feuer sitzen.«
»Und wenn du drei Worte sagst?« fragte die Katze.
»Das wird nicht geschehen«, sagte die Frau. »Aber wenn ich drei Worte zu deinem Lobe sage, dann darfst du für immer und ewig dreimal am Tage warme weiße Milch trinken.«

Da machte die Katze einen Buckel und sagte: »So mögen der Vorhang am Einlaß der Höhle und das Feuer in der Höhle und die Milchtöpfe neben dem Feuer sich dessen entsinnen, was meine Feindin und das Weib meines Feindes gesagt hat.« Und sie ging davon durch den nassen wilden Wald und wanderte, mit dem wilden Schwanz wedelnd, ihres einsamen wilden Weges.
Als nun am Abend der Mann mit dem Pferd und dem Hund von der Jagd heimkam, erzählte ihnen die Frau nichts von dem Abkommen, das sie mit der Katze getroffen hatte; denn sie fürchtete, das werde ihnen nicht recht sein.
Die Katze aber ging weit, weit fort und versteckte sich in der wilden Einöde des nassen wilden Waldes, bis die Frau gar nicht mehr an sie dachte. Nur die Fledermaus, die kleine Fledermaus, die, mit dem Kopf nach unten, in der Höhle hing, wußte, wo die Katze sich versteckt hielt; und jeden Abend flog die Fledermaus zur Katze hin und berichtete ihr, was es Neues gab.
Eines Abends nun sagte die Fledermaus: »In der Höhle ist ein Kleines. Ganz neu ist es und rosig und dick und winzig, und die Frau hat es sehr gern.« – »Ei, ei«, sagte die Katze aufhorchend, »aber was hat das Kleine gern?«
»Das hat Sachen gern, die weich sind und kitzeln«, sagte die Fledermaus. »Warme Sachen hat es gern, die es in den Armen halten kann, wenn es einschläft. Es hat gern, wenn man mit ihm spielt. All das hat es gern.«
»Ei, ei«, sagte die Katze, »dann ist meine Zeit gekommen.«
In der nächsten Nacht wanderte die Katze durch den nassen wilden Wald und versteckte sich in der Nähe der Höhle, bis der Morgen anbrach und der Mann mit dem Hund und dem Pferd auf die Jagd ging. Die Frau hatte an dem Morgen viel Arbeit mit Kochen; das Kind aber schrie immerzu und störte sie. Darum trug sie es vor die Höhle und gab ihm eine Handvoll Steinchen zum Spielen. Allein das Kind schrie immer weiter.
Da streckte die Katze ihre Sammetpfote aus und streichelte damit dem Kind über die Wange, und das Kind gurrte vor Vergnügen; und da rieb sich die Katze an seinen dicken Knien und kitzelte es mit ihrem Schwanz unter seinem dicklichen Kinn. Da lachte das Kind, und die Frau hörte das und lächelte auch.
Da sagte die Fledermaus, die kleine Fledermaus, die mit dem Kopf nach unten am Eingang der Höhle hing: »O meine Hauswirtin und Weib meines Hauswirts und Mutter von meines Hauswirts

Sohn, ein wildes Wesen aus dem wilden Wald spielt ganz wunderschön mit deinem Kind.«
»So sei das wilde Wesen gesegnet dafür, wer es auch sein mag«, sagte die Frau, sich von der Arbeit aufrichtend, »denn ich hatte heute früh viel zu tun, und es hat mir einen Dienst erwiesen.«
Aber im gleichen Augenblick, auf die Sekunde genau, fiel – bums! – die trockene Pferdehaut, die mit dem Kopf nach unten als Vorhang am Einlaß der Höhle lag, herunter, denn sie entsann sich des Abkommens, das die Frau mit der Katze geschlossen hatte; und als die Frau hinging, um den Vorhang aufzuheben – sieh da! –, da saß die Katze ganz gemütlich am Eingang der Höhle.
»O meine Feindin und Weib meines Feindes und Mutter meines Feindes«, sagte die Katze, »ich bin es: hast du doch ein Wort zu meinem Lobe gesagt, und so darf ich nun für immer und ewig in der Höhle sitzen. Doch ich bin und bleibe die Katze, die für sich allein geht, und ein Ort ist für mich wie der andere.«
Die Frau ärgerte sich sehr; sie biß die Lippen zusammen, nahm ihr Spinnrad und machte sich ans Spinnen.
Doch das Kind schrie wieder, weil die Katze von ihm fortgegangen war, und die Frau konnte es nicht zum Schweigen bringen; es fuchtelte und strampelte, daß es blau im Gesicht wurde.
Da sagte die Katze: »O meine Feindin und Weib meines Feindes und Mutter meines Feindes, nimm einen Faden von dem Garn, das du da spinnst, binde den Wirtel daran und ziehe ihn über den Boden, dann werde ich dir einen Zauber zeigen, der bewirkt, daß dein Kind so laut lacht, wie es jetzt weint.«
»Das will ich tun«, sagte die Frau, »weil ich mir keinen anderen Rat mehr weiß, aber danken werde ich dir dafür nicht.«
Sie knüpfte also den kleinen tönernen Wirtel an den Faden und zog ihn über den Boden, und die Katze lief ihm nach und schlug mit der Pfote danach, überkugelte sich und schleuderte ihn über die Schulter weg und zwischen den Hinterbeinen herum und stellte sich, als ob sie ihn nicht mehr fände, dann sprang sie wieder darauf zu, bis das Kind so laut lachte, wie es schon vorher geweint hatte, und krabbelte und jauchzte hinter der Katze her, bis es müde wurde und sich, die Katze im Arm, zum Schlafen hinlegte.
»Nun«, sagte die Katze, »werde ich dem Kind ein Liedchen singen, damit es eine Stunde lang schläft.« Und sie schnurrte, erst laut, dann leise, laut, leise, bis das Kind fest eingeschlafen war. Und da sie auf die beiden heruntersah, mußte die Frau lächeln und

sagte: »Das hast du wunderschön gemacht. Keine Frage, du bist sehr gescheit, Katze.«
Aber im gleichen Augenblick, auf die Sekunde genau, schlug – pfff! – der Rauch des Feuers hinten in der Höhle in Qualmwolken von der Decke herunter, denn das Feuer entsann sich des Abkommens, das die Frau mit der Katze gemacht hatte; und als sich der Rauch verzogen hatte – sieh da! –, da saß die Katze gemütlich dicht am Feuer.
»O meine Feindin und Weib meines Feindes und Mutter meines Feindes«, sagte sie, »ich bin es: hast du doch jetzt zum zweitenmal ein Wort zu meinem Lobe gesagt, und nun darf ich für immer und ewig hinten in der Höhle am warmen Feuer sitzen. Aber ich bin und bleibe die Katze, die für sich allein geht, und ein Ort ist für mich wie der andere.«
Da wurde die Frau sehr, sehr ärgerlich, ließ ihre Haare über die Schulter fallen, legte frisches Holz aufs Feuer, holte das breite Hammelschulterblatt und machte einen Zauber, der sie davor bewahren sollte, zum drittenmal ein gutes Wort über die Katze zu sagen. Es war kein Sangeszauber, sondern ein stummer Zauber, und nach und nach wurde es in der Höhle so still, daß ein winzig kleines Mäuslein aus der Ecke hervorkroch und über den Fußboden huschte.
»O meine Feindin und Weib meines Feindes und Mutter meines Feindes«, sagte die Katze, »gehört das Mäuslein da zu deinem Zauber?«
»Huhu! Huhu! Wahrlich nicht!« rief die Frau aus, ließ den Hammelknochen fallen, sprang auf den Schemel vor dem Feuer und knotete rasch, rasch ihr Haar zusammen, vor Angst, das Mäuslein könne darin hinauflaufen.
»Soso«, sagte die Katze und schaute scharf aus, »dann kann es mir nicht schaden, wenn ich die Maus fresse?«
»Nein«, sagte die Frau, ihr Haar hochsteckend, »friß sie nur rasch; ich werde dir das ewig danken.«
Die Katze machte einen Satz und hatte schon das Mäuslein gepackt. Die Frau aber sagte: »Tausend Dank, selbst unser Erster Freund vermag nicht so schnell kleine Mäuse zu fangen, wie du das eben getan hast. Du mußt sehr klug sein.«
Da, im gleichen Augenblick, genau auf die Sekunde, zersprang – kkrr! – der Milchtopf, der am Feuer stand, in zwei Stücke, denn er entsann sich des Abkommens, das die Frau mit der Katze gemacht hatte; und als die Frau vom Schemel herabsprang – siehe da! –, da

leckte die Katze die warme weiße Milch aus einer der beiden Scherben.

»O meine Feindin und Weib meines Feindes und Mutter meines Feindes«, sagte die Katze, »jetzt hast du zum drittenmal ein Wort zu meinem Lobe gesagt, und nun darf ich für immer und ewig dreimal am Tage die warme weiße Milch trinken. Aber deshalb bin und bleibe ich doch die Katze, die für sich allein geht, und ein Ort ist für mich wie der andere.«

Da lachte die Frau und setzte der Katze einen Napf voll warmer weißer Milch vor und sagte: »O Katze, du bist so gescheit wie ein Mensch, du mußt jedoch bedenken, daß du das Abkommen nicht mit dem Mann und dem Hund gemacht hast, und wie die sich verhalten werden, wenn sie heimkommen, das weiß ich nicht.«

»Was kümmert das mich?« sagte die Katze. »Wenn ich meinen Platz am Feuer in der Höhle und dreimal täglich meine warme weiße Milch habe, dann ist es mir gleich, wie der Mann und der Hund sich verhalten.«

Als dann am Abend der Mann und der Hund in die Höhle kamen, erzählte ihnen die Frau die ganze Geschichte von dem Abkommen, derweil die Katze am Feuer saß und lächelte. Darauf sagte der Mann: »Jaja, aber mit mir hat sie kein Abkommen geschlossen, noch mit allen richtigen Männern, die nach mir kommen.« Dann zog er seine zwei Lederstiefel aus und nahm sein kleines Steinbeil – das macht drei – und holte ein Scheit Holz und eine Axt – das macht zusammen fünf –, stellte alles nebeneinander in eine Reihe und sagte: »So, jetzt werden wir zwei unser Abkommen machen. Wenn du nicht, solange du immer und ewig in der Höhle bist, Mäuse fängst, dann schmeiße ich diese fünf Sachen nach dir, wann immer ich dich zu Gesicht kriege, und so sollen alle richtigen Männer tun, die nach mir kommen.«

»Ei, ei«, sagte die Frau, die zuhörte, »die Katze da ist sehr klug, aber so klug wie mein Mann ist sie doch nicht.«

Die Katze besah sich die fünf Sachen, eine nach der anderen – und sie sahen alle recht grobkantig aus –, und sagte: »Ich werde in der Höhle immer und ewig Mäuse fangen; aber trotz alledem bin und bleibe ich die Katze, die für sich alleine geht, und ein Ort ist für mich wie der andere.«

»Nicht, wenn ich um die Wege bin«, sagte der Mann. »Hättest du das, was du zuletzt gesagt hast, nicht gesagt, dann würde ich all die Sachen da für immer und ewig beiseite getan haben; nun aber werde ich meine beiden Stiefel und mein kleines Steinbeil – das macht drei – nach dir werfen, wann immer ich dich sehe. Und so werden alle richtigen Männer tun, die nach mir kommen.«

Und da sagte der Hund: »Einen Augenblick! Die Katze hat auch kein Abkommen mit mir geschlossen, noch eines mit allen richtigen Hunden, die nach mir kommen.« Und dann fletschte er die Zähne und fuhr fort: »Wenn du nicht lieb zu dem Kind bist, solange ich für immer und ewig in der Höhle wohne, dann werde ich auf dich Jagd machen, bis ich dich packe, und wenn ich dich gepackt habe, dann werde ich dich beißen. Und so sollen alle richtigen Hunde tun, die nach mir kommen.«

»Ei, ei«, sagte die Frau, die zuhörte, »die Katze ist sehr gescheit, aber sie ist doch nicht so gescheit wie der Hund.«

Die Katze beschaute die Zähne des Hundes, einen nach dem andern – und sie schienen alle sehr scharf – und sagte: »Ich werde lieb sein zu dem Kind, solange ich in der Höhle wohne, wenn es mich nicht zu fest am Schwanz zieht, für immer und ewig. Aber deshalb bin und bleibe ich doch die Katze, die für sich alleine geht, und für mich ist ein Ort wie der andere.«

»Nicht, wenn ich um die Wege bin«, sagte der Hund. »Hättest du das letzte, was du gesagt hast, nicht gesagt, dann hätte ich meine Kiefer für immer und ewig geschlossen gehalten; nun aber werde ich dich auf den nächsten Baum jagen, wo immer ich dich treffe. Und so sollen alle richtigen Hunde nach mir tun.«

Und da warf der Mann seine beiden Stiefel und das kleine Steinbeil – das macht drei – nach der Katze, und die Katze rannte aus der Höhle hinaus, und der Hund lief ihr nach und jagte sie auf einen Baum hinauf; und von jenem Tag an bis zum heutigen werfen von fünf richtigen Männern drei immer Sachen nach einer Katze, sobald sie eine zu Gesicht kriegen, und alle richtigen Hunde jagen die Katze einen Baum hinauf.

Doch auch die Katze hält das Abkommen ein. Sie vertilgt Mäuse und ist lieb zu Kindern, wenn sie im Hause ist, solange die sie nicht zu fest am Schwanz ziehen. Aber danach und auch zwischenhinein und wenn der Mond aufgeht und die Nacht anbricht, dann geht die Katze ganz alleine für sich spazieren, und ein Ort ist für sie wie der andere. Dann wandert sie hinaus in den nassen wilden Wald oder hinauf in die nassen wilden Bäume oder über die nassen wilden Dächer, wedelt mit dem wilden Schwanz und geht ihres einsamen, wilden Weges.

Bernhard Grzimek

Die Katze mit den zwei Heimaten

Eines Tages, als Lenchen Pumpel am Bach saß, kamen drei winzige, nackte Tierchen angeschwommen. Lenchen Pumpel war mit rotgeheulten Augen raus auf die Wiese gerannt, denn der Vater hatte es ihr wieder mal abgeschlagen, in die Stadt ins Büro zu gehen. Sie schluchzte noch, als die drei Tierchen von der Strömung in eine kleine Bucht zu ihren Füßen getrieben wurden und dort, ein wenig schwankend vom leichten Wellenschlag, liegenblieben. Wie oft habe ich schon aus dem Bach getrunken, und da ersäufen Pinkepanks einfach ihre kleinen Katzen drin, pfui Teufel, dachte Lenchen Pumpel empört. Überhaupt eine Gemeinheit, so arme Dinger einfach ins Wasser zu werfen! – Lenchen riß eine von den großen Blumen neben sich ab und schob die Tierchen mit dem holzigen Stengel auf den schmalen Landstreifen am Ufer. Zwei waren weiß-schwarz gefleckt, eines vom Kopf bis zum Schwanz ganz grau. Ohren, Pfötchen und Schwanz schienen noch viel zu klein für Katzen, die Köpfe waren dick und unförmig wie bei den ungeschickten Figuren im Kasperletheater. Lenchen Pumpel empfand einen leichten Schauer beim Anblick der kleinen Toten. Eben noch so warm in Mutters Nest und schon umgebracht, dachte sie und mußte plötzlich wieder schluchzen. Dann schob sie das graue Kätzchen mit dem Stengel wieder nach dem Wasser zurück. Als sie es dabei auf die Brust drückte, bewegte sich auf einmal ein Vorderpfötchen. Erst dachte das Mädchen, sie habe das selbst mit dem Stengel gemacht – aber nein, das Graue lebte noch und bewegte sich ganz schwach. Lenchen konnte sich trotzdem nicht entschließen, das nasse kalte Dingelchen anzufassen; sie riß ein breites Wegerichblatt ab, schob das Häufchen Unglück drauf, packte die Blattenden mit zwei spitzen Fingern und trug sie der Mutter in die Küche.
Pumpels hatten selbst früher meistens ihre kleinen Katzen bis auf eine umgebracht. Man konnte ja schließlich nicht Dutzende im Hause halten. Um so verwunderlicher, was Frau Pumpel jetzt alles anstellte, um ausgerechnet dieses winzige graue Ding wieder ins Leben zurückzurufen! In einem Wattekistchen am Ofen wurde es

zwar bald wieder trocken, flaumig und lebendig. Aber es ist viel leichter, zehn Kälber großzuziehen als ein so winziges Kätzchen ohne Mutter. Womit sollte man es tränken? Lenchen holte schließlich aus ihrer alten Puppenstube vom Boden ein kleines Milchfläschchen mit Gummisauger, wie man sie voll Liebesperlen für zehn Pfennig kauft. Aber bis die kleine Muschi daraus trinken lernte! Weil sie nicht länger als drei oder vier Stunden hungern durfte, stand Frau Pumpel wahrhaftig zweimal in der Nacht auf, um den winzigen Säugling mit dem Spielzeug satt zu machen. Bald kam sie dahinter, daß er Bauchschmerzen haben müsse. Immer, wenn er ein Geschäftchen machen sollte, mußte sie erst mit dem kleinen Finger sein Bäuchlein massieren, so wie das die Katzenmütter leckend mit der Zunge tun.

Lenchen Pumpel, das so erwachsene, siebzehnjährige Fräulein Pumpel, fing mit der kleinen Muschi zu spielen an, wie sie es noch vor ein paar Jahren mit der Puppe getan hatte. Sie lobte das kleine Ding oder schimpfte mit ihm, wenn es nicht trinken wollte. Weil das aber auch nicht mehr fruchtete als früher bei ihren Puppen, kam Lenchen auf den Verdacht, Muschi müßte taub sein wie diese. Und wirklich: man konnte eine Fingerlänge neben Muschis Ohr zwei Topfdeckel krachend aufeinanderschlagen – das Kätzchen zuckte nicht einmal. Mit dem Schmecken war es auch noch nichts: es war Muschi ganz gleich, ob man ihr verdünnte Milch oder garstig bitteren Tee zu trinken gab. Als sich nach einer Weile die Lider öffneten und sich unschuldige hellblaue Katzenkinderaugen auftaten, gab es eine neue Sorge. Muschi war offensichtlich noch blind. Man konnte ihr mit dem Finger, ja mit einer Taschenlampe vor dem Gesicht herumfahren, die Augen gingen nicht mit.

Aber Muschi lernte sehen, sie lernte hören, sie lernte noch viel mehr. Sie lernte all den Übermut der Katzenkinder, der immer wieder würdig ergraute Menschen zum Mitspielen begeistert: sich mit einem Wolleknäuel auf dem Teppich herumkugeln; einen Hausschuh kunstgerecht anschleichen und dann mit einem Satz possierlich überfallen; auf dem Rücken liegen und mit vier weichgemachten Pfoten Krieg führen gegen fünf Menschenfinger. Richtiger Jungensunfug war es, daß Lenchens Bruder die kleine Katze in seine Mäusezucht hineinsperrte. Vielleicht wollte er einen grausigen Mord erleben. Aber Muschi kümmerte sich um das Mäusevolk gar nicht, und das wieder wurde allmählich so zutrau-

lich zu der Katze, daß es auf ihr umherkletterte, wenn sie schlafend in der Ecke lag. Fritzchen Pumpel ahnte gar nicht, daß er Muschi auf diese Weise für ihr ganzes Leben mäusefromm machte.
Eine Mörderin wurde sie doch.
Immer wenn Muschi an den Bach kam, huschten im Wasser schnelle graue Striche unter die Weidenwurzeln am Ufer. Alles aber, was sich bewegt, läßt die Katzenkrallen in ihren samtenen Verstecken zucken. Mit der angeborenen Geduld aller Katzen saß Muschi Viertelstunde um Viertelstunde an der Stelle, wo die Striche verschwunden waren. Sie war so reglos, daß die Libellen unbekümmert dicht vor ihrer Nase vorbeischossen und die vorsichtigen Fische sie wohl auch für einen Stein am Ufer hielten. Einer ließ sich aus seiner Uferhöhle hinaustreiben, zwei, drei folgten bis ins seichte Wasser. Schon war Muschi aufgeschnellt, hatte mit einem raschen, schrägen Prankenhieb der Forelle alle vier Krallen in den glatten Leib geschlagen und sie im Bogen zwischen die Vergißmeinnicht geworfen.
Frau Pumpel erwischte eines Tages ihren Fritz, wie er sich in der Küche drei Forellen briet. »Warte nur, wenn der Vater nach Hause kommt«, schimpfte sie. »Der Bach ist verpachtet, und wenn ihr Jungens Forellen greift, dann ist das gestohlen!« Aber Fritz hatte keine Forellen gegriffen, er hatte sie Muschi abgenommen. Die kam jetzt manchmal am Tag mit vieren, fünfen hintereinander an. »Die Mäuse läßt sie ungeschoren, und ausgerechnet von Forellen muß sie sich ernähren«, seufzten die Pumpels. Aber man konnte die Katze höchstens eingesperrt halten – sobald sie draußen war, fischte Muschi trotz aller Schelte immer wieder mit Leidenschaft. Fritz sperrte sie einmal ohne Futter in die Rumpelkammer, in der die Mäuse über Tische und Bänke tanzten. Nach vier Tagen war sie halb verhungert, aber den Grauröcken hatte sie kein Haar gekrümmt.
Gegen zähes Betteln hilft auf die Dauer kein Vatermachtwort und kein Mutterbitten. Lenchen Pumpel kam doch in die Stadt. Wenn auch ein Jahr später, als Sprechstundenhilfe. Und weil der Vater seine Arbeit auch drin hatte, verkauften die Pumpels ihr Haus und zogen ganz in die Stadt, in eine Vierzimmerwohnung. Als der Möbelwagen kam, setzte Frau Pumpel die graue Muschi in einen Korb, wickelte den in ein Tuch, und dann fuhren die Pumpels damit in der Bahn die neunzehn Kilometer bis zur Stadt.
Eines Tages, als wir Kinder Blindekuh spielten, lag ich mit einer leichten Erkältung zu Bett. Weil Mutter nicht zu Hause war,

spielte ich trotzdem im Hemd mit. Die anderen mochten mir die Augen verbinden und mich drehen, bis ich taumelte – ich wußte doch immer: da ist das Fenster, da ist die Tür. Denn ich spürte ganz leise, fast unbewußt, an einer Seite des bloßen Körpers die leichte strahlende Wärme unseres großen grünen Kachelofens in der Ecke. Ähnlich ging es Muschi.
Das schnaufende Bähnchen mit Muschis Korb mochte sich in Kurven und Kehren durch das Tal winden, die graue Katze spürte im ganzen Körper ein unbestimmtes dumpfes Gefühl. Ob sich Frau Pumpels Hand durch den Deckel hineinschob und weich und trocken über das Fell glitt, bis Muschi aufschnurrte, ob der Korb bald zwischen Bauernstiefeln auf der Erde, bald oben auf den Koffern stand, immer durchzog Muschi das leise Gefühl: dort liegt deine Heimat!*
Als Muschi endlich, endlich aus ihrem Korb herauskam, war sie wieder zu Hause. Da stand das Sofa mit den weißen Knöpfen, und in der rechten, schon tief eingesessenen Ecke lag das gestickte Schlummerkissen, Muschis Kissen. Nie hätte sie sich auf ein anderes gelegt, nie wäre sie auch nur auf einen Stuhl gesprungen! Der kleine Teppich in der Tür führte zur guten Stube – Muschi achtete das verbotene Reich hier wie früher, obwohl die gute Stube jetzt rechts lag. Bald hatte sie auch ihren alten Napf unter dem Schuhputzbänkchen in der Küche entdeckt. »Muschi fühlt sich ganz zu Hause, sie hat gar nicht gemerkt, daß wir in einer neuen Wohnung sind«, sagten Pumpels.
Am übernächsten Morgen war Muschi weg. Sie war wohl aus dem Fenster gesprungen und hatte nicht wieder zurückgefunden. Aber in der darunterliegenden Wohnung steckte sie auch nicht, im Keller nicht, in den Gärten nicht. Niemand hatte sie gesehen. Am Abend mußte sich Herr Pumpel aufs Rad setzen und nach dem alten Haus fahren – auch dort keine Spur von Muschi. Frau Pumpel kamen beim Abendbrot auf einmal die Tränen in die Augen. Die ganze Nacht ließ sie das Fenster auf und schlief unruhig. Immer wieder glaubte sie: das war der dumpfe Plumps, mit dem sie vom Fensterbrett auf die Dielen springt, so ein leises, trommelndes Geräusch, wie wenn man die Fingerspitzen, nicht mit den Nägeln, sondern mit den weichen Kuppen, rasch nachein-

---

* Wissenschaftlich nachgeprüft und erwiesen ist diese Art der Orientierung bei Katzen jedoch bisher nicht.

ander auf die Tischplatte fallen läßt. Aber wenn sie dann aufstand, waren die Dielen leer, und die Gardine wehte vor dem offenen Fensterflügel.
Früh um halb fünf war Frau Pumpel schon angezogen. Sie holte ganz allein ihr Rad aus dem Kohlenkeller und fuhr nach dem alten Hause. Am Rothkreuzer Gasthof lief eine graue Katze über die Straße und huschte in die Scheune. Obwohl der Hund an der Kette tobte, drang Frau Pumpel in das schlafende Gehöft vor und rief: »Muschi, Muschi!« Die graue Katze kam nicht wieder. Es war doch wohl nicht Muschi.
Als Frau Pumpel an ihr altes Häuschen kam, war es gerade gegen sieben, die Zeit, in der Muschi früher von ihren nächtlichen Raubzügen nach Hause zu kommen pflegte. Und wirklich: gerade sprang sie am verschlossenen Küchenfenster hoch, zweimal, dreimal. »Komm doch, Muschi, komm schon!« So rief, nein, schrie Frau Pumpel fast vor Glück. Bald saß die schöne graue Katze, zufrieden schnurrend, auf ihrem Arm. »Ich hab' ihr gestern abend schon Milch gegeben und wollte sie wieder wegschicken«, sagte die alte Frau, die jetzt in dem Hause wohnte. »Aber sie ließ sich nur ganz zu Anfang anfassen, nachher lief sie immer weg.«
Daß Muschi ganz allein die neunzehn Kilometer nach der alten Heimat gefunden hatte, war ein Ereignis für die kleine Stadt. Ein Redakteur kam zu Pumpels, und am nächsten Morgen standen sie und Muschi mit vollem Namen in der Stadtzeitung. Auch eine Provinzzeitung brachte einen Tag später vier Zeilen über die Heldentat der kleinen Muschi.
Die aber lag auf ihrem Sofakissen. Wenn man ihre Pfötchen anfaßte, hörte sie auf zu schnurren und wurde böse; auf den schwarzgrauen Sohlenballen schimmerte es an zwei Stellen rosa durch. Wundgelaufen hatte sie sich auf dem weiten, ungewohnten Weg! Die Nachbarsleute kamen Muschi bewundern, eine Frau brachte ihr ein Stück Gehacktes vom Mittagessen. Oh, Muschi war eine Berühmtheit!
Sie war zu Hause, und doch fühlte sie immer das ziehende Gefühl nach zu Hause, nach der Richtung hinter den großen Platanen drüben. Auch wenn wir Menschen die Augen schließen und an unsere Heimat denken, so liegt sie für uns nicht irgendwo, sondern in einer ganz bestimmten Richtung. Wir könnten mit der Hand danach weisen. Doch unser ach so verkümmerter Heimattrieb narrt uns, er lenkt uns vom Vaterhaus noch weiter weg in die Irre.

Das Ziehen in Muschis Brust aber führte sie geradewegs dahin, wo sie aufgewachsen war und wo eine Katze weiterleben muß, wenn das Ziehen in ihrer Brust aufhören soll.
Ein paar Tage später vergaß Frau Pumpel, nachts das Küchenfenster zu schließen. Sie glaubte wohl auch, daß sich Muschi inzwischen eingewöhnt habe. Als es so nachtstill geworden war, daß man auf einmal das Rauschen des Flüßchens ganz deutlich von drüben hörte, da machte sich die graue Katze wieder auf den Weg. In ihrem etwas holprigen Katzentrott trabte Muschi über Straßen, durch Gärten, huschte über Zäune und hielt sich stets querfeldein.
Immer, wenn ihr etwas unheimlich schien, sprang sie schnell auf den nächsten Baum und hielt Ausschau. Das tat sie auch, als Fox und Nicki, zwei Hunde aus Buchenberg, auf ihre Spur stießen und ihr aufgeregt schnüffelnd nachliefen. Aber es war ein schlechter Zufluchtsort, den Muschi da erwischt hatte: ein schwaches Bäumchen, das sich bog und schwankte, als die beiden sie endlich entdeckt hatten und wütend daran hochsprangen. Die Krone bestand aus sechs, sieben Ästlein, und Muschi mußte sich krampfhaft festkrallen, um nicht heruntergeworfen zu werden. Die ganze Nacht hockte das arme Ding da oben, denn Fox und Nicki gruben dicht dabei nach Kaninchen. Immer wenn sie ein Ende weg waren, machte Muschi einen mutigen Fluchtversuch, der aber die beiden nur zurückrief und eine neue halbstündige Kläffbelagerung zur Folge hatte. Früh um zehn Uhr endlich zog es die beiden Köter nach der häuslichen Futterschüssel; sie trollten sich langsam. Die ganze Rinde des neugepflanzten Bäumchens war von ihren stümperhaften Kletterversuchen zerfetzt. Der Bauer schüttelte später den Kopf: seit wann die Rehböcke denn schon um diese Jahreszeit zu fegen anfingen!
Muschi aber trabte unbeirrt weiter, den ganzen Tag lang. Sie war eine verwöhnte Stubenkatze und hätte eigentlich um sieben schon Frau Pumpels Schüssel leermachen müssen und um eins wieder auf der Schuhbank ihren Anteil an Pumpels Mittagsmahlzeit. Als sie an einem einzelnstehenden Haus vorbeikam, stand ein gefüllter Napf neben der geschlossenen Tür. Begierig und doch mit der zierlich-sittsamen Art aller Katzen fing sie zu futtern an. Da schoß der Besitzer der Futterschüssel, ein großer, ruppiger Schäferhund, rasend aus einem Holzschuppen hervor. Arme Muschi, nun ist guter Rat teuer! Neben dir die glatte Hauswand, jeder Baum so

weit, daß dich der grimmige Hund auf der Flucht einholen und von hinten packen muß. Also blieb Muschi sitzen, wenn auch ihr kleines Herz vor Aufregung wild hämmerte. Ihre Ohren legen sich zurück, ihr Rücken krümmt sich, der steile Schwanz windet sich und zuckt wie eine drohende Schlange. Die linke Pfote ist abwehrbereit erhoben, und immer, wenn der Wüterich sich Mut angekläfft hat und auf sie zufährt, schlägt sie mit einem bösen Spucklaut nach ihm. Das Hundegesicht ist wie eine Teufelsmaske verzerrt, die Lefzen hochgezogen, die Stirn voll wütender Falten, das Gebiß gebleckt, er kämpft um sein Futter, und er will die Katze packen obendrein.

Endlich tat sich die Tür auf, und im Augenblick, als ein Mann herauskam, konnte Muschi entwischen. Ganz matt und verhungert kam sie gegen Abend bei dem alten Haus an. Dort fragte gerade wieder Lenchen Pumpel, die mit ihrem Chef im Auto auf einer Praxisfahrt war und auch ihren Bruder Fritz mitgenommen hatte, nach der Ausreißerin. Aber Muschi war so verstört, daß sie sich gar nicht aufnehmen lassen wollte, sondern ins Gebüsch lief. Es dauerte eine ganze Weile, bis Fritzchen sie schließlich triumphierend heimbrachte.

Vierzehn Tage blieb Muschi bei Pumpels eingesperrt. Tagsüber war sie die bravste Stubenkatze, aber die Nächte durch tobte sie am Fenster, klagte und miaute, bis Frau Pumpel es nicht mit ansehen konnte und sie in einer unbedachten Gefühlsaufwallung doch hinausließ. Das andere Mal entwischte sie durch die Flurtür, als Herr Pumpel einen Einschreibebrief quittieren sollte. Es war immer schwieriger, Muschi wiederzubekommen. Meistens mußten zwei oder drei Pumpels hinfahren, um sie gemeinsam einzufangen. Wenn sie Muschi dann glücklich hatten, tat sich das arme Tier ganz überglücklich mit Schnurren, Anstreichen und Liebkosen. Einmal war sie eine Woche lang nicht zu finden und wurde dann durch eine Anzeige bei einer alten Dame entdeckt, die ihr ein Glöckchen um den Hals gehängt hatte und sie mit acht anderen Katzen zusammen eingesperrt hielt. Immer schwerer wurde es, das verwilderte Tier in seiner alten Heimat wieder zu fangen. Manchmal fuhren die Pumpels drei, vier Morgen hintereinander hin, Muschi antwortete zwar mit kläglichem Miauen aus den Büschen, aber sie ließ sich nicht sehen. Einmal war sie ganz zerbissen und zerkratzt, weil sie mit einer großen weißen Katze einen hungerwütigen Kampf um eine Schüssel Milch ausgefochten hatte.

Dabei hing Muschi an Frau Pumpel mit einer Liebe, die viel stärker war, als sie sonst Katzen zu ihren Herrinnen haben. Denn Muschi hatte ja keine Katzenmutter gehabt. Sie war von Frau Pumpels Händen genährt, gehudert, großgezogen worden, hatte zeitlebens immer mit ihr zusammen gehaust. Auch Frau Pumpel weinte um das geliebte, anhängliche und doch so treulose Wesen so oft, daß ihre Bekannten den Kopf schüttelten: wie man sein Herz derart an ein Tier hängen könne! Frau Pumpel wußte, daß sich Muschi in ihrer alten Heimat herumtrieb, daß sie hungerte, von Hunden gejagt, von Jägern bedroht war; und in ihrer Verzweiflung schickte sie an mich einen ratflehenden Brief. Aber wir klugen Menschen können doch in Wirklichkeit so wenig. Nicht einmal einer kleinen Katze die Heimat zeigen. Wir wissen ja selbst so oft nicht, wo unsere rechte Heimat ist. So wird Muschi weiter ein wildes und gefährliches Räuberleben führen. Ich aber konnte nur tun, was ich in solchen Fällen immer tue: aus Muschis zwischen zwei Heimaten zerrissenem Leben eine Geschichte machen...

Karel Čapek

Die fanatischen Mütter

Sie schleppt sich mit schwerem Bauch und durchgedrücktem Ziegenrücken durch die Wohnung. Sie sucht, sie sucht ohne Unterlaß. Kein Winkel ist ihr versteckt genug und so weich gepolstert, daß sie dort ihre fünf blinden, pfeifenden Jungen zur Welt bringen wollte. Sie versucht mit dem Pfötchen den Wäscheschrank zu öffnen. Ich bitte dich, Katze, ausgerechnet in dieser Fülle schwanenweißer Wäsche möchtest du niederkommen?
Sie blickt mich mit ihren goldfarbenen Augen an: »Mensch, öffne das für mich, willst du?« Es geht nicht, Katze. Sieh doch, da habe ich dir einen ausgepolsterten Korb hergestellt, was möchtest du Besseres?
Jetzt versucht sie mit dem Pfötchen den Bücherschrank zu öffnen.
Du willst doch deine Jungen nicht inmitten der schönen Literatur zur Welt bringen? Und weiter sucht sie in mütterlicher Ungeduld und Unruhe.
Na ja, sie hat jetzt schon ihre Erfahrungen. Mindestens zweimal im Jahr beschenkt sie mich mit der Regelmäßigkeit und Pünktlichkeit eines Naturfahrplanes mit vier oder fünf mehr oder minder schwärzlichen Kätzchen und überläßt es mir, diesen eine anständige Existenz zu sichern. Alle meine Freunde und Bekannten müssen bereits für diese üppige Fruchtbarkeit meiner Miez einstehen. Sie kennt sich, wie gesagt, jetzt schon aus.
Doch als das erstemal ihre Stunde herankam – damals war sie noch ein verwundertes, halberwachsenes Katzenfräulein –, suchte sie ihren Winkel ebenso kennerisch und wählerisch, als wüßte sie bis ins Detail, was ihrer harrte ...
Nun gut. Eines Morgens – die Bescherung stellt sich nämlich zumeist während der Nacht ein – findet sich in irgendeinem Winkel ein halbes Dutzend pfeifender Katzenjungen. Die Katze antwortet ihnen mit einem süßen Gurren, das in ihrem Tonregister nur für diesen Zweck aufscheint. Es ist keine Stimme, es ist ein ganzer Akkord in harmonischer Terz und Quint, sehr ähnlich einem Akkord auf der Mundharmonika.

Die Katze geht über vor ostentativer Mutterschaft. Jede ihrer Bewegungen ist schützend und weich. Ihr zerzauster Bauch, der geduldig gekrümmte Rücken und die besorgten Pfötchen umhegen die zwitschernden Jungen wie ein mütterlicher Ranzen. Nur für einen Sprung verläßt sie das Nest, um im Trab zurückzukehren und schon von weitem zu rufen und zu gurren. In ihr ist ein kompletter Mutterschaftsfanatismus ausgebrochen.

Aber nach etwa sechs Wochen entspringt sie leise und elegant dem Katzennest und verschwindet in der Frühlingsnacht, während in der Ferne der rauhe Katerbariton lockt. Am Morgen kehrt sie mit großen grünen Augen wieder und leckt sich das zerzauste Fell. Kommt dann ein Kätzchen, um sich vollzusaugen oder mit Mutters Schweifchen zu spielen, erhält es ein Kopfstück, das es umwirft, worauf es sich rollend, grollend und enttäuscht verzieht.

Komm zu mir, Kätzchen, und höre: Das ist der Lauf der Welt. Das ist das Ende deiner Kindheit, es wird Zeit, dir ein Plätzchen zu verschaffen.

Mit dem Rücken zu ihren Jungen, glattgeleckt, blickt die Katze zum Fenster hinaus. Sie lauscht offenbar der Stimme des Etwas, die spricht: »Du mußt hinaus, du mußt diese Nacht hinaus, denn er kommt!«

Brächte ich ihr nach vierzehn Tagen eines ihrer Jungen, würde sie es feindselig wie eine Schlange anzischen.

Ernst und heiter

Emile Zola

Das Katzenparadies

Eine meiner Tanten hat mir einen Angorakater vermacht, das dümmste Tier, das ich kenne. An einem Winterabend hat mir dieses Vieh vor der heißen Asche im Kamin diese Geschichte erzählt:

I

Ich war damals zwei Jahre alt und der fetteste und naivste Kater, den man sich denken kann. In diesem zarten Alter zeigte ich den Stolz eines Tieres, das den häuslichen Herd verachtet. Und wie dankbar müßte ich doch der Vorsehung sein, daß sie mich zu Ihrer Tante geführt hat! Die gute Frau betete mich an. In der Tiefe eines Schrankes hatte ich ein richtiges Schlafzimmer, mit Federkissen und dreifacher Decke. Die Verpflegung war ebenso gut: kein Brot, keine Suppe, nur Fleisch, gutes blutiges Fleisch.
Und doch hatte ich in diesem Wohlleben nur einen Wunsch, nur eine Sehnsucht: durchs offene Fenster auf die Dächer zu entfliehen. Die Liebkosungen schienen mir abgeschmackt, mein weiches Bett war mir zuwider; ich war so fett, daß ich mich selbst nicht leiden konnte. Mein Glück langweilte mich den ganzen lieben Tag.
Ich muß bemerken, daß ich durchs Fenster das Dach des gegenüberliegenden Hauses sehen konnte, wenn ich den Hals reckte. Eines Tages balgten sich dort vier Katzen mit gesträubtem Fell und erhobenen Schwänzen unter wildem Freudengeheul auf den blauen Schieferplatten. In meinem ganzen Leben hatte ich ein so außerordentliches Ereignis noch nicht gesehen. Von diesem Tag an stand es bei mir fest: das wahre Glück findet man nur auf dem Dach, hinter diesem Fenster, das so sorgfältig verschlossen ist; so sorgfältig, fiel mir als Bestärkung in meinem Glauben ein, wie das Fleisch in dem Schrank.
Ich wollte fliehen. Es mußte im Leben noch Schöneres geben als

blutiges Fleisch. Das Unbekannte, das Ideal. Eines Tages vergaß man, das Küchenfenster zu schließen. Ich sprang auf ein kleines Dach unter dem Fenster.

II

Wie schön waren die Dächer! Große Rinnen faßten sie ein, daraus köstliche Düfte emporstiegen. Ich ließ meine Pfoten in den feinen Schlamm versinken, der lau war und unendlich weich. Mir war es, als ginge ich auf Sammet. Und die Sonne brannte so heiß, daß die Hitze mein Fett schmolz.
Ich kann nicht leugnen, daß ich dabei an allen Gliedern zitterte. In meiner Freude war ein gut Stück Angst. Ich erinnere mich besonders deutlich an eine fürchterliche Aufregung, die mich fast aufs Straßenpflaster hätte stürzen lassen. Drei Kater kollerten vom Dachfirst herunter und miauten mich schrecklich an; und als ich darüber in Ohnmacht fiel, verhöhnten sie mich Dickwanst und meinten, sie miauten nur zum Spaß. Da miaute ich mit ihnen. Das war entzückend. Die Übermütigen waren nicht so dick wie ich. Sie machten sich über mich lustig, als ich wie eine Kugel über das Zinkblech rollte, das die heiße Sonne erhitzte. Ein alter Kater aus der Bande nahm sich meiner besonders an. Er wollte mich erziehen, schlug es mir vor, und ich nahm mit Dank an.
Wie weit hinter mir lagen die Fleischtöpfe Ihrer Tante! Ich trank aus den Dachrinnen, und niemals hat mir gezuckerte Milch so süß geschmeckt. Alles erschien mir gut und schön. Eine Katze ging vorüber, eine entzückende Katze, bei deren Anblick mich eine noch nie gefühlte Erregung ergriff. Nur in meinen Träumen hatte ich diese erlesenen Geschöpfe gesehen, deren Rückgrat von so wundervoller Biegsamkeit ist. Wir stürzten ihr alle entgegen, meine drei Gefährten und ich. Ich überholte die andern und wollte mich gerade tief vor der entzückenden Katze verbeugen, da biß mich einer meiner Kameraden grausam in den Hals. Ich stieß einen Schmerzensschrei aus.
»Bah«, sagte der alte Kater und zog mich fort, »es gibt noch mehr solcher Frauenzimmer.«

III

Nachdem ich eine Stunde lang spazierengegangen war, verspürte ich einen rasenden Hunger.
»Was ißt man eigentlich auf den Dächern?« fragte ich meinen Freund, den alten Kater.
»Was man findet«, belehrte er mich.
Diese Antwort setzte mich in Verlegenheit; denn, soviel ich suchte, ich fand nichts. Endlich erblickte ich in einer Mansarde eine junge Arbeiterin beim Frühstück. Auf dem Tisch unter dem Fenster lag ein appetitlich rotes Kotelett.
»Das ist etwas für mich«, dachte ich ganz naiv.
Und ich sprang auf den Tisch und packte das Kotelett.
Aber die Arbeiterin bemerkte mich und versetzte mir einen Besenschlag auf den Rücken. Da ließ ich das Fleisch fallen und entfloh unter schrecklichen Flüchen.
»Du kommst wohl gerade aus deinem Dorf?« fragte mich der Kater. »Fleisch auf fremden Tischen darf nur von weitem begehrt werden. In den Dachrinnen mußt du suchen.«
Niemals habe ich begreifen können, daß das Fleisch in den Küchen nicht den Katzen gehöre. Mein Magen fing an zu knurren. Und der Kater brachte mich völlig zur Verzweiflung: er sagte, ich müßte bis zum Abend warten. Dann würden wir auf die Straße hinuntersteigen und die Kehrichthaufen durchwühlen. Die Nacht abwarten! Das sagte er ruhig wie ein alter Philosoph. Ich fiel schon beim Gedanken an dieses lange Fasten in Ohnmacht!

IV

Die Nacht kam langsam, eine eiskalte Nebelnacht. Es fing zu regnen an, spitz und wie mit Nadeln stechend, von Windstößen gepeitscht. Wir kletterten über eine Treppe hinunter. Wie häßlich erschien mir nun die Straße! Keine Wärme, keine Sonne, keine sonnenglänzenden Dächer mehr, auf denen man so herrlich herumtollen konnte. Meine Pfoten glitten auf dem schmutzigen Pflaster aus. Wehmütig dachte ich an mein Federkissen und meine dreifache Decke.
Kaum waren wir auf der Straße, wurde mein Freund, der Kater, ganz klein. Er zitterte und wurde ganz, ganz klein; geduckt strich

er an den Häusern entlang und sagte mir, ich sollte ihm schleunigst folgen. Beim ersten Torweg flüchtete er hinein und schnurrte im Gefühl der Sicherheit. Als ich ihn über diese Flucht fragte, sagte er:
»Hast du den Mann gesehen, den mit der Kiepe und dem Haken?«
»Ja.«
»Na ja, hätte der uns bemerkt, so hätte er uns totgeschlagen und am Spieß gebraten!«
»Am Spieß gebraten? Aber gehört denn die Straße nicht uns? Man findet nichts zu essen und wird selbst noch aufgefressen!«

V

Der Kehricht stand vor den Türen. Ich wühlte verzweifelt in den Haufen herum. Zwei oder drei abgenagte Knochen fand ich. Da verstand ich erst, was für ein Leckerbissen frisches Fleisch für eine Katze ist. Mein Freund, der Kater, kratzte den Schmutz wie ein Künstler auseinander. Langsam suchte er alles ab, und bis zum Morgen mußte ich ihn begleiten. So verbrachte ich fast zehn Stunden im Regen und zitterte vor Kälte an allen Gliedern. Verdammte Straße, verfluchte Freiheit! Wie sehnte ich mich nach meinem Gefängnis!
Als der Kater am frühen Morgen sah, daß ich fast zusammenbrach, fragte er mich in seltsamem Ton: »Du hast genug davon, was?«
»O ja!«
»Möchtest du wieder nach Hause?«
»Natürlich, aber wie finde ich das Haus heraus?«
»Komm. Schon als ich dich heute morgen sah, habe ich es mir gleich gedacht, daß ein so fetter Kater wie du nicht für die herben Freuden der Freiheit geschaffen ist. Ich weiß, wo du wohnst, ich bringe dich bis an die Tür.«
Das sagte dieser würdige Kater in aller Ruhe. Als wir angekommen waren, sagte er, ohne die geringste Erregung zu zeigen: »Leb wohl!«
»Nein«, rief ich, »so wollen wir nicht auseinandergehen. Du mußt mit mir kommen. Ich teile mein Fleisch und mein Bett mit dir. Meine Herrin ist eine gute Frau...«
Er ließ mich nicht zu Ende sprechen: »Schweig, du bist dumm. Ich stürbe in diesem Treibhausleben. Dein üppiges Leben taugt nur

für entartete Katzen. Niemals wird eine freie Katze sich durch Gefangenschaft Fleisch und weiche Bissen erkaufen... Leb wohl.«
Und er kletterte wieder auf seine Dächer. Ich sah, wie seine große, magere Silhouette unter den Liebkosungen der aufgehenden Sonne voller Lust erschauerte.
Als ich wieder nach Hause kam, nahm Ihre Tante das Stöckchen, und ich freute mich dieser Schläge von Herzen. Voller Wollust genoß ich das Vergnügen, es warm zu haben und geschlagen zu werden. Während sie mich schlug, dachte ich schon mit Entzükken an das Fleisch, das ich bekommen würde.
»Sehen Sie«, schloß meine Katze und streckte sich vor der Glut aus, »das wahre Glück, das Paradies, lieber Meister, besteht darin, daß man gefangen ist und in einem Zimmer, wo es Fleisch gibt, geschlagen wird.«
Ich spreche für die Katzen.

Guy de Maupassant

Das verzauberte Schloß

Eines Tages habe ich die wunderliche Empfindung gehabt, in dem verzauberten »Schloß der Weißen Katze« zu wohnen, ein märchenhaftes Schloß, in dem eins dieser leichtbeweglichen, geheimnisvollen, beunruhigenden Tiere herrschte, das vielleicht das einzige von allen Wesen ist, das man niemals gehen hört.
Es war im letzten Sommer an der Küste des Mittelländischen Meeres.
In Nizza war eine entsetzliche Hitze, und ich erkundigte mich, ob die Einwohner dieses Landes nicht auf den Bergen ein kühles Tal wußten, wo man sich erfrischen konnte.
Das von Thorenc, wurde mir gesagt. Ich wollte es besuchen.
Der Weg geht mitten ins Gebirge hinein, an tiefen Schluchten vorüber, überragt von öden, schmalen und schroffen Bergspitzen. Ich fragte mich, was man mir nur für einen sonderbaren Sommeraufenthalt empfohlen hatte; ich hatte schon Bedenken, ob ich nach Nizza an diesem Abend zurückkommen konnte, als ich plötzlich vor mir auf einem Berg, der scheinbar das ganze Tal absperrte, eine riesige und außerordentlich schöne Ruine sah, die sich mit ihren Türmen, ihren geschweiften Mauern ganz wie eine wundersame Totenburg vom Himmel abhob. Es war eine alte Komturei der Tempelherren, die in früheren Zeiten in der Landschaft Thorenc geherrscht hatten.
Ich betrachtete den Berg von allen Seiten und entdeckte plötzlich ein breites grünes Tal, kühl und friedlich. Wiesen waren darin, fließendes Wasser und Weiden; und auf den Abhängen Tannen, die in den Himmel ragten.
Der Komturei gegenüber, auf der anderen Seite des Tales, aber viel niedriger gelegen, stand ein bewohntes Schloß, das »Schloß mit den vier Türmen«, das gegen 1530 erbaut wurde. Noch keine Spur der Renaissance ist daran zu bemerken.
Es ist ein trutziges viereckiges Bauwerk, das einen machtvollen Eindruck macht. Mit vier kriegerisch aussehenden Türmen ist es versehen; von ihnen hat es seinen Namen. Ich hatte einen Empfeh-

lungsbrief an den Besitzer dieser Burg. Er gab nicht zu, daß ich in ein Hotel ging.
Bis zum Abend ging ich im Tal spazieren, nach dem Abendessen zog ich mich dann in das Zimmer zurück, das mir überlassen war.
Ich mußte erst durch ein Zimmer gehen, dessen Wände mit alten Ledertapeten aus Corduan bedeckt waren, dann durch einen Raum, darin ich flüchtig beim Glanze meiner Kerze an den Wänden alte Frauenbildnisse wahrnahm, solche Bilder, von denen Théophile Gautier gesagt hat:

> Ich lieb' die Frauenbilder, die an dunkler Wand
> In Rahmen leuchten sanft wie Amethyst,
> Blaß sind wie Rosen, blaß in ihrer Hand,
> Wie's hundertjähr'ger Blumen würdig ist!

Als ich allein war, sah ich mir das Zimmer, in dem mein Bett stand, genau an. Es war mit antiken, bemalten Kacheln ausgelegt, auf denen rosa Türmchen in blauen Landschaften dargestellt waren und große, phantastische Vögel unter Laubwerk von Edelsteinen.
Mein Ankleidezimmer war in einem kleinen Turm. Die Fenster, die im Zimmer breit wirkten und eng, wenn sie am Tage offenstanden, und die ganze Stärke der Mauer bloßlegten, waren in ihrer Gesamtheit nichts als Mörder, denn von diesen Fensteröffnungen sind Menschen hinabgestürzt worden. Ich schloß meine Tür ab, legte mich ins Bett und schlief ein.
Und ich träumte; immer träumt man etwas von dem, was einem auf der Reise begegnet ist. Ich reiste; ich ging in ein Wirtshaus, darin sah ich einen Diener in vornehmer Livree mit einem Maurer vor dem Feuer an einem Tisch sitzen. Eine merkwürdige Gesellschaft, über die ich mich nicht weiter wunderte. Diese beiden sprachen von Victor Hugo, der gerade gestorben war, und ich beteiligte mich an ihrer Unterhaltung. Schließlich ging ich und wollte mich in einem Zimmer schlafen legen, dessen Tür nicht schloß, und plötzlich sah ich den Diener und den Maurer, die, mit Backsteinen beladen, leise zu meinem Bett hinschlichen.
Ich ermunterte mich rasch und brauchte einige Augenblicke, um mich zurechtzufinden. Dann, völlig wach, erinnerte ich mich an alles, an meine Ankunft in Thorenc, an die liebenswürdige Auf-

nahme bei dem Schloßbesitzer... Ich wollte gerade meine Augen wieder zumachen, als ich im Dunkel der Nacht, mitten in meinem Zimmer, ungefähr in Kopfhöhe eines Mannes, zwei Augen sah, zwei feurige Augen, die mich anstarrten.
Ich nahm ein Streichholz und hörte, als ich es entzündete, ein Geräusch, ein leises Geräusch, ein weiches Geräusch, als ob ein nasses, zusammengeknülltes Tuch zu Boden gefallen sei – und als ich nun Licht hatte, sah ich nichts als nur einen großen Tisch mitten im Zimmer.
Ich stand auf, untersuchte die beiden Zimmer, sah unter dem Bett und unter den Schränken nach; nichts.
Ich mußte also glauben, daß ich meinen Traum eine kurze Weile nach dem Erwachen weitergeträumt hatte und schlief ziemlich schwer ein.
Von neuem träumte ich. Wieder war ich auf Reisen, aber im Orient, in dem Lande, das ich liebe. Und zu einem Türken kam ich, der mitten in der Wüste wohnte. Es war ein prächtiger Türke, hochgewachsen, liebenswürdig, türkisch gekleidet, einen Turban trug er, und auf dem Körper hatte er ein ganzes Warenhaus voll Seide.
Dann führte mich ein kleiner Neger in mein Schlafzimmer – alle meine Träume endigen so –, in ein himmelblaues Zimmer, das stark parfümiert war; auf dem Fußboden lagen Tierfelle, vor dem Feuer – der Zusammenhang mit dem Feuer verfolgte mich bis in die Wüste – saß auf einem niedrigen Stuhl eine kaum bekleidete Frau und erwartete mich.
Sie hatte den reinsten orientalischen Ausdruck, Sterne auf den Wangen, auf der Stirn und am Kinn, riesige Augen, einen herrlichen Körper, etwas bräunlich, jedoch von einer heißen und berauschenden bräunlichen Färbung. Sie blickte mich an, und da dachte ich: Das also ist wirklich wahre Gastfreundschaft. In unseren stumpfen nordischen Ländern, in unseren Ländern voll alberner Ziererei, voll häßlicher Schamhaftigkeit, voll törichter Moral würde man einen Fremden niemals auf solche Art aufnehmen.
Ich ging zu ihr hin und sprach mit ihr, aber sie antwortete nur durch Zeichen, da sie kein Wort von meiner Sprache verstand, die mein Türke, ihr Herr, so gut sprechen konnte.
Ich war nun noch viel glücklicher, daß sie schweigsam blieb, faßte sie bei der Hand und führte sie auf mein Lager, wo ich mich ihr zur

Seite ausstreckte... Aber immer wacht man in diesem Augenblick auf! Also ich wurde wach und war nicht allzusehr überrascht, unter meiner Hand irgend etwas Warmes und Weiches zu fühlen, das ich liebevoll streichelte.

Dann wurde mein Geist ganz klar, und da erkannte ich, daß es eine Katze war, eine große Katze, die sich gegen meine Wange gerollt hatte und zutraulich schlief. Ich ließ sie ruhig liegen und machte es noch einmal wie sie.

Als der Tag anbrach, war sie fort. Ich glaubte tatsächlich, nur geträumt zu haben; ich konnte unmöglich begreifen, wie sie ins Zimmer gekommen und auf welche Weise sie wieder hinausgelaufen war, da die Tür mit dem Schlüssel abgeschlossen war.

Als ich meinem liebenswürdigen Wirt mein Abenteuer (aber nicht vollständig) erzählte, fing er zu lachen an und sagte: »Sie ist durch den Luftschacht gekommen.« Er hob einen Vorhang hoch und zeigte mir in der Wand ein kleines schwarzes Loch.

Ich erfuhr nun, daß fast alle alten Bauwerke hierzulande ähnliche lange Gänge haben, die durch die Wände vom Keller bis zum Dachboden gehen, am Zimmer des Dienstmädchens ebensogut vorbeilaufen wie am Zimmer des Hausherrn, und daß sie die Katze zum König und Herrn des Hauses machen.

Sie geht, wohin es ihr gefällt, besucht ihr Haus nach ihrem Wohlbefinden, kann sich in alle Betten zum Schlaf ausstrecken, alles sehen und hören; alle Geheimnisse kennt sie, alle Gewohnheiten und allen Schimpf des Hauses. Sie ist überall zu Hause, kann überall sein, dieses Tier, das lautlos geht, dieser stille Herumtreiber, dieser nächtliche Spaziergänger in den ausgehöhlten Wänden.

Colette

Saha

An einem Juliabend, als sie beide die Rückkehr Alains erwarteten, ruhten Camille und die Katze auf dem gleichen Geländer, die Katze hockend, Camille auf ihre verschränkten Arme gestützt. Camille liebte diese Balkonterrasse nicht, die der Katze reserviert war, von zwei Scheidewänden begrenzt, die sie vor dem Wind und vor aller Verbindung mit der Terrasse der Vorderseite schützten.
Sie wechselten einen forschenden Blick. Camille sprach Saha nicht an. Auf die Ellbogen gestützt, neigte sie sich vor, als wollte sie die Stockwerke der orangefarbenen Jalousien zählen, die von oben nach unten an der schwindelnden Fassade hinunterschossen, und streifte an die Katze an, die sich erhob, um ihr Platz zu machen, und sich etwas weiter weg wieder hinsetzte.
Sobald Camille allein war, ähnelte sie stark dem kleinen Mädchen, das nicht guten Tag sagen wollte; ihr Gesicht wurde wieder kindlich durch den Ausdruck unmenschlicher Naivität und Härte, der Kindergesichter veredelt. Sie ließ ihren Blick über Paris schweifen, über den Himmel, von dem sich das Licht täglich früher zurückzog; es war ein unparteiisch strenger Blick, der nichts tadelte, nichts lobte. Sie gähnte nervös, richtete sich auf und machte einige zerstreute Schritte, beugte sich wieder vor und zwang die Katze, herunterzuspringen. Saha entfernte sich mit Würde und wollte lieber ins Zimmer zurückgehen. Aber die Tür der Langseite war geschlossen. Saha setzte sich geduldig hin. Einen Augenblick später mußte sie Camille den Weg freigeben, die begann, von einer Wand zur anderen zu gehen, mit heftigen, langen Schritten. Die Katze sprang wieder auf das Geländer. Wie im Spiel vertrieb Camille sie, als sie sich wieder aufstützte. Saha rettete sich wieder zur geschlossenen Tür.
Den Blick in die Ferne gerichtet, unbeweglich, wandte Camille ihr den Rücken zu. Die Katze schaute Camilles Rücken an, und ihr Atem ging schneller. Sie erhob sich, drehte sich zwei- oder dreimal um sich selbst, schaute fragend die geschlossene Tür an. Camille

hatte sich nicht gerührt. Saha blähte die Nüstern, zeigte eine Angst, die einem würgenden Ekel nahekam; ein untröstliches, verzweifeltes Miauen, die verzweifelte Antwort auf einen drohenden und stummen Plan, entschlüpfte ihr, und Camille drehte sich um.
Sie war ein bißchen blaß, das heißt, ihre Schminke zeichnete sich in zwei ovalen Monden auf den Wangen ab. Sie mimte einen zerstreuten Ausdruck, wie sie es unter einem menschlichen Blick getan hätte. Sie begann sogar mit geschlossenen Lippen zu summen und nahm ihren Spaziergang von einer Wand zur andern wieder auf, im Rhythmus ihres Liedes, aber die Stimme versagte ihr. Sie zwang die Katze, die ihr Fuß getreten hätte, mit einem Sprung auf ihren engen Beobachtungsposten zurück, dann wieder, sich gegen die Tür zu pressen.
Saha hatte sich gefaßt und wäre eher gestorben, als einen zweiten Schrei zu tun. Die Katze hetzend, ohne sie anscheinend überhaupt zu sehen, ging und kam Camille in völliger Stille. Saha sprang auf die Brüstung nur, wenn die Schritte Camilles auf sie zukamen, und sie sprang auf den Boden des Balkons nur, um den ausgestreckten Arm zu vermeiden, der sie vom neunten Stockwerk hinuntergeworfen hätte.
Sie floh mit Methode, sprang sorgfältig, hielt ihre Augen auf die Gegnerin geheftet und ließ sich weder zu Wut noch zu Flehen herbei. Die äußere Erregung, die Todesfurcht, netzte die feinfühlige Sohle der Pfote mit Schweiß, der auf dem Stuckbalkon blumenartige Spuren zurückließ.
Camille schien als erste zu erlahmen und ihre Kraft zum Verbrechen zu verlieren. Sie beging den Fehler zu bemerken, daß die Sonne erlosch, blickte auf ihre Armbanduhr, wandte das Ohr nach einem Klirren von Kristall in der Wohnung. Einige Augenblicke noch, und ihr Entschluß würde sie verlassen, wie der Schlaf den Schlafwandler verläßt, würde sie unschuldig und erschöpft zurücklassen... Saha fühlte die Festigkeit ihrer Feindin wanken, zögerte auf der Brüstung, und Camille stieß sie mit beiden Armen ins Leere.
Sie hörte noch das Kratzen der Krallen auf dem Anwurf der Mauer, sah noch den blauen Körper Sahas S-förmig verdreht sich an die Luft anklammern, die sie gierig wegriß, mit der Kraft einer Forelle, die stromaufwärts schnellt; dann taumelte Camille zurück und lehnte sich an die Wand.

Es kam sie nicht die Versuchung an, in den kleinen, von neuen Bruchsteinen eingefaßten Gemüsegarten hinunterzuschauen. Als sie im Zimmer zurück war, legte sie die Hände über die Ohren, zog sie zurück, schüttelte den Kopf, als hörte sie das Sirren einer Mücke, setzte sich und wäre fast eingeschlafen; aber weil die Nacht hereinbrach, setzte sie sich auf und verjagte die Dämmerung, indem sie Glaskacheln anzündete, leuchtende Streifen, blendende Pilze und auch das lange Chromlid, das einen opalisierenden Blick über das Bett warf.
Sie bewegte sich beschwingt, behandelte die Dinge mit leichten, geschickten, verträumten Händen.
»Ich bin wie gewichtslos...«, sagte sie laut.
Sie zog sich um und kleidete sich in Weiß.
»Meine Fliege in der Milch«, sagte sie, die Stimme Alains nachäffend. Die Farbe kehrte bei der vorüberhuschenden sinnlichen Erinnerung in ihre Wangen zurück, die sie in die Wirklichkeit zurückbrachte; und sie erwartete die Ankunft Alains.
Sie neigte den Kopf gegen den brummenden Lift, erzitterte bei allen Geräuschen, dem dumpfen Pochen, dem metallischen Klatschen und Kreischen, der gurgelnden vieltönigen Musik, die das disharmonische Leben in einem neuen Haus hervorbringt. Aber sie war nicht erstaunt, daß das hohe Schellen der Türklingel im Vorzimmer statt des Tastens eines Schlüssels im Schloß erklang. Sie lief und machte selbst auf.
»Schließ die Tür hinter mir«, befahl Alain, »damit ich vor allem sehe, ob sie nicht verletzt ist. Komm, du wirst mir leuchten.«
Er trug die lebende Saha in seinen Armen. Er ging geradewegs ins Zimmer, stieß die Sachen mit dem ›unsichtbaren‹ Toilettentisch zur Seite, legte die Katze sanft auf das Glasbrett. Sie hielt sich aufrecht und sicher auf den Pfoten, aber ließ den Blick ihrer Augen tief gehetzt um sich irren, wie sie es in einem fremden Raum getan hätte. – »Saha!« rief Alain halblaut. »Wenn sie sich nichts getan hat, ist es ein Wunder. Saha!«
Sie hob den Kopf, wie um ihren Freund zu beruhigen, und schmiegte ihre Wange an seine Hand.
»Geh ein bißchen Saha... Sie geht! Oh – sechs Stockwerk tief gefallen... Die Jalousie von dem Kerl im zweiten Stock hat sie aufgefangen... Von dort sprang sie auf den kleinen Rasen des Hausmeisters. Er hat sie durch die Luft vorbeifliegen gesehen. Er sagte mir: ›Ich habe geglaubt, es ist ein Schirm, der herunterfiel...‹

Was hat sie da am Ohr... Nein, es ist nur weiß von der Mauer. Wart einmal, ich horche ihr das Herz ab...«
Er legte die Katze auf die Seite und befragte die fliegenden Flanken, das winzige, wirre Räderwerk.
Als er mit geschlossenen Augen horchte und die blonden Haare auseinanderfielen, schien er auf der Flanke Sahas zu schlafen, mit einem Seufzer zu erwachen und nun erst Camille zu sehen, die aufrecht und schweigend die beiden betrachtete.
»Stell dir vor!... Sie hat nichts – wenigstens kann ich nichts an ihr entdecken als ein schrecklich erregtes Herz, doch das Herz einer Katze ist auch normalerweise bewegt. Aber wie hat das nur geschehen können? Ich frage dich, als könntest du es wissen, meine arme Kleine. Sie ist von dieser Seite aus hinuntergefallen –«, sagte er und sah die offene Fenstertür an... »Spring auf die Erde, Saha, wenn du kannst.«
Sie sprang nach einem kleinen Zögern, legte sich jedoch sofort auf den Teppich hin. Sie atmete schnell und fuhr fort, das Zimmer mit einem unsicheren Blick zu betrachten.
»Ich möchte am liebsten Chéron anrufen... Aber schau, sie wäscht sich ja! Sie würde sich nicht waschen, wenn sie eine innere Verletzung hätte! Ach, lieber Gott!«
Er warf seine Weste aufs Bett, kam zu Camille.
»Welch ein Schrecken!... Du siehst hübsch aus, so ganz in Weiß... Küß mich, meine Fliege in der Milch!«
Sie überließ sich den Armen, die sich endlich ihrer erinnerten, und konnte ein trockenes Schluchzen nicht unterdrücken.
»Aber nein! Du weinst?!«
Nun überkam ihn das Bangen, und er verbarg seine Stirn in den weichen schwarzen Haaren.
»Ich – ich wußte nicht, daß du so gut bist, stell dir vor...«
Sie brachte den Mut auf, sich bei diesen Worten nicht abzuwenden. Alain kehrte überdies schnell zu Saha zurück, die er wegen der Hitze auf die Terrasse führen wollte. Aber die Katze sträubte sich, gab sich zufrieden, neben der Schwelle zu liegen, dem Abend zugewandt, der blau war wie sie. Von Zeit zu Zeit erzitterte sie kurz und überblickte wachsam die Tiefe des dreieckigen Zimmers hinter sich.
»Es ist die Erregung«, erklärte Alain. »Ich wollte sie draußen unterbringen...«
»Laß sie da«, sagte Camille schwach. »Wenn sie doch nicht will!«

»Ihre Launen sind Befehle. Noch dazu heute! Was gibt es wohl so spät noch Eßbares? Halb zehn!«
Mère Buque rollte den Tisch auf die Terrasse. Beim Essen hatten sie das östliche Paris vor sich, aus dem die meisten Lichter strahlten. Alain sprach viel, trank Rotwein mit Wasser verdünnt, zieh Saha der Ungeschicklichkeit, der Unvorsichtigkeit, der »Katzenirrtümer«.
»Katzenirrtümer, das sind so eine Art Sportfehler, Schwächen der Zivilisierung und Domestizierung ... Sie haben nichts gemein mit Ungeschicklichkeiten und den fast gewollten Heftigkeiten.«
Aber Camille fragte ihn nicht mehr: »Wieso weißt du das?«
Nach dem Essen trug er Saha in das Wohnzimmer, wo sie sich herabließ, die Milch zu trinken, die sie abgelehnt hatte. Während sie trank, zitterte sie am ganzen Körper, wie Katzen, denen man zu kalte Getränke vorsetzt.
»Die Erregung«, wiederholte Alain. »Ich werde Chéron auf alle Fälle bitten, morgen früh vorbeizukommen und sie zu untersuchen. Oh, ich vergesse alles!« rief er fröhlich. »Telefonier doch dem Hausmeister. Ich habe die Rolle in der Portierloge gelassen, die Massart, unser verflixter Innenarchitekt, hinterlegt hat.«
Camille gehorchte, während Alain müde, entspannt in einen der herumstehenden Fauteuils sank und die Augen schloß.
»Hallo!« telefonierte Camille. »Ja ... Sie muß dort sein ... eine große Rolle ... Danke schön.«
Mit geschlossenen Augen lachte er.
Sie war zu ihm zurückgekommen und sah ihn lachen.
»Dieses feine Stimmchen, das du machen kannst! Was bedeutet dieses neue Stimmchen? ›Eine große Rolle ... danke schön‹«, sagte er geziert. »Reservierst du ein so zartes Stimmchen für die Hausmeisterin? Komm, zu zweit werden wir die letzten Schöpfungen Massarts gerade noch ertragen können.«
Er entrollte auf dem Ebenholztisch ein großes Zeichenblatt. Sofort sprang Saha, verliebt in alles Papierene, auf die Tuschzeichnung.
»Wie reizend sie ist!« rief Alain aus. »Sie will mir zeigen, daß ihr nichts weh tut. O meine Wiedergewonnene! Hat sie denn da nicht eine Beule am Kopf? Camille, taste einmal ihren Kopf ab ... Nein, sie hat keine Beule. Taste sie trotzdem ab, Camille ...«
Eine arme, kleine, gehorsame Mörderin versuchte der Verbannung zu entkommen, die sie sich selbst auferlegt hatte, streckte die

Hand aus und berührte sanft, in demütigem Haß, den Schädel der Katze...
Ein grelles Fauchen, ein Schrei, ein hektischer Sprung antwortete der Geste. Camille schrie leise auf, als hätte sie sich verbrannt. Die Katze stand starr auf der ausgebreiteten Zeichnung, eine einzige flammende Anklage gegen die junge Frau, sträubte das Fell, entblößte die Zähne und das trockene Rot ihres Rachens...
Alain war aufgesprungen, um die eine gegen die andere zu schützen, Saha und Camille.
»Vorsicht! Sie ist... sie ist vielleicht toll... Saha...«
Sie blickte ihn heftig, aber so klar an, daß jeder Zweifel an ihrer Vernunft ausgeschlossen war.
»Was war los? Wo hast du sie berührt?«
»Ich habe sie nicht berührt...«
Sie sprachen leise, bewegten nur die Lippen.
»Also so etwas...«, sagte Alain. »Ich verstehe das nicht. Streck die Hand noch einmal aus.«
»Nein! Ich will nicht!« protestierte Camille. »Sie hat vielleicht die Tollwut...«, fügte sie hinzu.
Alain riskierte es, Saha zu streicheln, die ihr gesträubtes Fell glättete, sich an die vertraute Hand schmiegte, aber das Licht ihrer Augen auf Camille zurückwandte.
»Also so etwas...«, wiederholte Alain langsam. »Halt, da hat sie ja einen Kratzer an der Nase, ich habe das vorher nicht gesehen. Es ist trockenes Blut. Saha, brav...«, sagte er, als er die Wut in den gelben Augen wieder anwachsen sah.
Mit geblähten Wangen, in erstarrter Kampfstellung, die gesträubten Barthaare nach vorn gerichtet, schien die wütende Katze zu lachen. Die Kampfeslust verzog die gelblichen Winkel des Mauls und spannte die Muskeln des Kinns; das ganze Katzengesicht schien um eine Universalsprache zu ringen, um ein Wort, das die Menschen vergessen haben...
»Was ist denn das hier?« fragte Alain brüsk.
»Was denn?«
Unter dem Blick der Katze gewann Camille wieder Mut und den Instinkt der Verteidigung zurück. Über die Zeichnung gebeugt, versuchte Alain feuchte Abdrücke zu deuten, vier kleine Flecken um einen unregelmäßigen zentralen Fleck gruppiert.
»Ihre Pfoten – naß?« murmelte Alain.

»Sie wird ins Wasser getreten sein«, sagte Camille. »Du machst um nichts ein Theater!«
Alain hob den Kopf gegen die trockene blaue Nacht. »Ins Wasser, in was für Wasser...?«
Er wandte sich seiner Frau zu; er war plötzlich eigentümlich häßlich, als er sie aus großen runden Augen anstarrte.
»Du weißt nicht, was diese Spuren da bedeuten?« sagte er rauh. »Nein, du weißt nichts. Es ist die Angst. Verstehst du? Angst! Angstschweiß. Der einzige Schweiß der Katzen. Sie hat also Angst gehabt...«
Sehr zart hob er eine Vorderpfote Sahas auf und wischte mit dem Finger über die fleischige Sohle. Dann schob er die weiße lebendige Hülle zurück, in der die beweglichen Nägel gebettet sind:
»Sie hat alle Krallen gebrochen...«, sagte er mehr zu sich. »Sie hat sich angehalten... angeklammert... sie hat den Stein zerkratzt, als sie sich anhielt... Sie...«
Er unterbrach sich, nahm ohne ein weiteres Wort die Katze unter den Arm und trug sie in das Badezimmer.
Allein, unbeweglich, horchte Camille. Sie hielt ihre Hände unverschlungen und frei und schien doch mit Fesseln beladen.
»Mère Buque«, sagte Alains Stimme, »haben Sie Milch?«
»Ja, gnädiger Herr, im Eiskasten.«
»Da ist sie also eiskalt?«
»Aber ich kann sie ja auf der Kochplatte wärmen... Das ist so schnell getan wie gesagt, schauen Sie... Für die Katze? Sie ist doch nicht krank?«
»Nein, sie ist...«
Alains Stimme hielt inne und änderte sich: »... sie ist ein bißchen angewidert vom Fleisch bei dieser Hitze... Danke, Mère Buque... Ja, Sie können gehen. Auf Wiedersehen morgen früh.«
Camille hörte ihren Gatten gehen und kommen, einen Hahn öffnen, wußte, daß er die Katze mit frischem Wasser versorgte.
Ein wandernder Schatten der Metalljalousie huschte über ihr Gesicht, in dem sich nur ihre großen Pupillen langsam bewegten.
Alain kam zurück, zog nachlässig seinen Ledergürtel fester und setzte sich an den Ebenholztisch. Aber er rief Camille nicht neben sich, und sie mußte als erste sprechen.
»Du hast Mère Buque weggeschickt?«
»Ja. Hätte ich nicht sollen?«

Er zündete eine Zigarette an und schielte auf die Flamme des Feuerzeugs.
»Ich wollte, daß sie morgen früh... Oh, es ist nicht wichtig, entschuldige dich nicht...«
»Aber ich entschuldige mich ja nicht. Eigentlich hätte ich es sollen.«
Er ging bis zum offenen Türrahmen, von der Bläue der Nacht angezogen. Er empfand einen Schauer in sich, der nicht von der eben erlebten Erregung kam, einen Schauer, der vielmehr dem Tremolo eines Orchesters glich, dumpf, voll Ankündigung. Von der Folie-Saint-Jammes stieg eine Rakete auf, zerbarst in leuchtende Blätter, die im Fallen nacheinander verblichen, und wieder war das nächtliche Blau Frieden, bestäubte Tiefe. Im Park der Folie leuchteten weißglühend eine Muschelgrotte, eine Säulenreihe, ein Wasserfall auf, und Camille trat zu ihm.
»Geben sie ein Fest? Warten wir auf das Feuerwerk... Hörst du die Gitarren?«
Er antwortete nicht, ganz mit dem seltsamen Schauer beschäftigt. Die Gelenke und die Hände kribbelten, die Lenden waren müde, von tausend Stichen gequält. Sein Zustand erinnerte ihn an die äußere Ermattung, die Ermüdung ehemaliger Wettkämpfe in der Sporthalle – Laufen, Rudern –, von denen er feindselig, mit Herzklopfen und todmüde zurückkam. Nur eine einzige Stelle in ihm war friedlich, jene, wo er sich nicht mehr um Saha sorgte. Seit langem, oder auch seit kurzem – seit der Entdeckung von Sahas gebrochenen Krallen, seit der wütenden Angst Sahas, hatte er die Zeit nicht mehr genau gemessen.
»Das ist kein Feuerwerk«, sagte er. »Eher Tanz...«
An der Bewegung, die Camille neben ihm im Dunkel machte, verstand er, daß sie keine Antwort mehr erwartet hatte. Aber sie ermannte sich und näherte sich wieder. Er fühlte sie ohne Bedrückung kommen, sah den Schimmer des weißen Kleides, einen nackten Arm, ein halbes Gesicht im Gelb der Lampen im Zimmer, ein halbes Gesicht, blau, von der klaren Nacht verschluckt, zwei Hälften eines Gesichtes, von der kleinen regelmäßigen Nase geteilt, jede mit einem großen Auge versehen, das nur selten blinzelte.
»Ja, Tanz«, stimmte sie zu. »Es sind Mandolinen, nicht Gitarren... Horch... *Les donneurs... de sérénades, et les belles écouteu* –...« Auf dem höchsten Ton stolperte ihre Stimme, und sie hüstelte, um ihr Versagen zu kaschieren.

Was für ein dünnes Stimmchen... staunte Alain. Was hat sie bloß mit ihrer Stimme gemacht, die so schallend ist wie ihre Augen groß und aufgerissen? Sie singt mit der Stimme eines kleinen Mädchens und wird heiser...
Die Mandolinen schwiegen, der Lufthauch trug schwache menschliche Geräusche von Unterhaltung und Beifall herbei. Kurz danach stieg eine Rakete hoch, zersprang in einen Schirm von gelblichen Strahlen, an denen Tränen aus lebhaftem Rot hingen.
»Oh!« rief Camille.
Sie waren beide wie zwei Statuen aus dem Schatten aufgetaucht, Camille aus lila Marmor, Alain weißer, die Haare grünlich und die Augensterne fahl. Als die Rakete erlosch, seufzte Camille.
»Es ist immer zu kurz«, sagte sie weinerlich.
Die Musik in der Ferne begann wieder. Aber eine Laune des Windes wandelte den Klang der Instrumente in spitze Resonanzen, und die starken Schläge einer Paukenbegleitung auf zwei Tönen stiegen schwerfällig bis zu ihnen herauf.
»Schade«, sagte Camille. »Sie haben zweifellos den besten Jazz. Sie spielen *Love in the night*...«
Sie summte die Melodie mit einer unbegreiflich zitternden und hohen Stimme, wie sie dem Weinen folgt. Diese neue fürchterliche Stimme verdoppelte das Unbehagen Alains, entzündete in ihm ein Bedürfnis nach Enthüllung, die Lust, endlich zu zerbrechen, was – seit langer Zeit oder sehr kurzer Zeit? – sich zwischen Camille und ihm erhoben hatte, was noch keinen Namen besaß, aber schnell wuchs, was ihn hinderte, Camille beim Hals zu packen wie einen Knaben, etwas, das ihn unbeweglich an die Wand gedrückt hielt, die noch lau von der Hitze des Tages war, etwas, was ihn wach und aufmerksam hielt... Er wurde ungeduldig und sagte: »Sing weiter...«
Ein langdauernder dreifarbiger Regen, der wie das Geäst der Trauerweiden niedersank, malte Streifen auf den Himmel über dem Park und zeigte Alain eine erstaunte, leicht mißtrauische Camille: »Was denn singen?«
»*Love in the night* oder irgend etwas...«
Sie zögerte, lehnte ab: »Laß, damit man den Jazz hören kann... sogar hier heroben hört man, daß er weich klingt...«
Er bestand nicht darauf, zügelte seine Ungeduld, bezähmte den Schauer, der durch seinen ganzen Körper rann.

Ein Schwarm fröhlicher kleiner Sonnen, die leicht durch die Nacht kreisten, nahm Form an. Alain verglich sie heimlich mit den Sternbildern seiner Lieblingsträume. Die hier kann man sich merken... ich werde versuchen, sie mit hinüberzunehmen, nahm er sich ernst vor. Ich habe meine Träume zu sehr vernachlässigt...
Zum Schluß ging in dem Himmel über der Folie eine Art vagabundierender Morgenröte auf, blähte sich, wurde gelb und rosa, zerplatzte in Emailmedaillen, in knallende Farnkräuter, in Bänder aus blendendem Metall...
Kindergeschrei auf den unteren Terrassen grüßte das Lichtwunder, in dem Alain Camille zerstreut, beschäftigt, von einem anderen Leuchten in sich gerufen, betrachtete...
Er zögerte nicht mehr, als sich die Nacht wieder um sie geschlossen hatte, und ließ seinen nackten Arm unter den Arm Camilles gleiten. Als er sie berührte, schien er zugleich den Arm zu sehen, von einem Weiß, das vom Sommer kaum getönt war, eingehüllt in einen Flaum feiner Härchen, die auf der Haut lagen, goldkäferfarben auf dem Vorderarm, blässer zur Schulter hinauf...
»Dir ist kalt«, murmelte er. »Bist du krank?«
Sie weinte ganz leise, so prompt, daß Alain sie im Verdacht hatte, ihre Tränen bereitgehalten zu haben.
»Nein. Du bist schuld... Du... du liebst mich nicht.«
Er lehnte sich mit dem Rücken an die Mauer, drückte Camille an seine Hüfte. Er spürte, daß sie zitterte und kalt war von der Schulter bis zu den Knien, die nackt über den niedergerollten Strümpfen waren. Sie schmiegte sich eng an ihn und hielt ihr Gewicht nicht zurück. »So, so. Ich liebe dich nicht. Gut. Wieder eine Eifersuchtsszene wegen Saha?«
Er spürte, wie eine Welle durch alle Muskeln des Körpers, den er stützte, lief, eine Wiederaufnahme der Verteidigung und Energie; begünstigt durch die Stunde und Gelegenheit, fuhr er hartnäckig fort:
»Anstatt dieses charmante Tier anzunehmen wie ich... Sind wir denn das einzige junge Paar, das eine Katze, einen Hund aufzieht? Willst du einen Papagei, einen Seidenaffen, ein Paar Tauben, einen Hund, damit ich meinerseits recht eifersüchtig werde?«
Sie schüttelte die Schultern und protestierte mit geschlossenen Lippen und einem bekümmerten Laut. Mit hocherhobenem Kopf überwachte Alain seine eigene Stimme und feuerte sich an: Vorwärts, vorwärts... noch zwei oder drei Kindereien, etwas

Füllwerk, und wir werden zu etwas kommen... Sie ist wie ein Krug, den ich umkehren muß, um sie ganz zu leeren... Weiter, weiter...
»Willst du einen kleinen Löwen, ein Krokodilbaby, nicht ganz fünfzig Jahre alt? Nein?... Dann mußt du also lieber doch Saha adoptieren... Wenn du dir etwas Mühe gibst, wirst du sehen, daß...«
Camille riß sich so derb aus seinen Armen, daß er schwankte.
»Nein!« schrie sie. »Das niemals! Hörst du? Niemals!«
Sie seufzte wütend auf und wiederholte leiser: »O nein! Niemals!«
Jetzt sind wir soweit, sagte sich Alain genußvoll.
Er drängte Camille ins Zimmer, ließ den äußeren Vorhang fallen, zündete das Viereck im Plafond an und schloß das Fenster. Mit einer tierhaften Bewegung näherte sich Camille dem Ausgang, den Alain wieder öffnete: »Unter der Bedingung, daß du nicht schreist«, sagte er.
Er rollte Camille den einzigen Lehnstuhl hin, setzte sich rittlings auf den einzigen Stuhl am Fußende des frischüberzogenen Bettes. Im Widerschein der Chintzvorhänge, die schon für die Nacht zugezogen waren, erschienen die Blässe Camilles und ihr weißes, verdrücktes Kleid grün.
»Also?« begann Alain. »Nicht einzurenken? Gräßliche Sache – entweder sie oder du?«
Sie nickte kurz. Alain sah, daß er den tändelnden Ton fallenlassen mußte.
»Was soll ich dir also sagen?« fing er nach einer Stille wieder an. »Das einzige, was ich dir nicht sagen will? Du weißt sehr gut, daß ich auf diese Katze nicht verzichten werde. Ich würde mich schämen. Schämen vor mir und vor ihr...«
»Ich weiß«, sagte Camille.
»...und vor dir«, beendete Alain.
»Oh, ich...!« sagte Camille und hob die Hand.
»Du zählst auch«, sagte Alain hart. »Im ganzen genommen bist du auf mich allein bös. Du hast Saha nichts vorzuwerfen als die Liebe, die sie für mich empfindet.«
Sie antwortete nur mit einem bekümmerten und zögernden Blick, und er war gereizt, daß er noch weiter in sie dringen mußte. Er hatte gedacht, daß eine heftige und kurze Szene alle Themen forcieren würde, und hatte sich auf diese Leichtigkeit verlassen.

Aber nach dem ersten Schrei hatte sich Camille wieder gesammelt und lieferte keinerlei Scheite für die Glut. Er wandte Geduld an:
»Sag mir, Kleines – was denn? Darf ich dich nicht ›mein Kleines‹ nennen? – sag mir, wenn es sich um eine andere Katze als Saha handelte, wärst du weniger intolerant?«
»Natürlich ja«, antwortete sie sehr schnell. »Du würdest sie nicht so lieben wie diese.«
»Das stimmt«, sagte Alain mit berechnender Loyalität.
»Selbst eine Frau«, ereiferte sich Camille, »selbst eine Frau würdest du zweifellos nicht so sehr lieben.«
»Auch das stimmt«, sagte Alain.
»Du bist nicht wie die Leute, die Tiere lieben, du nicht... Patrick liebt auch Tiere. Er nimmt die großen Hunde um den Hals, er balgt sich mit ihnen, er ahmt die Katzen nach, um zu sehen, wie sie dabei dreinschauen, er pfeift den Vögeln...«
»Ja. Schließlich ist er kein schwieriger Fall«, sagte Alain.
»Aber du – das ist etwas anderes; du liebst Saha...«
»Das habe ich dir niemals verborgen, aber ich habe dich auch nicht angelogen, als ich dir sagte: Saha ist nicht deine Rivalin...« Er unterbrach sich und schlug die Lider über seinem Geheimnis nieder, das ein Geheimnis der Reinheit war.
»Es gibt Rivalinnen und Rivalinnen«, sagte Camille sarkastisch. Sie wurde plötzlich rot, entzündete sich an einer plötzlichen Berauschung, ging auf Alain zu.
»Ich habe euch gesehen!« schrie sie. »Am Morgen, wenn du die Nacht auf deinem kleinen Diwan verbringst... Bevor der Tag anbricht, habe ich euch gesehen, euch beide...«
Sie streckte einen zitternden Arm gegen die Terrasse.
»Dort habe ich euch sitzen sehen, alle beide... ihr habt mich nicht einmal gehört! Ihr seid Wange an Wange dagesessen...«
Sie ging bis zum Fenster, holte Atem und kam wieder auf Alain zu.
»Es liegt an dir, aufrichtig zu sagen, wenn ich unrecht habe, diese Katze nicht zu mögen, wenn ich unrecht habe, darunter zu leiden.«
Er wahrte die Stille so lange, daß sie von neuem gereizt wurde.
»Also sprich doch schon! Sag etwas! An dem Punkt, an dem wir angelangt sind... Worauf wartest du?«
»Auf die Fortsetzung«, sagte Alain. »Den Rest.«
Er erhob sich sachte, beugte sich über seine Frau und senkte die

Stimme, während er auf die Fenstertür wies: »Das warst du, nicht wahr? Du hast sie hinuntergeworfen...?«
Mit einer prompten Bewegung brachte sie das Bett zwischen sich und ihn, aber leugnete nicht. Er lächelte etwas, als er sie flüchten sah: »Du hast sie hinuntergeworfen«, sagte er versonnen. »Ich habe wohl gefühlt, daß du alles zwischen uns verändert hast... Sie hat sich die Krallen gebrochen, als sie sich an die Mauer anzuklammern versuchte...«
Er senkte den Kopf, stellte sich das Attentat vor.
»Aber wie hast du sie hinuntergeworfen? Hast du sie bei der Nackenhaut gehalten? Hast du ihren Schlaf auf der Brüstung dazu ausgenützt? Hast du deinen Anschlag lange vorbereitet? Habt ihr nicht miteinander gekämpft – vorher?«
Er betrachtete die Hände und Arme Camilles.
»Nein, du hast keine Spuren. Sie hat dich gut angeklagt, nicht wahr, als ich dich gezwungen habe, sie zu berühren... Sie ist großartig...«
Sein Blick glitt von Camille ab und umfaßte die Nacht, den Sternenstaub, die Wipfel der drei Pappeln, die im Licht des Zimmers schimmerten.
»Also«, sagte er einfach, »ich gehe.«
»Oh! Höre... hör...«, flehte Camille wild, ganz leise.
Dennoch ließ sie ihn aus dem Zimmer gehen. Er öffnete die Wandschränke, sprach mit der Katze im Badezimmer. Das Geräusch seiner Schritte sagte Camille, daß er Straßenschuhe angezogen hatte, und mechanisch schaute sie auf die Uhr. Er kam zurück und trug Saha in einem bauchigen Korb, den Mère Buque benützte, wenn sie auf den Markt ging. Hastig angezogen, die Haare schlecht frisiert, sein Seidentuch lose um den Hals geschlungen, sah er aus wie in der Unordnung der Liebe, und die Lider Camilles schwollen. Aber sie hörte Saha sich im Korb rühren und preßte die Lippen zusammen.
»Also, ich gehe«, wiederholte Alain.
Er senkte die Augen, hob den Korb etwas und korrigierte mit berechnender Grausamkeit: »Wir gehen.«
Er befestigte den Deckel des Weidenkorbes und erklärte: »Ich habe nur das hier in der Küche gefunden.«
»Du gehst nach Haus?« fragte Camille, indem sie sich zwang, die Ruhe Alains nachzuahmen.
»Aber natürlich.«

»Wirst du denn... kann ich rechnen, dich dieser Tage einmal zu sehen?«
»Aber gewiß.«
Vor Überraschung wurde sie noch einmal weich und hätte fast gebeten, geweint, sich angestrengt verteidigt.
»Und du«, sagte Alain, »bleibst du heute nacht allein hier? Fürchtest du dich nicht? Wenn du darauf bestehst, würde ich bleiben, aber...«
Er drehte den Kopf zur Terrasse.
»Aber, offen gesagt, liegt mir nichts daran... Was gedenkst du denn bei dir zu Hause zu sagen?«
Verletzt, daß er sie ausdrücklich den Ihren zurückschickte, richtete sich Camille auf.
»Ich habe ihnen nichts zu sagen. Das sind Dinge, die nur mich allein angehen, glaube ich... Ich habe durchaus keine Lust auf Familienrat.«
»Ich gebe dir vollkommen recht – vorderhand.«
»Außerdem können wir ja von morgen an entscheiden...«
Er hob seine freie Hand, um diese Bedrohung der Zukunft abzuwehren. »Nein, nicht morgen. Das Heute hat kein Morgen.«
Auf der Schwelle des Zimmers wandte er sich um.
»Im Badezimmer habe ich meinen Schlüssel gelassen und das Geld, das wir hier haben...«
Sie unterbrach ihn ironisch: »Warum nicht eine Kiste Konserven und einen Kompaß?«
Sie spielte die Tapfere und maß ihn mit den Augen, eine Hand in der Hüfte, den Kopf aufrecht auf ihrem schönen Hals. Sie genießt meinen Abgang, dachte Alain. Er wollte mit einem analogen Theater der letzten Stunde antworten, seine Haare in die Stirn werfen, den zwischen Wimpern schmachtenden Blick einschalten und Verächtlichkeit posieren; aber er verzichtete auf eine Mimik, die sich mit dem Einkaufskorb schlecht vertrug, und begnügte sich mit einem vagen Gruß in die Richtung Camilles.
Sie wahrte ihre Haltung, ihre theatralische Pose.
Bevor er hinausging, sah er aus der Entfernung die Ringe um ihre Augen deutlicher und die Nässe, die ihre Schläfen und ihren faltenlosen Hals bedeckte.

Kurt Tucholsky

Die Katz

Neulich saß ich vor dem kleinen Theaterchen Ambassadeurs in den Champs Elysées, unter grünen Bäumen. Um meine Bank strich mehrere Male eine große, gut genährte Katze, grau mit schwarzen Flecken. Wir kamen so ins Gespräch – sie fragte mich, wieviel Uhr es sei –, und da stellte sich heraus, daß sie aus Insterburg stammte. Nun kenne ich Insterburg sehr genau – ich habe da seinerzeit gedient –, und wir waren gleich im richtigen Fahrwasser. Sie kannte erstaunlich viele Leute, und wir hatten auch gemeinsame Bekannte: eine Verwandte von ihr war bei meinem Feldwebel Lemke Katze gewesen, sie wußte gut Bescheid. Meine Stammkneipe kannte sie und das Theater und die Kaserne und alle möglichen Orte. Ja, es ist sogar möglich, daß wir uns einmal gesehen hatten, im Schützenhaus zu Palmnicken, aber da hatte ich natürlich nicht so darauf geachtet. Wie es ihr denn so in Paris gefiele, fragte ich sie.
»Näi, hier jefällts mir nich!« sagte sie. »Ich wäiß nich, die Leite sinn ja soweit janz natt – aber, wissen Se, mit die Verfläijung, das is doch nichts. Ja. 's jibbt ja Fläisch un so – aber Fischkeppe – wissen Se – son richtichen Kopp von nem Zanderchen oder Hachtchen – das hätt ich doch jar zu jern mal jajassen. Aber: Pustekuchen!« Das fand ich auch sehr bedauerlich.
»Gott, man erlebt ja allerhand hiä«, sagte die Katze. »Da haben se mich näilich einem alten Madamche ins Bett jestochen, wissen Se, die konnt keine Katzen läiden. Erbarmung! hat se jebrillt. Ei, seht doch! seht doch! hat se immer jerufen – das heißt, ich denk mä das so – denn sie hat ja franzeesch jebrillt. Dabei hab ich se nuscht jetan! Und se hat all immer jemacht: ›Pusch! Pusch! Willste da raus!‹ – Aber ich bin ruhig liegen jeblieben, wissen Se – und da hat se mit all ihre Koddern aufn Pianino jeschlafen – ja. Und am friehen Morjen hat se mer denn ein Tellerche Schmant hinjehalten, das hab ich auch jenomm, und denn bin ich los. Es war ne janz nette Frau soweit. Se war all janz bedammelt von den Unjlik.«
Aha. Und diese große Schramme da über dem Auge? was wäre denn dies?

»I«, sagte die Katze, »da hat mir neulich son Kater anjesprochen – aber ich wollt nich – wissen Se, ich wer mer doch mit die franzeeschen Kater nich abjehm! De Frau in Insterburch hat auch immer jesacht, mehr als dräimal im Jahr soll ne ordentliche Katz nich – na, und meine Portion war all voll. Ja – ich wollt eben nich. Da hat mir doch das Biest anjesprungen! Was sagen Se –! Ich hab 'n aber ordentlich äine jelangt – sobald jeht der an käine ostpräische Katz mer ran, der Lorbas!«

»Kinder haben Sie also auch?« fragte ich. »Ja«, sagte sie. »Es sinn alles orntliche Katzen jeworn – bis auf äine. Die streicht da aufn Monmartä rum bei die Franzosen – und wenn mal 'n Tanzverjeniejen is, denn macht se sich an die Fremden ran. Näilich dacht ich: I, dacht ich, wirst mal hinjehn, sehn, was se da macht. Wissen Se – ich hab mir rein die Augen ausn Kopp jeschämt – lauter halbnackte Marjellen – und meine Tochter immer dabäi! Sone Krät –! Ich sach: ›Was machst du denn hier?‹ sach ich. Se sagt: ›Ah – Mama!‹ und denn redt se doch franzesch mit mir! mit die äijene Mutter –! Ich sach: ›Schabber nich so dammlich!‹ sach ich und jeb ihr eins mit de Pfot. Da haben se uns rausjeschmissen ausm Lokal, alle bäide – und draußen auf de Straß wollt ich mer nich mit se hinstelln. Und – rietz! war se denn auch jläich wech. Ach, wissen Se, heutzutach, mit die Kindä...!« ja, da konnte ich nur zustimmen. Ja – und sonst? Paris und so?

»Manchmal«, sagte die Katz, »krie ich doch mächtig Heimweh. Kenn Se Keenichsbarch? Das is ne Stadt – wissen Se – da kann Paris jahnich mit! Da war ich mal auf Besuch – man is ja in de Welt rumjekomm, Gott sei Dank – und da war ich bei de Frau Schulz. Kenn Se die? Die Mutter von Lottchen Schulz, die immer so brillt? De Tochter hat jetzt jehäirat.« Halt! Lottchen Schulz kannte ich. Diese etwas bejahrte, schielende und hinkende Dame hatte geheiratet? Ich äußerte Bedenken. »Och«, sagte die Katze, »sehn Se mal: Nu hat se doch das lahme Bein, und ordentlich gucken kann se auch nicht mehr – was soll Se –!« Dagegen war nichts einzuwenden – Heirat schien in solchem Fall das beste. »Ja, da war ich auf Besuch«, fuhr die Katze fort, »ach, wenn ich daran noch denk! Inne Ofeneck saßen die bäiden Jungens Schulz und schlabberten ein Tulpchen Biä nachn andern, de Frau trank Kaffee, und ich kriecht ab un zu 'n Stickche Spack – aber, wissen Se, son richtchen, ostpräißschen Kernspack – nich wie hier! Ja. Nur äin Malhör is mich in Keenichsbarch passiert: ich bin da in den

61

Hiehnerstall jejangen und hab da jefriehstickt, und nachher hab ich es all jemerkt: alle die kläinen Kaichel, die hatten dem Pips! Dräi Tach war mir janz iebel!«

Eine feine Dame ging vorüber und sagte zu ihrer Begleiterin: »Vous savez, il n'y à que des étrangers à Paris!«

Die Katze sagte: »Wissen Se, hier mit die Katzen, da versteh ich mir janich! Se sind auch so janz anders als bäi uns – manche sind direkt kindisch – wissen Se...! Na, denn wer ich man bißchen jehn, auf Mäise...!«

Und lief seitwärts, in die Büsche. Ich wollte noch etwas sagen, sie nach ihrer Adresse fragen –, aber sie war schon weg. Und ich stand noch lange vor dem Busch und, ohne daran zu denken, daß es ja eine Katze war, rief ich: »Landsmann! Landsmann!« – Aber es antwortete keiner. Wir haben uns nicht mehr wiedergesehen.

Eugen Roth

Die Katze

Es ist eine ganz kleine Geschichte, und sie ist lang genug vergessen gewesen in meinem Herzen, das so viele Geschichten aufbewahrt, jedes Menschenherz; und manche, ja die meisten, tauchen nie wieder hervor, andere aber weckt, wer weiß, was für ein Zufall wieder auf, ein Wort, ein Blick, ein Geruch, ein Lufthauch.
Und dann mögen noch so große Dinge geschehen in der Welt, Kriege und Umstürze: und wir sitzen vielleicht tief im Keller bei der flackernden Kerze, und die Schwingen des Todes kreisen über der Stadt und jeder Augenblick kann der letzte sein: aber die kleine Geschichte will ans Licht, sie kämpft sich durch alle Schrecken des Herzens, und sie ist da, strahlend hell, voller Sommer, grün, mit Wind in den Bäumen, oder herbstlich verschattet, traurig süß, sonatendünn wie ein Novembertag, oder klar verschneit, winterstill, mit leisem Zuruf, irgendwoher, einem Ruch, einem Lächeln.
Meine Geschichte aber hat sich vor zwanzig Jahren abgespielt im Lande Italien, an dem Strand von Pesaro, sie schaut nach gar nichts her, wenn ich sie so erzähle, aber für mein Leben ist sie nicht ohne Bedeutung. Wäre sie mir nicht begegnet, vielleicht hätte ich dann Laura geheiratet, die damals meine Freundin war.
Es muß schon in der Luft gelegen sein, an jenem Sommerabend, wie soll ich's euch nur beschreiben? Das Meer hat geleuchtet, seit wir am Strand waren, zwei Wochen lang schon; wir haben gebadet und gegessen und wieder gebadet; und natürlich, die Liebe wollen wir nicht verheimlichen. Ein solches Leben mag andere gesund machen, mich hat es krank gemacht, es ist zuviel gewesen. An dem bewußten Abend ist eine Wolke heraufgestiegen über den blauen Bergen von Urbino, und dahinter ist die Sonne verschwunden und hat nur über die Ränder geblitzt, es sind blasse Zungen von gelbem Rauch über den Himmel gefahren, alles hat falsche Farben bekommen, unbewegt und glühend schwül ist die Luft gestanden, und die Schiffe mit den rostroten Segeln sind schlaff in dem bleiernen Wasser stehengeblieben, wie böse verzaubert. Und dann hat ganz

leise und hohl der Sand zu tanzen angefangen, in Wirbeln um das
klappernde Buschwerk, wie weggesogen. Mit einem Wort, es ist
ein unbehaglicher Abend gewesen, mit einer heimlichen Drohung
in den Lüften, als könnte unvermutet irgendeine Gefahr aus dem
Hinterhalt der Welt uns anspringen.
Wir hätten vielleicht von all dem nichts bemerkt, wenn wir unter
den Menschen geblieben wären, am Strand, bei der unablässig
zappelnden Kurmusik, zwischen den scheußlichen Betonklötzen
der Hotels und Landhäuser mit ihren verlogenen Gartenanlagen,
in dem Geschrei der Händler und im Blickkreis der unersättlich
neugierigen Badegäste. Aber gerade an jenem Abend hatten wir
uns vorgenommen, diesen schmalen Küstenstreifen des aufdring-
lichen Fremdenbetriebs zu verlassen; und gleich hinter dem
Bahndamm beginnt ja wirklich ein Hinterland der Armut und
Verlassenheit, dürr, eintönig, unberührt wie vor tausend
Jahren.
Die Felder waren schon abgeerntet, der Wein war noch nicht reif.
Im raschelnden Mais haben späte Arbeiter die grünen Kolben
gebrochen, wir haben es gespenstisch laut durch die ausgehöhlte
Luft gehört. Und dann ist auf einmal der volle Mond sehr bleich
über dem in Rauch zerfallenden Abend gestanden.
Wir sind einen Fußpfad gegangen, zwischen Mais, Wein und
niederen Mäuerchen, so verlassen, als wäre nicht tausend Schritte
hinter uns der Strand gewesen und eine Welt der feinen Leute mit
bunten Lichtern und noch bunteren Eislimonaden; die Finsternis
ist schon aus dem Boden gestiegen, stumm und heiß, unerträglich
heiß.
Wir haben uns sonst oft bei den Händen genommen, Laura und
ich, und miteinander gescherzt oder mit halber Stimme ein kleines
Lied gesungen. Aber an diesem Abend sind wir schweigend
hintereinander hergegangen, ohne Zuruf, ohne einen Blick. Es ist
ein knisterndes Schweigen zwischen uns gewesen, keins hat zu
reden anfangen wollen.
Da kommen wir an eine Bauernhütte, armselig und verwittert; auf
einer zerbröckelten Mauer steht ein rußiger Topf, und um den
spielt ein Kätzchen, winzig klein, schwarz und drollig. Das
Tierlein ist gerade recht, denke ich, um uns aus unserer wunderlichen Spannung zu erlösen, und wirklich tritt auch Laura mit
einem Ausruf des Entzückens auf das Kätzchen zu; da sehen wir,
dicht davor, in der Dämmerung, daß es räudig ist und so verhun-

gert, daß ihm die Knochen aus dem struppigen Fell schauen. Laura hat schon die Hände ausgestreckt, um es aufzunehmen und zu streicheln, aber jetzt tut sie, von jähem Ekel geschreckt, einen Schritt zurück und sagt: »Ach so!« und läßt die Hände sinken. Das Tierchen aber, krank und gelähmt, kriecht mühsam herzu und leckt mit dem roten Läppchen seiner Zunge an meinem staubigen Schuh; und das hat etwas so Rührendes, Beschämendes, daß auch ich nun hinuntergreife, entschlossen, die Katze zu fassen; nur einen Augenblick zögere ich vor dem häßlichen Schorf, der den armen Leib bedeckt; und da ruft mir auch schon Laura zu, ob ich denn verrückt sei, pfui, ruft sie, und ich nehme wirklich die Hände zurück. Und das Tier, als ob es spürte, daß da soeben ein bißchen Mitleid, das ihm helfen könnte, wankend geworden ist, quäkt kläglicher als zuvor und wirft sich demütig und verzweifelt vor meine Füße.
Ich weiß schon, so nüchtern hinterher erzählt, ist das eine empfindsame, beinahe eine lächerliche Geschichte, aber wie ich damals so hilflos dagestanden bin, ist mir wirklich elend zumute gewesen. Ein steinalter Bauer ist gekommen, offenbar der Bewohner des Hauses, gebeugt und verschrumpft ist er an uns vorübergewankt, ein Bündel Maiskolben mit sich schleppend. Ich kann nicht viel Italienisch, aber Laura hat es recht leidlich gesprochen. Ich habe dem Mann ein paar Lire gegeben, er hat sie mißtrauisch und kopfschüttelnd genommen, aber, daß er für die Katze ein bißchen Milch bringen sollte, hat er nicht begriffen. Ohne ein Wort zu sagen, ist er in das Haus getreten. Es ist wieder still gewesen, die Nacht ist jetzt rasch gefallen, wir hätten beide gehen wollen, aber keiner hat den ersten Schritt gewagt, fort von dem armen Tier. Noch einmal ist eine müde Frau vorbeigegangen, ein Kind im Arm, ein mageres, schmutziges Mädchen führend und in einem Korb eine Flasche mit Milch tragend. Ich habe nur noch einen größeren Geldschein gefunden, aber es war mir gleich, ich habe ihn drangeben wollen, ich habe gemeint, ich könnte mich loskaufen von meiner wunderlichen, großen Schuld an der kleinen Katze. Aber auch die Frau will es lang nicht verstehen, daß ich für das viele Geld ein bißchen Milch haben möchte; und kaum hat sie's, zögernd, verstanden, da weist sie mit einer so strafenden Gebärde auf ihre beiden Kinder, daß ich, aufs äußerste verwirrt, von meinem Versuche ablasse. Die Frau geht, die Katze ist still geworden, nur ihre Augen glimmen, in der Schattentiefe des

Mäuerchens sitzt sie, während das Licht des Mondes immer härter und mächtiger wird.

Laura und ich, wir haben uns angesehen, aber gesagt haben wir nichts. Und dann sind wir zurückgegangen, langsam zuerst und dann immer schneller. Ja, es ist eine Flucht gewesen, eine feige, heillose Flucht vor dem verratenen Gottesgeschöpf. Wir haben auch auf dem Weg nichts gesprochen, und obwohl Laura mehr als einmal stolperte, habe ich ihr nicht die Hand gereicht.

Später dann sind wir, wie die andern auch, noch am Strand gewesen, bei der Musik und bei den bunten Lichtern; und es ist uns alles wie ein Spuk vorgekommen, und wir haben getan, als wäre dieses Erlebnis mit der Katze nicht weiter der Rede wert. Wir waren uns scheinbar einig darüber, daß dem armen Wesen nicht zu helfen sei, und Laura hat es zuerst ausgesprochen, wenn sie auch nur an halben Worten herumgewürgt hat, daß es das beste wäre, solch ein verlorenes Tier gleich umzubringen.

Wir haben es aber gut gewußt, daß diese Katze nur eine Prüfung Gottes gewesen ist und daß wir die nicht bestanden haben. Wir sind noch eine Woche oder zwei in Italien herumgeirrt und haben über manchem großen Eindruck von Kunst und Landschaft die kleine Katze vergessen. Aber zwischen Laura und mir ist etwas zerbrochen gewesen seitdem, und obgleich wir uns keine eigentlichen Vorwürfe haben machen können, es ist gewesen, als hätten wir von nun an unsern eignen Herzen mißtraut, als ob uns doch jene letzte selbstlose Bereitschaft gefehlt hätte, die auch der Liebe erst ihren tieferen Wert verleiht.

Ernest Hemingway

Katze im Regen

Im Hotel wohnten nur zwei Amerikaner. Von all den Leuten, die ihnen auf ihrem Weg in ihr Zimmer auf der Treppe begegneten, kannten sie niemanden. Ihr Zimmer war in der zweiten Etage mit dem Blick aufs Meer und auch auf die öffentlichen Anlagen und das Kriegerdenkmal. In den öffentlichen Anlagen gab es große Palmen und grüne Bänke. Bei gutem Wetter war da immer auch ein Maler mit seiner Staffelei. Maler mochten die Art, wie die Palmen wuchsen, und die leuchtenden Farben der Hotels, die den Gärten und dem Meer gegenüberlagen. Italiener kamen von weit her, um an dem Kriegerdenkmal emporzusehen. Es war aus Bronze und glänzte im Regen. Es regnete. Der Regen tropfte von den Palmen. Wasser stand in Pfützen auf den Kieswegen. Das Meer durchbrach in einer langen Linie den Regen, glitt über den Strand zurück und kam herauf, um sich wieder in einer langen Linie im Regen zu brechen. Die Autos waren von dem Platz beim Kriegerdenkmal verschwunden. Auf der Schwelle eines gegenüberliegenden Cafés stand ein Kellner und blickte über den leeren Platz.
Die junge Amerikanerin stand am Fenster und sah hinaus. Grad unter ihrem Fenster hockte eine Katze unter einem der von Regen triefenden Tische. Die Katze suchte sich so zusammenzuballen, daß es nicht auf sie tropfen konnte.
»Ich geh' runter und hole das Kätzchen«, sagte die junge Amerikanerin.
»Ich werd's machen«, erbot sich ihr Mann vom Bett her.
»Nein, ich hol's. Das arme Kätzchen da draußen; was es sich anstrengt, unter dem Tisch trocken zu bleiben.«
Ihr Mann las weiter; er lag am Fußende des Bettes auf die zwei Kopfkissen gestützt.
»Werd nicht naß«, sagte er.
Seine Frau ging hinunter, und der Hotelbesitzer stand auf und verbeugte sich, als sie am Büro vorbeikam. Sein Pult stand ganz hinten im Büro. Er war ein alter und sehr großer Mann.
»*Il piove*«, sagte die Frau. Sie mochte den Hotelbesitzer. »*Si, si, Signora, brutto tempo*. Es ist sehr schlechtes Wetter.«

Er stand hinter seinem Pult in der Tiefe des dämmrigen Zimmers. Die Frau mochte ihn. Sie mochte die todernste Art, mit der er alle Beschwerden entgegennahm. Sie mochte seine Würde. Sie mochte die Art, wie er ihr gegenüber immer dienstbereit war. Sie mochte, wie er sich als Hotelbesitzer fühlte. Sie mochte sein altes, schweres Gesicht und seine großen Hände.
Sie mochte ihn, machte die Tür auf und sah hinaus. Es regnete stärker. Ein Mann in einem Gummicape überquerte den leeren Platz zum Café. Rechts um die Ecke mußte die Katze sein. Vielleicht konnte sie unter der Dachtraufe trocken bis hin gelangen. Während sie auf der Schwelle stand, öffnete sich hinter ihr ein Regenschirm. Es war das Mädchen, das ihr Zimmer aufräumte.
»Sie sollen nicht naß werden«, sagte sie lächelnd auf italienisch. Natürlich hatte sie der Hotelbesitzer geschickt.
Das Mädchen hielt den Schirm über sie, während sie auf dem Kiesweg unter ihr Fenster ging. Der Tisch stand da, vom Regen hellgrün gewaschen, aber die Katze war fort. Sie war plötzlich enttäuscht. Das Mädchen sah fragend zu ihr auf.
»*Ha perduto qualque cosa, Signora?*«
»Da war eine Katze«, sagte die junge Amerikanerin.
»Eine Katze?«
»*Si, il gatto.*«
»Eine Katze?« lachte das Mädchen. »Eine Katze im Regen?«
»Ja«, sagte sie, »unterm Tisch«, und dann: »Ach, ich wollte sie so gern haben. Ich wollte so gern ein Kätzchen haben.«
Als sie englisch sprach, nahm das Gesicht des Zimmermädchens einen verschlossenen Ausdruck an.
»Kommen Sie, Signora«, sagte sie, »wir müssen wieder hinein. Sie werden sonst naß.«
»Vermutlich«, sagte die junge Amerikanerin.
Sie gingen den Kiesweg zurück und überschritten die Schwelle. Das Mädchen blieb draußen, um den Schirm zuzumachen. Als die junge Amerikanerin an dem Büro vorbeiging, verbeugte sich der Padrone hinter seinem Pult. Sie fühlte sich innerlich irgendwie sehr klein und wie zugeschnürt. Beim Anblick des Padrone fühlte sie sich sehr klein und gleichzeitig wirklich wichtig. Einen Augenblick hatte sie ein Gefühl von höchster Wichtigkeit. Sie ging weiter, die Treppe hinauf. Sie öffnete die Zimmertür. George lag lesend auf dem Bett.
»Hast du die Katze?« fragte er und legte das Buch hin.

»Sie war weg.«
»Wo sie wohl hin sein mag?« sagte er, während er seine Augen vom Lesen ausruhte.
Sie setzte sich aufs Bett.
»Ich wollte sie so furchtbar gern haben«, sagte sie. »Ich weiß eigentlich gar nicht, warum ich sie so gern haben wollte. Ich wollte das arme Kätzchen haben. Es ist kein Spaß, ein armes Kätzchen draußen im Regen zu sein.«
George las wieder.
Sie ging hinüber, setzte sich vor den Spiegel ihres Toilettentisches und besah sich in ihrem Handspiegel. Sie besah sich prüfend ihr Profil, erst eine Seite, dann die andere. Dann betrachtete sie ihren Hinterkopf und ihren Nacken.
»Was meinst du, wäre es nicht eine gute Idee, wenn ich meine Haare wachsen ließe?« fragte sie und besah sich nochmals ihr Profil.
George blickte auf und sah ihren Nacken, der wie bei einem Jungen ausrasiert war. »Ich mag es so, wie es ist.«
»Ach, ich hab's so über«, sagte sie. »Ich hab's so über, wie ein Junge auszusehen.«
George veränderte seine Lage auf dem Bett. Er hatte, seitdem sie redete, nicht von ihr weggesehen.
»Du siehst ganz verteufelt hübsch aus«, sagte er.
Sie legte den Spiegel auf den Toilettentisch, ging zum Fenster hinüber und sah hinaus. Es wurde dunkel.
»Ich möchte meine Haare ganz straff und glatt nach hinten ziehen und hinten einen schweren Knoten machen, den ich wirklich fühlen kann«, sagte sie. »Und ich möchte ein Kätzchen haben, das auf meinem Schoß sitzt und schnurrt, wenn ich es streichle.«
»Wahrhaftig?« sagte George vom Bett her.
»Und ich will an meinem eigenen Tisch mit meinem eigenen Besteck essen, und ich will Kerzen. Und ich will, daß es Frühling ist, und ich will mein Haar vor dem Spiegel richtig bürsten können, und ich will ein Kätzchen haben, und ich will ein paar neue Kleider haben.«
»Nun hör schon auf, und nimm dir was zu lesen«, sagte George. Er las wieder.
Seine Frau sah aus dem Fenster. Draußen war es jetzt ganz dunkel, und es regnete immer noch in den Palmen.
»Auf jeden Fall will ich eine Katze haben«, sagte sie. »Ich will eine

Katze haben. Ich will sofort eine Katze haben. Wenn ich keine langen Haare oder sonst ein bißchen Spaß haben kann, eine Katze kann ich haben.«

George hörte nicht zu. Er las sein Buch. Seine Frau sah aus dem Fenster auf den Platz, wo die Laternen jetzt angezündet waren.

Jemand klopfte an die Tür.

»*Avanti*«, sagte George. Er sah von seinem Buch auf.

In der Tür stand das Zimmermädchen. Sie hielt eine große, schildpattfarbene Katze eng an sich gepreßt, die an ihrem Körper herunterhing.

»Verzeihung«, sagte sie. »Der Padrone sagte, ich soll dies der Signora bringen.«

Eugen Skasa-Weiß

Charivari aus dem Park

*»Wer die Katze gut pflegt,
der hat eine gute Ehe.«*
Volksmund

Eines Nachts im Juni hörte eine jungverheiratete Frau aus dem Park, der unter ihrem offenen Schlafzimmerfenster lag, das klagende Miauen eines Katers.
Da sie noch nicht schlafensmüde war, ahmte sie die herausfordernd zärtlichen Töne nach und fand darin eine seltsame Genugtuung. Ihr Liebeswehleid wurde noch dunkler erwidert. In ansteigendem Wechselgesang maunzte sie immer verlangender und kätzischer. Beider Inbrunst fand aneinander Gefallen.
Dieser Dialog steigerte sich zu Geständnissen, deren Intimität sie merkwürdig mitriß. Der liebestolle Kater im Parkdunkel und die junge Frau gestanden sich Dinge, die in der Sprache der Menschen so diabolisch ungestüm niemals ausgedrückt werden konnten, und wenn – die Scham vor mitlauschenden Wänden hätte jede artikulierte Silbe verboten.
Plötzlich schien der erregte Kater im Park auf eine eifersüchtig verharrende Katze gestoßen zu sein – die junge Frau hörte ein grelles Aufkreischen, dann war plötzlich alles still. Sie maunzte noch einmal fragend in die dämmrige Juninacht, seufzte resigniert und schlief mit offenen Augen ein.
Als sich nach Mitternacht ihr heimgekehrter Mann leise neben sie legte, fuhr sie entsetzt aus Wachträumen hoch.
»Das war vorhin verrückt«, flüsterte sie, in seine Müdigkeit hineingekuschelt. »Heute abend habe ich mich in der Katzensprache verständigt, du ahnst nicht, mit wem. Draußen suchte ein Kater, der etwas wollte – du machst dir keinen Begriff, was sich Katzen gegenseitig in Lauten zurufen, bevor sie ...«
Der Mann hob den Kopf, alle Müdigkeit war von ihm gefallen.
»Was willst du damit sagen?« unterbrach er sie hastig. »Die drollige Katze, die mir so schamlos geantwortet hat ... sag, das ... warst du?«

»Ich?« Sie erstarrte in Peinlichkeit und verdrehter Eifersucht. »Dann war der Kater also... du hast dich als Kater... scheußlich ausgetobt!«
»Ich habe spaßeshalber einen streunenden Kater nachgemacht«, sagte er abweisend. »Danach mußte ich in der Küche bei einer Flasche Bier über die Katze nachdenken, die mir geantwortet hat... ich hatte nicht die leiseste Ahnung, daß du...«
»Ekelhaft«, schluchzte die junge Frau ins Kissen, »wie du dich als Kater benommen hast. Hemmungslos, einer wildfremden Katze gegenüber... was bist du liederlich!«
»Eine halbe Stunde hast du geantwortet wie eine... Nymphomanin«, erwiderte er verächtlich. »Ich habe mir über weibliche Katzen danach meine Gedanken gemacht – sie wären für dich nicht vorteilhaft ausgefallen, doch ich sagte mir: So sind Katzen halt, Gott wird ihnen verzeihen. Aber – wie du dich gehenließest, was du geantwortet hast... Pfui Teufel. Von dieser Seite habe ich dich überhaupt nicht kennengelernt...«
Sie schwiegen. Sie wurden neugierig, ihre Wut verschwand. Dann, von dieser Seite und von jener Nacht an, lernten sie sich kennen.

Die literarische Katze

Svend Leopold

Goethes Katze

Meine schneeweiße Freundin verbrachte ihr jungfräuliches Dasein in der mit Vorräten reich ausgestatteten Küche der Freifrau Charlotte von Stein. Diese Dame war eine feingebildete und hochkultivierte Persönlichkeit, die allen, gegen die sie keine Abneigung hegte, warme und aufrichtige Gefühle entgegenbrachte. Sie empfand indessen leicht Abneigung und verzieh es kaum jemandem, ihn durch ihre Launen gekränkt zu haben.
Sie war eine unbefriedigte Frau und hatte in ihrer Ehe mit dem Freiherrn von Stein sieben Kinder, die ihren Drang nach geistiger Beschäftigung und ihr seelisches Verlangen nicht befriedigten. Seit einer längeren Reihe von Jahren war sie mit Goethe in eine Seelenehe getreten, durch die der Freiherr anscheinend nicht mehr als nötig beunruhigt wurde, da er nicht recht begriff, welche Bewandtnis es mit einer Seelenehe auf sich hat. Sie teilte sich zwischen dem Dichter und ihrem Gatten, was so zu verstehen ist, daß jener ihre Seele erhielt und dieser das übrige. Demzufolge wurde sie ihrem Manne nie untreu, sondern genoß im Gegenteil die uneingeschränkte Achtung weitester Kreise. Sie diente der Dichtkunst und trug zur Vermehrung der Steinschen Familie bei.
Sie war eine höchst eigenartige Frau, und Stein war mit seltener Geduld gesegnet, da er ihr gestattete, Goethes Mutter, Schwester, Beschützerin, Beichtigerin, Gönnerin, Muse, Herzensfreundin und Trösterin zu sein.
Weiter reichte seine Geduld indessen nicht, und er wollte nichts vom Bestehen einer Liebe zwischen dem Paare hören, welcher Wunsch auch bis zu einem gewissen Grade respektiert wurde.
Die Aussicht auf die Küchengenüsse der Freifrau von Stein verstärkte die Wärme und Tiefe meiner Gefühle für die schneeweiße Katze. Nachdem ich mich davon überzeugt hatte, daß es in der Steinschen Küche reichlich Milch und Fleisch gab, drückte ich meinen ersten Kuß auf das charmante kleine Schnäuzchen.
Gemeinsam verbrachten wir einen bezaubernden Tag, und da für den Abend Vollmond zu erwarten war, verabredeten wir, uns auf

Goethes Dach zu treffen, um Stimmungen und seelische Verzükkungen auszutauschen.
Kaum war es sieben Uhr, als meine Liebste schon auf dem Schornstein saß und sich malerisch vom vollen Rund des Mondes abhob. Sie sah sanft und elegisch-schwärmerisch aus. Die Beschaffenheit ihres weißen Seidenfelles ließ Rückschlüsse auf ihre Herkunft aus guter Familie zu. Vom Schornstein aus konnten wir deutlich bemerken, daß der Dichter unter uns nicht gerade Hungerqualen litt. In Christianes Küche wurden Beefsteaks gebraten, und meine Freundin wußte zu berichten, daß man in diesem Hause nicht mit Sahne geize. Wir sahen der Zukunft sorglos entgegen, und mit dieser Aussicht vor Augen verdoppelten wir die Beweise unserer Liebe. Unserer Seelen bemächtigte sich jener Aufschwung des Glücksgefühls, das uns über die irdische Alltäglichkeit emportrug. Nachdem wir uns ein Weilchen über den Vollmond unterhalten hatten, erzählte mir meine Liebste von den sieben Kindern der Freifrau von Stein und von den interessanten seelischen Bindungen ihrer Mutter, die jetzt eine Unterbrechung erfahren hatten, da Goethe diese Beziehung auf die Dauer als zu blutleer empfunden und deshalb in den Armen der kleinen Christiane Ersatz in holdem Zeitvertreib gesucht habe. Ich fragte meine Liebste, ob auch sie für platonische Beziehungen sei, was sie zu meiner großen Beruhigung verneinte. Sie berichtete mir, daß Frau von Stein Hofdame bei der Herzogin sei, daß sie sich ob Goethes schwarzer Treulosigkeit zu Tode getroffen fühle und das Band zerrissen habe.
Mit sanfter und nicht ganz sicherer Stimme beteuerte meine Erkorene, sie sei von menschlicher Art, weshalb ihre Liebe verspreche, von langer Dauer zu sein, da rein seelische Liebe gewissermaßen der handfesten Grundlage entbehre. Nach dieser Aussprache sanken wir uns in die Pfoten, während uns ein Taumel überirdischer Wonne überkam. Sie flüsterte mir süße Worte ins Ohr und versicherte mir, daß es in den ausgedehnten herzoglichen Parkanlagen eine Fülle von Gartenmäusen gäbe...
Nachdem der erste Aufwand an Zärtlichkeit verflogen war, erkundigte sie sich eingehend nach meiner Vergangenheit.
Ich erzählte, was ich im Augenblick für ratsam hielt, ihr zu unterbreiten, und von meiner offensichtlichen Wahrhaftigkeit überwältigt, weigerte sie sich keinen Augenblick mehr, mit mir eine Gewissensehe einzugehen.

Es war mir unmöglich, sie nach ihrer eigenen Vergangenheit zu fragen, da ich sie nicht verleiten wollte, die Wahrheit schönfärberisch umzulügen oder – umzudichten. Sie hielt mich für dichterisch begabt und umschlang meinen Hals mit ihren weißen Pfoten. Wir beglückwünschten unsere Kinder zu ihren Eltern und plauderten über die Freuden, die sie uns zweifellos bereiten würden, falls man sie nicht ertränkte. Ich bemerkte, wie sie plötzlich erbebte, und mir schwante, daß Muttersorgen ihrem Herzen nicht gänzlich unbekannt waren – eine Ahnung, die indessen bedeutungslos war. Ihr feiner Instinkt jedoch erwitterte meine düsteren Zweifel, und sie lenkte das Gespräch auf die angeborene Treulosigkeit der Kater. Nun war es an mir, plötzlich zu erschauern, jedoch – meine Erwählte war feinfühlig genug, diesen Umstand der Abendkühle zuzuschreiben. Über diese Wendung des Gesprächs ein wenig beunruhigt, glitten wir lautlos eine Gartenstiege hinunter und trennten uns mit dem Gelöbnis ewiger Treue vor der Türe zu Goethes Gartenzimmer...

Mein Herr nahm mich sehr oft mit in die herzogliche Bibliothek, woselbst ich viele schlechte und überflüssige Bücher davor bewahrte, von gefräßigen Buchmäusen verzehrt zu werden. Es ist mir aufgefallen, daß diese literarisch interessierten Tiere sich am meisten zur minderwertigen Literatur hingezogen fühlen, womit sie den gleichen schlechten Geschmack an den Tag legen wie die Leser. Durch meine Tätigkeit in der Bibliothek erwies ich daher der Leserschaft einen großen Dienst.

Wissenschaftliche Werke, die sich in allen Punkten widersprachen, standen hier Seite an Seite, weswegen ich gelegentlich den Mäusen gestattete, ihren Wissensdurst zu stillen, wobei ich ihnen aufs strengste untersagte, die Poesie anzutasten, da sie gesundheitsschädlich sei. Immer, wenn ich eine Buchmaus vertilgte, der die Poesie ins Blut gegangen war, wurde mir unweigerlich übel; ich wurde mondsüchtig, litt mehrere Wochen am Reimfieber und schlechter Verdauung.

Dann und wann nahm ich meine Frau mit in die Säle, und mehr als einmal delektierten wir uns an einer alten, mit Romanen gemästeten Ratte, die ein ganzes Rattenalter hindurch der Romanlektüre gefrönt hatte.

E. T. A. Hoffmann

Lebensansichten des Katers Murr
(Auszüge)

Vorwort

Mit der Sicherheit und Ruhe, die dem wahren Genie angeboren, übergebe ich der Welt meine Biographie, damit sie lerne, wie man sich zum großen Kater bildet, meine Vortrefflichkeit im ganzen Umfange erkenne, mich liebe, schätze, ehre, bewundere und ein wenig anbete.
Sollte jemand verwegen genug sein, gegen den gediegenen Wert des außerordentlichen Buchs einige Zweifel erheben zu wollen, so mag er bedenken, daß er es mit einem Kater zu tun hat, der Geist, Verstand besitzt und scharfe Krallen.
Berlin, im Mai (18-).

                    MURR
          (Homme de lettres très renommé)

Die Rettung Kater Murrs

Mitten auf der großen Brücke vor unserer Stadt blieb ich (Meister Abraham) stehen und schaute noch einmal zurück nach dem Park, der vom magischen Schimmer des Mondes umflossen dastand wie ein Zaubergarten, in dem das lustige Spiel flinker Elfen begonnen. Da fiel mir ein feines Piepen in die Ohren, ein Quäken, das beinahe dem eines neugebornen Kindes glich. Ich vermutete eine Untat, bückte mich tief über das Geländer und entdeckte im hellen Mondschein ein Kätzchen, das sich mühsam an den Pfosten angeklammert, um dem Tod zu entgehen. Wahrscheinlich hatte man eine Katzenbrut ersäufen wollen, und das Tierchen war wieder hinaufgekrochen. Nun, dacht' ich, ist's auch kein Kind, so ist es doch ein armes Tier, das dich um Rettung anquäkt, und das du retten mußt.
Ich rettete einen Kater, ein Tier, vor dem sich viele entsetzen, das allgemein als perfid, keiner sanften, wohlwollenden Gesinnung, keiner offenherzigen Freundschaft fähig ausgeschrien wird, das

niemals ganz und gar die feindliche Stellung gegen den Menschen aufgibt, ja, einen Kater rettete ich aus purer uneigennütziger Menschenliebe. – Ich kletterte über das Geländer, griff nicht ohne Gefahr herab, faßte das wimmernde Kätzchen, zog es hinauf und steckte es in die Tasche. Nach Hause gekommen, zog ich mich schnell aus und warf mich, ermüdet und erschöpft wie ich war, aufs Bett. Kaum war ich aber eingeschlafen, als mich ein klägliches Piepen und Winseln weckte, das aus meinem Kleiderschrank herzukommen schien. – Ich hatte das Kätzchen vergessen und es in der Rocktasche gelassen. Ich befreie das Tier aus dem Gefängnis, wofür es mich dermaßen kratzte, daß mir alle fünf Finger bluteten. Schon war ich im Begriff, den Kater durchs Fenster zu werfen, ich besann mich aber und schämte mich meiner kleinlichen Torheit, meiner Rachsucht, die nicht einmal bei Menschen angebracht ist, viel weniger bei der unvernünftigen Kreatur.

Genug, ich zog mit aller Mühe und Sorgfalt den Kater groß. Es ist das gescheiteste, artigste, ja witzigste Tier der Art, das man sehen kann, dem es nur noch an der höhern Bildung fehlt...

Kater Murr lernt lesen

Nichts zog mich in des Meisters Zimmer mehr an als der mit Büchern, Schriften und allerlei seltsamen Instrumenten bepackte Schreibtisch. Ich kann sagen, daß dieser Tisch ein Zauberkreis war, in den ich mich gebannt fühlte, und doch empfand ich eine gewisse heilige Scheu, die mich abhielt, meinem Triebe ganz mich hinzugeben. Endlich eines Tages, als eben der Meister abwesend war, überwand ich meine Furcht und sprang herauf auf den Tisch. Welche Wollust, als ich nun mitten unter den Schriften und Büchern saß und darin wühlte. Nicht Mutwille, nein, nur Begier, wissenschaftlicher Heißhunger war es, daß ich mit den Pfoten ein Manuskript erfaßte und so lange hin- und herzauste, bis es, in kleine Stücke zerrissen, vor mir lag. Der Meister trat hinein, sah, was geschehen, stürzte mit dem kränkenden Ausruf: »Bestie, vermaledeite!« auf mich los und prügelte mich mit dem Birkenreis so derb ab, daß ich mich, winselnd vor Schmerz, unter dem Ofen verkroch und den ganzen Tag über durch kein freundliches Wort wieder hervorzulocken war. Wen hätte dies Ereignis nicht abgeschreckt auf immer, selbst die Bahn zu verfolgen, die ihm die Natur vorgezeichnet! Aber kaum hatte ich mich ganz erholt von meinen Schmerzen, als ich, meinem unwiderstehlichen Drange folgend, wieder auf den Schreibtisch sprang. Freilich war ein einziger Ruf meines Meisters, ein abgebrochner Satz wie z. B. »Will er!« hinlänglich, mich wieder herabzujagen, so daß es nicht zum Studieren kam; indessen wartete ich ruhig auf einen günstigen Moment, meine Studien anzufangen, und dieser trat denn auch bald ein. Der Meister rüstete sich eines Tages zum Ausgehen, alsbald versteckte ich mich so gut im Zimmer, daß er mich nicht fand, als er, eingedenk des zerrissenen Manuskripts, mich herausjagen wollte. Kaum war der Meister fort, so sprang ich mit einem Satz auf den Schreibtisch und legte mich mitten hinein in die Schriften, welches mir ein unbeschreibliches Wohlgefallen verursachte. Geschickt schlug ich mit der Pfote ein ziemlich dickes Buch auf, welches vor mir lag, und versuchte, ob es mir nicht möglich sein würde, die Schriftzeichen darin zu verstehen. Das gelang mir zwar anfangs ganz und gar nicht, ich ließ aber gar nicht ab, sondern starrte hinein in das Buch, erwartend, daß ein ganz besonderer Geist über mich kommen und mir das Lesen lehren werde. So vertieft, überraschte mich der Meister. Mit einem lauten: »Seht die verfluchte Bestie!« sprang er auf mich zu. Es war zu spät, mich zu retten, ich kniff die Ohren an, ich duckte mich nieder, so gut es gehen wollte, ich fühlte schon die Rute auf meinem Rücken. Aber die Hand schon aufgehoben, hielt der Meister plötzlich inne, schlug eine helle Lache auf und rief: »Kater – Kater, du liesest? Ja, das kann, das will ich dir nicht verwehren. Nun sieh – sieh –, was für ein Bildungstrieb dir inwohnt.« – Er zog mir das Buch unter den Pfoten weg, schaute hinein und lachte noch unmäßiger als vorher. »Das muß ich sagen«, sprach er dann, »ich glaube gar, du hast dir eine kleine Handbibliothek angeschafft, denn ich wüßte sonst gar nicht, wie das Buch auf meinen Schreibtisch kommen sollte? – Nun, lies nur – studiere fleißig, mein Kater, allenfalls magst du auch die wichtigen Stellen im Buche durch sanfte Einrisse bezeichnen, ich stelle dir das frei!« – Damit schob er mir das Buch aufgeschlagen wieder hin. Es war, wie ich später erfuhr, Knigge »über den Umgang mit Menschen«, und ich habe aus diesem herrlichen Buch viel Lebensweisheit geschöpft. Es ist so recht aus meiner Seele geschrieben und paßt überhaupt für Kater, die in der menschlichen Gesellschaft etwas

gelten wollen, ganz ungemein. Diese Tendenz des Buchs ist, soviel ich weiß, bisher übersehen und daher zuweilen das falsche Urteil gefällt worden, daß der Mensch, der sich ganz genau an die im Buch aufgestellten Regeln halten wollte, notwendig überall als ein steifer herzloser Pedant auftreten müsse.
Seit dieser Zeit litt mich der Meister nicht allein auf dem Schreibtisch, sondern er sah es sogar gern, wenn ich, arbeitete er selbst, heraufsprang und mich vor ihm unter die Schriften hinlagerte.
Meister Abraham hatte die Gewohnheit, oftmals viel hintereinander laut zu lesen. Ich unterließ dann nicht, mich so zu postieren, daß ich ihm ins Buch sehen konnte, welches bei den scharfblickenden Augen, die mir die Natur verliehen, möglich war, ohne ihm beschwerlich zu fallen. Dadurch, daß ich die Schriftzeichen mit den Worten verglich, die er aussprach, lernte ich in kurzer Zeit lesen, und wem dies etwa unglaublich vorkommen möchte, hat keinen Begriff von dem ganz besonderen Ingenium, womit mich die Natur ausgestattet. Genies, die mich verstehen und mich würdigen, werden keinen Zweifel hegen rücksichts einer Art Ausbildung, die vielleicht der ihrigen gleich ist. Dabei darf ich auch nicht unterlassen, die merkwürdige Beobachtung mitzuteilen, die ich rücksichts des vollkommenen Verstehens der menschlichen Sprache gemacht. Ich habe nämlich mit vollem Bewußtsein beobachtet, daß ich gar nicht weiß, wie ich zu diesem Verstehen gekommen bin. Bei den Menschen soll dies auch der Fall sein, das nimmt mich aber gar nicht wunder, da dies Geschlecht in den Jahren der Kindheit beträchtlich dümmer und unbeholfener ist als wir. Als ein ganz kleines Käterchen ist es mir niemals geschehen, daß ich mir selbst in die Augen gegriffen, ins Feuer oder ins Licht gefaßt oder Stiefelwichse statt Kirschmus gefressen, wie das wohl bei kleinen Kindern zu geschehen pflegt.

Kater Murr lernt schreiben

Wie ich nun fertig las und ich mich täglich mehr mit fremden Gedanken vollstopfte, fühlte ich den unwiderstehlichsten Drang, auch meine eignen Gedanken, wie sie der mir inwohnende Genius gebar, der Vergessenheit zu entreißen, und dazu gehörte nun allerdings die freilich sehr schwere Kunst des Schreibens. So aufmerksam ich auch meines Meisters Hand, wenn er schrieb, beobachten mochte, durchaus wollte es mir doch nicht gelingen, ihm die eigentliche Mechanik abzulauern. Ich studierte den alten Hilmar Curas, das einzige Schreibevorschriftsbuch, welches mein Meister besaß, und wäre beinahe auf den Gedanken geraten, daß die rätselhafte Schwierigkeit des Schreibens nur durch die große Manschette gehoben werden könne, welche die darin abgebildete schreibende Hand trägt, und daß es nur besonders erlangte Fertigkeit sei, wenn mein Meister ohne Manschette schriebe, so wie der geübte Seiltänzer zuletzt nicht mehr der Balancierstange bedarf. Ich trachtete begierig nach Manschetten und war im Begriff, die Dormeuse der alten Haushälterin für meine rechte Pfote zuzureißen und zu aptieren, als mir plötzlich in einem Moment der Begeisterung, wie es bei Genies zu geschehen pflegt, der geniale Gedanke einkam, der alles löste. Ich vermutete nämlich, daß die Unmöglichkeit, die Feder, den Stift so zu halten wie mein Meister, wohl in dem verschiedenen Bau unserer Hände liegen könne, und diese Vermutung traf ein. Ich mußte eine andere, dem Bau meines rechten Pfötchens angemessene Schreibart erfinden und erfand sie wirklich, wie man wohl denken mag. – So entstehen aus der besonderen Organisation des Individuums neue Systeme.

Eine zweite böse Schwierigkeit fand ich in dem Eintunken der Feder in das Tintenfaß. Nicht glücken wollt' es mir nämlich, bei dem Eintunken das Pfötchen zu schonen, immer kam es mit hinein in die Tinte, und so konnte es nicht fehlen, daß die ersten Schriftzüge mehr mit der Pfote als mit der Feder gezeichnet, etwas groß und breit gerieten. Unverständige mochten daher meine ersten Manuskripte beinahe nur für mit Tinte beflecktes Papier ansehen. Genies werden den genialen Kater in seinen ersten Werken leicht erraten und über die Tiefe, über die Fülle des Geistes, wie er zuerst aus unversiegbarer Quelle aussprudelte, erstaunen, ja ganz außer sich geraten. Damit die Welt sich dereinst nicht zanke über die Zeitfolge meiner unsterblichen Werke, will ich hier sagen, daß ich zuerst den philosophisch sentimental didaktischen Roman schrieb: »Gedanke und Ahnung oder Kater und Hund.« Schon dieses Werk hätte ungeheures Aufsehen machen können. Dann, in allen Sätteln gerecht, schrieb ich ein politisches Werk unter dem Titel: »Über Mausefallen und deren Einfluß auf Gesinnung und Tatkraft der Katzheit«; hierauf fühlt'

ich mich begeistert zu der Tragödie: »Rattenkönig Kawdallor.«
Auch diese Tragödie hätte auf allen nur erdenklichen Theatern unzähligemal mit dem lärmendsten Beifall gegeben werden können. Den Reihen meiner sämtlichen Werke sollen diese Erzeugnisse meines hoch emporstrebenden Geistes eröffnen, über den Anlaß, sie zu schreiben, werde ich mich gehörigen Orts auslassen können.
Als ich die Feder besser zu halten gelernt, als das Pfötchen rein blieb von Tinte, wurde auch freilich mein Stil anmutiger, lieblicher, heller, ich legte mich ganz vorzüglich auf Musenalmanache, schrieb verschiedene freundliche Schriften und wurde übrigens sehr bald der liebenswürdige gemütliche Mann, der ich noch heute bin.

Beste Mutter

Leser! – Jünglinge, Männer, Frauen, unter deren Pelz ein fühlend Herz schlägt, die ihr Sinn habt für Tugend – die ihr die süßen Bande erkennet, womit uns die Natur umschlingt, ihr werdet mich verstehen und – mich lieben!
Der Tag war heiß gewesen, ich hatte ihn unter dem Ofen verschlafen. Nun brach die Abenddämmerung ein, und kühle Winde sausten durch meines Meisters geöffnetes Fenster. Ich erwachte aus dem Schlaf, meine Brust erweiterte sich, durchströmt von dem unnennbaren Gefühl, das, Schmerz und Lust zugleich, die süßesten Ahnungen entzündet. Von diesen Ahnungen überwältigt, erhob ich mich hoch in jener ausdrucksvollen Bewegung, die der kalte Mensch Katzenbuckel benennet! – Hinaus – hinaus trieb es mich in die freie Natur, ich begab mich daher aufs Dach und lustwandelte in den Strahlen der sinkenden Sonne. Da vernahm ich Töne von dem Boden aufsteigen, so sanft, so heimlich, so bekannt, so anlockend, ein unbekanntes Etwas zog mich hinab mit unwiderstehlicher Gewalt. Ich verließ die schöne Natur und kroch durch eine kleine Dachluke hinein in den Hausboden. – Hinabgesprungen, gewahrte ich alsbald eine große, schöne, weiß und schwarz gefleckte Katze, die, auf den Hinterfüßen sitzend in bequemer Stellung, eben jene anlockenden Töne von sich gab und mich nun mit forschenden Blicken durchblitzte. Augenblicklich setzte ich mich ihr gegenüber und versuchte, dem innern Trieb nachgebend, in das Lied einzustimmen, das die weiß

und schwarz Gefleckte angestimmt. Das gelang mir, ich muß es selbst sagen, über die Maßen wohl, und von diesem Augenblick an datiert sich, wie ich für die Psychologen, die mich und mein Leben studieren, hier bemerke, mein Glaube an mein inneres musikalisches Talent und, wie zu erachten, mit diesem Glauben auch das Talent selbst. Die Gefleckte blickte mich an, schärfer und emsiger, schwieg plötzlich, sprang mit einem gewaltigen Satz auf mich los! Ich, nichts Gutes erwartend, zeigte meine Krallen, doch in dem Augenblick schrie die Gefleckte, indem ihr die hellen Tränen aus den Augen stürzten: »Sohn – o Sohn! komm! – eile in meine Pfoten!« Und dann, mich umhalsend, mich mit Inbrunst an die Brust drückend: »Ja, du bist es, du bist mein Sohn, mein guter Sohn, den ich ohne sonderliche Schmerzen geboren!«

Ich fühlte mich tief im Innersten bewegt, und schon dies Gefühl mußte mich überzeugen, daß die Gefleckte wirklich meine Mutter war, demunerachtet fragte ich doch, ob sie auch dessen ganz gewiß sei.

»Ha, diese Ähnlichkeit«, sprach die Gefleckte, »diese Ähnlichkeit, diese Augen, diese Gesichtszüge, dieser Bart, dieser Pelz, alles erinnert mich nur zu lebhaft an den Treulosen, Undankbaren, der mich verließ. – Du bist ganz das getreue Ebenbild deines Vaters, lieber Murr (denn so wirst du ja geheißen), ich hoffe jedoch, daß du mit der Schönheit des Vaters zugleich die sanftere Denkungsart, die milden Sitten deiner Mutter Mina erworben haben wirst. – Dein Vater hatte einen sehr vornehmen Anstand, auf seiner Stirne lag eine imponierende Würde, voller Verstand funkelten die grünen Augen, und um Bart und Wangen spielte oft ein anmutiges Lächeln. Diese körperlichen Vorzüge sowie sein aufgeweckter Geist und eine gewisse liebenswürdige Leichtigkeit, mit der er Mäuse fing, ließen ihn mein Herz gewinnen. – Aber bald zeigte sich ein hartes, tyrannisches Gemüt, das er so lange geschickt zu verbergen gewußt. – Mit Entsetzen sag' ich es! – Kaum warst du geboren, als dein Vater den unseligen Appetit bekam, dich nebst deinen Geschwistern zu verspeisen.«

»Beste Mutter«, fiel ich der Gefleckten ins Wort, »beste Mutter, verdammen Sie nicht ganz jene Neigung. Das gebildetste Volk der Erde legte den sonderbaren Appetit des Kinderfressens dem Geschlecht der Götter bei, aber gerettet wurde ein Jupiter, und so auch ich!«

»Ich verstehe dich nicht, mein Sohn«, erwiderte Mina, »aber es kommt mir vor, als sprächest du albernes Zeug, oder als wolltest du gar deinen Vater verteidigen. Sei nicht undankbar, du wärest ganz gewiß erwürgt und gefressen worden von dem blutdürstigen Tyrannen, hätte ich dich nicht so tapfer verteidigt mit diesen scharfen Krallen, hätte ich nicht, bald hier, bald dort hinfliehend in Keller, Boden, Ställe, dich den Verfolgungen des unnatürlichen Barbaren entzogen. – Er verließ mich endlich; nie habe ich ihn wiedergesehen! Und doch schlägt noch mein Herz für ihn! Er war ein schöner Kater! Viele hielten ihn seines Anstandes, seiner feinen Sitten wegen für einen reisenden Grafen. – Ich glaube nun, im kleinen häuslichen Zirkel meine Mutterpflichten übend, ein stilles, ruhiges Leben führen zu können, doch der entsetzlichste Schlag sollte mich noch treffen. – Als ich von einem kleinen Spaziergange einst heimkehrte, weg warst du samt deinem Geschwister! – Ein altes Weib hatte mich Tages zuvor in meinem Schlupfwinkel entdeckt und allerlei verfängliche Worte von ins Wasser werfen und dergleichen gesprochen! – Nun, ein Glück, daß du, mein Sohn, gerettet, komm nochmals an meine Brust, Geliebter!«
Die gefleckte Mama liebkoste mich mit aller Herzlichkeit und fragte mich dann nach den nähern Umständen meines Lebens. Ich erzählte ihr alles und vergaß nicht, meiner hohen Ausbildung zu erwähnen, und wie ich dazu gekommen.
Mina schien weniger gerührt von den seltenen Vorzügen des Sohnes, als man hätte denken sollen. Ja, sie gab mir nicht undeutlich zu verstehen, daß ich mitsamt meinem außerordentlichen Geiste, mit meiner tiefen Wissenschaft auf Abwege geraten, die mir verderblich werden könnten. Vorzüglich warnte sie mich aber, dem Meister Abraham ja nicht meine erworbenen Kenntnisse zu entdecken, da dieser sie nur nützen würde, mich in der drückendsten Knechtschaft zu erhalten.
»Ich kann mich«, sprach Mina, »zwar gar nicht deiner Ausbildung rühmen, indessen fehlt es mir doch durchaus nicht an natürlichen Fähigkeiten und angenehmen, mir von der Natur eingeimpften Talenten. Darunter rechne ich z. B. die Macht, knisternde Funken aus meinem Pelz hervorstrahlen zu lassen, wenn man mich streichelt. Und was für Unannehmlichkeiten hat mir nicht schon dieses einzige Talent bereitet! Kinder und Erwachsene haben unaufhörlich auf meinem Rücken herumhantiert jenes Feuerwerks halber, mir zur Qual, und wenn ich unmutig wegsprang

oder die Krallen zeigte, mußte ich mich ein scheues wildes Tier schelten, ja wohl gar prügeln lassen. – Sowie Meister Abraham erfährt, daß du schreiben kannst, lieber Murr, macht er dich zu seinem Kopisten, und als Schuldigkeit wird von dir gefordert, was du jetzt aus eigenem Antriebe zu deiner Lust tust.«
Mina sprach noch mehreres über mein Verhältnis zum Meister Abraham und über meine Bildung. Erst später habe ich eingesehen, daß das, was ich für Abscheu gegen die Wissenschaften hielt, wirklich Lebensweisheit war, die die Gefleckte in sich trug.
Ich erfuhr, daß Mina bei der alten Nachbarsfrau in ziemlich dürftigen Umständen lebe, und daß es ihr oft schwerfalle, ihren Hunger zu stillen. Dies rührte mich tief, die kindliche Liebe erwachte in voller Stärke in meinem Busen, ich besann mich auf den schönen Heringskopf, den ich vom gestrigen Mahle erübrigt, ich beschloß, ihn darzubringen der guten Mutter, die ich so unerwartet wiedergefunden.
Wer ermißt die Wandelbarkeit der Herzen derer, die da wandeln unter dem Mondschein! Warum verschloß das Schicksal nicht unsere Brust dem wilden Spiel unseliger Leidenschaften! Warum müssen wir, ein dünnes schwankendes Rohr, uns beugen vor dem Sturm des Lebens? Feindliches Verhängnis! O Appetit, dein Name ist Kater! Den Heringskopf im Maule, kletterte ich, ein *pius Aeneas*, aufs Dach – ich wollte hinein ins Bodenfenster! Da geriet ich in einen Zustand, der, auf seltsame Weise mein Ich meinem Ich entfremdend, doch mein eigentliches Ich schien. – Ich glaube mich verständlich und scharf ausgedrückt zu haben, so daß in dieser Schilderung meines seltsamen Zustandes jeder den die geistige Tiefe durchschauenden Psychologen erkennen wird. – Ich fahre fort:
Das sonderbare Gefühl, gewebt aus Lust und Unlust, betäubte meine Sinne – überwältigte mich – kein Widerstand möglich –, ich fraß den Heringskopf!
Ängstlich hörte ich Mina miauen, ängstlich sie meinen Namen rufen. – Ich fühlte mich von Reue, von Scham durchdrungen, ich sprang zurück in meines Meisters Zimmer, ich verkroch mich unter den Ofen. Da quälten mich die ängstlichsten Vorstellungen. Ich sah Mina, die wiedergefundene gefleckte Mutter, trostlos, verlassen, lechzend nach der Speise, die ich versprochen, der Ohnmacht nahe – Ha! – der durch den Rauchfang sausende Wind rief den Namen Mina – Mina – Mina rauschte es in den Papieren

meines Meisters, knarrte es in den gebrechlichen Rohrstühlen, Mina – Mina – lamentierte die Ofentüre – O! Es war ein bitteres herzzerschneidendes Gefühl, das mich durchbohrte! – Ich beschloß, die Arme womöglich einzuladen zur Frühstücksmilch. Wie kühlender wohltuender Schatten kam bei diesem Gedanken ein seliger Frieden über mich! – Ich kniff die Ohren an und schlief ein!

Bekanntschaft mit dem Pudel Ponto

Eines Tages, als mein Meister eben in einen großen Folianten vertieft war, den er vor sich aufgeschlagen, und ich, dicht bei ihm unter dem Schreibtisch, auf einem Bogen des schönsten Royalpapiers liegend, mich in griechischer Schrift versuchte, die mir vorzüglich in der Pfote zu liegen schien, trat rasch ein junger Mann hinein, den ich schon mehrmals bei dem Meister gesehen, und der mich mit freundlicher Hochachtung, ja mit der wohltuenden Verehrung behandelte, die dem ausgezeichneten Talent, dem entschiedenen Genie gebührt. Denn nicht allein, daß er jedesmal, nachdem er den Meister begrüßt, zu mir sprach: »Guten Morgen, Kater!« so kraulte er mir auch jedesmal mit leichter Hand hinter den Ohren und streichelte mir sanft den Rücken, so daß ich in diesem Betragen wahre Aufmunterung fand, meine innern Gaben leuchten zu lassen vor der Welt. – – Heute sollte sich alles anders gestalten!
Wie sonst niemals, sprang nämlich heute dem jungen Mann ein schwarzes zottiges Ungeheuer mit glühenden Augen nach, zur Türe hinein und, als es mich erblickte, gerade auf mich zu. Mich überfiel eine unbeschreibliche Angst, mit einem Satz war ich auf dem Schreibtisch meines Meisters und stieß Töne des Entsetzens und der Verzweiflung aus, als das Ungeheuer hoch hinaufsprang nach dem Tisch und dazu einen mörderischen Lärm machte. Mein guter Meister, dem um mich bange, nahm mich auf den Arm und steckte mich unter den Schlafrock. Doch der junge Mann sprach: »Seid doch nur ganz unbesorgt, lieber Meister Abraham. Mein Pudel tut keiner Katze was, er will nur spielen. Setzt den Kater nur hin, sollt Euch freuen, wie die Leutchen miteinander Bekanntschaft machen werden, mein Pudel und Euer Kater.«
Mein Meister wollte mich wirklich niedersetzen, ich klammerte

mich aber fest an und begann kläglich zu lamentieren, wodurch ich es denn wenigstens dahinbrachte, daß der Meister mich, als er sich niederließ, dicht neben sich auf dem Stuhle litt.
Ermutigt durch meines Meisters Schutz, nahm ich, auf den Hinterpfoten sitzend, den Schweif umschlungen, eine Stellung an, deren Würde, deren edler Stolz meinem vermeintlichen schwarzen Gegner imponieren mußte. Der Pudel setzte sich vor mir hin auf die Erde, schaute mir unverwandt ins Auge und sprach zu mir in abgebrochenen Worten, die mir freilich unverständlich blieben. Meine Angst verlor sich nach und nach, ganz und gar und ruhig geworden im Gemüt, vermochte ich zu bemerken, daß in dem Blick des Pudels nichts zu entdecken als Gutmütigkeit und biederer Sinn. Unwillkürlich fing ich an, meine zum Vertrauen geneigte Seelenstimmung durch sanftes Hinundherbewegen des Schweifes an den Tag zu legen, und sogleich begann auch der Pudel mit dem kurzen Schweiflein zu wedeln auf die anmutigste Weise.
O! Mein Inneres hatte ihn angesprochen, nicht zu zweifeln war an dem Anklang unserer Gemüter! »Wie«, sprach ich zu mir selbst, »wie konnte dich das ungewohnte Betragen dieses Freundes so in Furcht und Schrecken setzen? Was bewies dieses Springen, dieses Klaffen, dieses Toben, dieses Rennen, dieses Heulen anders, als den in Liebe und Lust, in der freudigen Freiheit des Lebens heftig und mächtig bewegten Jüngling? O, es wohnt Tugend, edle Pudeltümlichkeit in jener schwarz bepelzten Brust!« – Durch diese Gedanken erkräftigt, beschloß ich den ersten Schritt zu tun zu näherer, engerer Einigung unserer Seelen und herabzusteigen von dem Stuhl des Meisters.
Sowie ich mich erhob und dehnte, sprang der Pudel auf und in der Stube umher mit lautem Klaffen! – Äußerungen eines herrlichen lebenskräftigen Gemüts! – Es war nichts mehr zu befürchten, ich stieg sogleich herab und näherte mich behutsam leisen Schrittes dem neuen Freunde. Wir begannen jenen Akt, der in bedeutender Symbolik die nähere Erkenntnis verwandter Seelen, den Abschluß des aus dem inneren Gemüt heraus bedingten Bündnisses ausdrückt und den der kurzsichtige frevelige Mensch mit dem gemeinsam unedlen Ausdruck »Beschnüffeln« bezeichnet. Mein schwarzer Freund bezeigte Lust, etwas von den Hühnerknochen zu genießen, die in meiner Speiseschüssel lagen. So gut ich es vermochte, gab ich ihm zu verstehen, daß es der Weltbildung, der

Höflichkeit gemäß sei, ihn als meinen Gast zu bewirten. Er fraß mit erstaunlichem Appetit, während ich von weitem zusah. – Gut war es doch, daß ich den Bratfisch beiseite gebracht und einmagaziniert unter mein Lager. – Nach der Tafel begannen wir die anmutigsten Spiele, bis wir uns zuletzt, ganz ein Herz und eine Seele, umhalsten und, fest aneinandergeklammert, uns ein Mal über das andere überkugelnd, uns innige Treue und Freundschaft zuschworen.

Ich weiß nicht, was dieses Zusammentreffen schöner Seelen, dieses Einandererkennen herziger Jünglingsgemüter Lächerliches in sich tragen konnte; soviel ist aber gewiß, daß beide, mein Meister und der fremde junge Mann unaufhörlich aus vollem Halse lachten, zu meinem nicht geringen Verdruß.

Auf mich hatte die neue Bekanntschaft einen tiefen Eindruck gemacht, so daß ich in der Sonne und im Schatten, auf dem Dach und unter dem Ofen nichts dachte, nichts sann, nichts träumte, nichts empfand als Pudel – Pudel – Pudel! – Dadurch ging mir das innerste Wesen des Pudeltums mächtig auf mit glänzenden Farben, und durch diese Erkenntnis wurde das tiefsinnige Werk geboren, dessen ich schon erwähnte, nämlich: »Gedanke und Ahnung oder Kater und Hund.« Sitten, Gebräuche, Sprache beider Geschlechter entwickelte ich als tief bedingt durch ihr eigentümlichstes Wesen und bewies, wie beide nur diverse Strahlen, aus einem Prisma geworfen. Vorzüglich faßte ich den Charakter der Sprache auf und bewies, daß, da Sprache überhaupt nur symbolische Darstellung des Naturprinzips in der Gestaltung des Lauts sei, mithin es nur eine Sprache geben könne, auch das Kätzische und Hündische in der besonderen Formung des Pudelischen, Zweige eines Baums wären, von höherem Geist inspirierte Kater und Pudel sich daher verstünden. Um meinen Satz ganz ins klare zu stellen, führte ich mehrere Beispiele aus beiden Sprachen an und machte auf die gleichen Stammwurzeln aufmerksam, von: Bau – Bau – Mau – Miau – Blaf blaf – Auvau – Korr – Kurr – Ptsi – Pschrzi usw.

Nachdem das Buch vollendet, fühlte ich die unwiderstehlichste Lust, das Pudelische wirklich zu erlernen, welches mir vermöge meines neu erworbenen Freundes, des Pudels Ponto, wiewohl nicht ohne Mühe, gelang, da das Pudelische für uns Kater wirklich eine schwere Sprache. Genies finden sich indes in alles...

Murr besieht sich die Welt

Auf dem Hofe der Wohnung meines Meisters stand eine inwendig reich ausgepolsterte Maschine auf vier Rädern, wie ich nachher einsehen lernte, ein englischer Halbwagen. Nichts war in meiner damaligen Stimmung natürlicher, als daß mir die Lust ankam, mit Mühe hinaufzuklettern und hineinzukriechen in diese Maschine. Ich fand die darin befindlichen Kissen so angenehm, so anlockend, daß ich nun die mehrste Zeit in den Polstern des Wagens verschlief, verträumte.
Ein heftiger Stoß, dem ein Knattern, Klirren, Brausen, wirres Lärmen folgte, weckte mich, als eben süße Bilder von Hasenbraten und dergleichen vor meiner Seele vorübergingen. Wer schildert meinen jähen Schreck, als ich wahrnahm, daß die ganze Maschine sich mit ohrbetäubendem Getöse fortbewegte, mich hin- und herschleudernd auf meinen Polstern. Die immer steigende und steigende Angst wurde Verzweiflung, ich wagte den entsetzlichen Sprung heraus aus der Maschine, ich hörte das wiehernde Hohngelächter höllischer Dämonen, ich hörte ihre barbarischen Stimmen: »Katz – Katz, huz, huz«, hinter mir herkreischen, sinnlos rannte ich in voller Furie von dannen, Steine flogen mir nach, bis ich endlich hineingeriet in ein finstres Gewölbe und ohnmächtig niedersank.
Endlich war es mir, als höre ich hin- und hergehen über meinem Haupte, und schloß aus dem Schall der Tritte, da ich wohl schon Ähnliches erfahren, daß ich mich unter einer Treppe befinden müsse. Es war dem so!
Als ich nun aber herausschlich, Himmel, da dehnten sich überall unabsehbare Straßen vor mir aus, und eine Menge Menschen, von denen ich nicht einen einzigen kannte, wogte vorüber. Kam noch hinzu, daß Wagen rasselten, Hunde laut bellten, ja, daß zuletzt eine ganze Schar, deren Waffen in der Sonne blitzten, die Straße einengte; daß dicht bei mir einer urplötzlich so ganz erschrecklich auf eine große Trommel schlug, daß ich unwillkürlich drei Ellen hoch aufsprang, ja, so konnte es nicht fehlen, daß eine seltsame Angst meine Brust erfüllte!
Ich merkte nun wohl, daß ich mich in der Welt befand – in der Welt, die ich aus der Ferne von meinem Dache erblickt, oft nicht ohne Sehnsucht, ohne Neugierde, ja, mitten in dieser Welt stand ich nun, ein unerfahrner Fremdling. Behutsam spazierte ich dicht

an den Häusern die Straße entlang und begegnete endlich ein paar Jünglingen meines Geschlechts. Ich blieb stehen, ich versuchte ein Gespräch mit ihnen anzuknüpfen, aber sie begnügten sich, mich mit funkelnden Augen anzuglotzen, und sprangen dann weiter. »Leichtsinnige Jugend«, dacht' ich, »du weißt nicht, wer es war, der dir in den Weg trat! – So gehen große Geister durch die Welt, unerkannt, unbeachtet. – Das ist das Los sterblicher Weisheit!« Ich rechnete auf größere Teilnahme bei den Menschen, sprang auf einen hervorragenden Kellerhals und stieß manches fröhliche, wie ich glaubte, anlockende Miau aus, aber kalt, ohne Teilnahme, kaum sich nach mir umblickend, gingen alle vorüber. Endlich gewahrte ich einen hübschen blondgelockten Knaben, der mich freundlich ansah und endlich, mit den Fingern schnalzend, rief: »Mies – Mies!«
»Schöne Seele, du verstehst mich«, dacht' ich, sprang herab und nahte mich ihm, freundlich schnurrend. Er fing an mich zu streicheln, aber indem ich glaubte, mich dem freundlichen Gemüt ganz hingeben zu können, kniff er mich dermaßen in den Schwanz, daß ich vor rasendem Schmerz aufschrie. Das eben schien dem tückischen Bösewicht rechte Freude zu machen, denn er lachte laut, hielt mich fest und versuchte das höllische Manöver zu wiederholen. Da faßte mich der tiefste Ingrimm, von dem Gedanken der Rache durchflammt, grub ich meine Krallen tief in seine Hände, in sein Gesicht, so daß er aufkreischend mich fahren ließ. Aber in dem Augenblick hörte ich auch rufen: »Tyras – Kartusch – hez, hez!« Und laut blaffend setzten zwei Hunde hinter mir her.
Ich rannte, bis mir der Atem verging, sie waren mir auf den Fersen – keine Rettung.
Blind vor Angst fuhr ich hinein in das Fenster eines Erdgeschosses, daß die Scheiben zusammenklirrten und ein paar Blumentöpfe, die auf der Fensterbank gestanden, krachend hineinfielen in das Stübchen. Erschrocken fuhr eine Frau, die an einem Tisch sitzend arbeitete, in die Höhe, rief dann: »Seht die abscheuliche Bestie«, ergriff einen Stock und ging auf mich los. Aber meine zornglühenden Augen, meine ausgestreckten Krallen, das Geheul der Verzweiflung, das ich ausstieß, hielten sie zurück, so daß, wie es in jenem Trauerspiel heißt, der zum Schlagen aufgehobene Stock in der Luft gehemmt schien und sie dastand, ein gemalter Wütrich, parteilos zwischen Kraft und Willen!

In dem Augenblick ging die Türe auf, schnellen Entschluß fassend, schlüpfte ich dem eintretenden Mann zwischen den Beinen durch und war so glücklich, mich aus dem Hause herauszufinden auf die Straße.

Ganz erschöpft, ganz entkräftet, gelangte ich endlich zu einem einsamen Plätzchen, wo ich mich ein wenig niederlassen konnte. Da fing aber der wütendste Hunger an, mich zu peinigen, und ich gedachte nun erst mit tiefem Schmerz des guten Meisters Abraham, von dem mich ein hartes Schicksal getrennt. Aber wie ihn wiederfinden? Ich blickte wehmütig umher, und als ich keine Möglichkeit sah, den Weg zur Rückkehr zu erforschen, traten mir die blanken Tränen in die Augen.

Doch neue Hoffnung ging mir auf, als ich an der Ecke der Straße ein junges freundliches Mädchen wahrnahm, das vor einem kleinen Tische saß, auf dem die appetitlichsten Brote und Würste lagen. Ich näherte mich langsam, sie lächelte mich an, und um mich ihr gleich als einen Jüngling von guter Erziehung, von galanten Sitten darzustellen, machte ich einen höheren, schöneren Katzenbuckel als jemals. Ihr Lächeln wurde lautes Lachen. »Endlich eine schöne Seele, ein teilnehmendes Herz gefunden! O Himmel, wie tut das wohl der wunden Brust!« So dachte ich und langte mir eine von den Würsten herab, aber in demselben Nu schrie auch das Mädchen laut auf, und hätte mich der Schlag, den sie mit einem derben Stück Holz nach mir führte, getroffen, in der Tat, weder die Wurst, die ich mir im Vertrauen auf die Loyalität, auf die menschenfreundliche Tugend des Mädchens herabgelangt, noch irgendeine andere hätte ich jemals mehr genossen. Meine letzte Kraft setzte ich daran, der Unholdin, die mich verfolgte, zu entrinnen. Das gelang mir, und ich erreichte endlich einen Platz, wo ich die Wurst in Ruhe verzehren konnte.

Nach dem frugalen Mahle kam viel Heiterkeit in mein Gemüt, und da eben die Sonne mir warm auf den Pelz schien, so fühlte ich lebhaft, daß es doch schön sei auf dieser Erde. Als aber dann die kalte feuchte Nacht einbrach, als ich kein weiches Lager fand wie bei meinem guten Meister, als ich, vor Frost starrend, vom Hunger aufs neue gepeinigt, am andern Morgen erwachte, da überfiel mich eine Trostlosigkeit, die an Verzweiflung grenzte. »Das ist also die Welt, in die du dich hineinsehntest von dem heimatlichen Dache? Die Welt, wo du Tugend zu finden hofftest und Weisheit und die Sittlichkeit der höhern Ausbildung! O diese herzlosen Barbaren!

Worin besteht ihre Kraft als im Prügeln? Worin ihr Verstand als in hohnlachender Verspottung?«
Der Gedanke meines Elends, meines hoffnungslosen Zustandes übermannte mich. Ich kniff die Augen zu und weinte sehr.
Bekannte Töne schlugen an mein Ohr. »Murr – Murr! Geliebter Freund, wo kommst du her? Was ist mit dir geschehen?«
Ich schlug die Augen auf, der junge Ponto stand vor mir!
Ich erzählte ihm, wie sich alles mit mir begeben, stellte ihm unter vielen Tränen meine traurige, hilflose Lage vor, schloß damit, ihm zu klagen, daß mich ein tötender Hunger quäle.
Statt mir, wie ich geglaubt, seine Teilnahme zu bezeugen, brach der junge Ponto in ein schallendes Gelächter aus. »Bist du«, sprach er dann, »bist du nicht ein ausgemachter törichter Geck, lieber Murr? Erst setzt sich der Hase in eine Halbchaise hinein, wo er nicht hingehört, schläft ein, erschrickt, als er weggefahren wird, springt hinaus in die Welt, wundert sich gar mächtig, daß ihn, der kaum vor die Türe seines Hauses geguckt, niemand kennt, daß er mit seinen dummen Streichen überall schlecht ankommt, und ist dann so einfältig, nicht einmal den Rückweg finden zu können zu seinem Herrn. – Sieh, Freund Murr, immer hast du geprahlt mit deiner Wissenschaft, mit deiner Bildung, immer hast du vornehm getan gegen mich, und nun sitzest du da, verlassen, trostlos, und all die großen Eigenschaften deines Geistes reichen nicht hin, dich zu belehren, wie du es anfangen mußt, deinen Hunger zu stillen und nach Hause zurückzufinden zu deinem Meister! Aber du hungerst, armer Kater, und diesem Bedürfnis muß zuerst abgeholfen werden, komm nur mit mir.«
Der junge Ponto hüpfte fröhlich voraus, ich folgte niedergeschlagen, ganz zerknirscht über seine Reden, die mir in meiner hungrigen Stimmung viel Wahres zu enthalten schienen. Doch wie erschrak ich, als Ponto geradezu auf das Brot und Würste feilhaltende Mädchen loshüpfte, die mich, da ich freundlich bei ihr zulangte, beinahe totgeschlagen. »Mein Pudel Ponto, mein Pudel Ponto, was tust du, nimm dich in acht, hüte dich vor der herzlosen Barbarin, vor dem rachedürstenden Wurstprinzip!« – So rief ich hinter Ponto her. Ohne auf mich zu achten, setzte er aber seinen Weg fort, und ich folgte in der Ferne, um, sollte er in Gefahr geraten, mich gleich aus dem Staube machen zu können. – Vor dem Tisch angekommen, richtete sich Ponto auf den Hinterfüßen in die Höhe und tänzelte in den zierlichsten Sprüngen um das

Mädchen her, die sich darüber gar sehr erfreute. Sie rief ihn an sich, er kam, legte den Kopf in ihren Schoß, sprang wieder auf, bellte lustig, hüpfte wieder um den Tisch, schnupperte bescheiden und sah dem Mädchen freundlich in die Augen.

»Willst du ein Würstchen, artiger Pudel?« So fragte das Mädchen, und als nun Ponto, anmutig schwänzelnd, laut aufjauchzte, nahm sie zu meinem nicht geringen Erstaunen eine der schönsten größten Würste und reichte sie dem Ponto dar. Dieser tanzte wie zur Danksagung noch ein kurzes Ballett und eilte dann zu mir mit der Wurst, die er mit den freundlichen Worten hinlegte: »Da iß, erquicke dich, Bester!« Nachdem ich die Wurst verzehrt, lud mich Ponto ein, ihm zu folgen, er wolle mich zurückführen zum Meister Abraham.

Wir gingen langsam nebeneinander her, so daß es uns nicht schwerfiel, wandelnd vernünftige Gespräche zu führen...

»O Murr, mein guter Kater, du magst ein tüchtiger Literatus sein und dich wacker auf Dinge verstehen, von denen ich gar keine Ahnung habe, aber von dem eigentlichen Leben weißt du gar nichts und würdest verderben, da dir alle Weltklugheit gänzlich abgeht...«

»Um deine toten Wissenschaften beneide ich dich nicht, dein Treiben ist nicht das meinige, und solltest du dir es etwa beikommen lassen, feindliche Gesinnungen gegen mich zu äußern, so bin ich dir an Stärke und Gewandtheit überlegen. Ein Sprung, ein tüchtiger Biß meiner scharfen Zähne würden dir auf der Stelle den Garaus machen.«

Mich wandelte eine große Furcht an vor meinem eigenen Freunde, die sich vermehrte, als ein großer schwarzer Pudel ihn freundlich nach gewöhnlicher Art begrüßte und beide, mich mit glühenden Augen anblickend, leise miteinander sprachen.

Die Ohren angekniffen, drückte ich mich an die Seite, doch bald sprang Ponto, den der Schwarze verlassen, wieder auf mich zu und rief: »Komm nur, mein Guter!«

»Ach Himmel«, fragte ich in der Bestürzung, »wer war denn der ernste Mann, der vielleicht ebenso weltklug als du?«

»Ich glaube gar«, erwiderte Ponto, »du fürchtest dich vor meinem guten Oheim, dem Pudel Skaramuz? Ein Kater bist du schon und willst nun gar ein Hase werden?«

»Aber«, sprach ich, »warum warf der Oheim mir solche glühende Blicke zu, und was flüstertet ihr so heimlich, so verdächtig

miteinander?« – »Nicht verhehlen«, erwiderte Ponto, »nicht verhehlen will ich's dir, mein guter Murr, daß mein alter Oheim etwas mürrisch ist und, wie es denn nun bei alten Leuten gewöhnlich der Fall, an verjährten Vorurteilen hängt. Er wunderte sich über unser Beisammensein, da die Ungleichheit unseres Standes jede Annäherung verbieten müsse. Ich versicherte, daß du ein junger Mann von vieler Bildung und angenehmem Wesen wärst, der mich bisweilen sehr belustige. Da meinte er, denn könne ich mich wohl dann und wann einsam mit dir unterhalten, nur solle ich's mir nicht etwa einfallen lassen, dich mitzubringen in eine Pudelassemblee, da du nun und nimmermehr assembleefähig werden könntest, schon deiner kleinen Ohren halber, die nur zu sehr deine niedere Abkunft verrieten und von tüchtigen großgeohrten Pudeln durchaus für unanständig geachtet würden.«
Ich versprach das.
Hätt ich schon damals etwas gewußt von meinem großen Ahnherrn, dem gestiefelten Kater, der Ämter und Würden erlangte, dem Busenfreunde König Gottliebs, ich würde dem Freunde Ponto sehr leicht bewiesen haben, daß jede Pudelassemblee sich geehrt fühlen müsse durch die Gegenwart eines Abkömmlings aus der illustersten Familie, so mußte ich, aus der Obskurität noch nicht hervorgetreten, es aber leiden, daß beide, Skaramuz und Ponto, sich über mich erhaben dünkten.
Wir schritten weiter fort...
Alles kam mir so bekannt, so heimisch vor, ein süßes Aroma, selbst wußt' ich nicht, von welchen vortrefflichen Braten, wallte in bläulichen Wolken über die Dächer daher, und wie aus weiter, weiter Ferne, im Säuseln des Abendwindes, lispelten holde Stimmen: »Murr, mein Geliebter, wo weiltest du so lange?«
»Die Hoffnung lebt – ich rieche Braten!«
So sang ich und verlor mich in die angenehmsten Träume! Doch auch hier auf dem Dache sollten mich noch die schreckhaften Erscheinungen des grotesken Weltlebens, in das ich hineingesprungen, verfolgen. Denn ehe ich mir's versah, stieg aus dem Rauchfange eines jener seltsamen Ungetüme empor, die die Menschen Schornsteinfeger nennen. Kaum mich gewahrend, rief der schwarze Schlingel: »Husch, Katz!« und warf den Besen nach mir. Dem Wurfe ausweichend, sprang ich über das nächste Dach hinweg und hinunter in die Dachrinne. Doch wer schildert mein frohes Erstaunen, ja, meinen freudigen Schreck, als ich wahrnahm,

daß ich mich auf dem Hause meines wackern Herrn befand. Behende kletterte ich von Dachluke zu Dachluke, doch alle waren verschlossen. Da öffnete sich die Dachluke, und Meister Abraham schaute heraus in seinem gelben Schlafrock. »Murr, mein guter Kater Murr, da bist du ja. – Komm hinein, komm hinein, kleiner Graupelz!« So rief der Meister freudig, als er mich erblickte. Ich unterließ nicht, ihm durch alle Zeichen, die mir zu Gebote standen, auch meine Freude zu erkennen zu geben: es war ein schöner herrlicher Moment des Wiedersehens, den wir feierten.

Die Kunst, zu lieben

Des Märzen Idus war angebrochen, die schönen milden Strahlen der Frühlingssonne fielen auf das Dach, und ein sanftes Feuer durchglühte mein Inneres. Schon seit ein paar Tagen hatte mich eine unbeschreibliche Unruhe, eine unbekannte wunderbare Sehnsucht geplagt –, jetzt wurde ich ruhiger, doch nur, um bald in einen Zustand zu geraten, den ich niemals geahnt!
Aus einer Dachluke, unfern von mir, stieg leis und linde ein Geschöpf heraus – o, daß ich es vermöchte, die Holdeste zu malen! – Sie war ganz weiß gekleidet, nur ein kleines schwarzes Samtkäppchen bedeckte die niedliche Stirn, sowie sie auch schwarze Strümpfchen an den zarten Beinen trug. Aus dem lieblichsten Grasgrün der schönsten Augen funkelte ein süßes Feuer, die sanften Bewegungen der feingespitzten Ohren ließen ahnen, daß Tugend in ihr wohne und Verstand, sowie das wellenförmige Ringeln des Schweifs hohe Anmut aussprach und weiblichen Zartsinn!
Das holde Kind schien mich nicht zu erschauen, es blickte in die Sonne, blinzelte und nieste. – O, der Ton durchbebte mein Innerstes mit süßen Schauern, meine Pulse schlugen – mein Blut wallte siedend durch alle Adern – mein Herz wollte zerspringen – alles unnennbar schmerzliche Entzücken, das mich außer mir selbst setzte, strömte heraus in dem lang gehaltenen Miau, das ich ausstieß. – Schnell wandte die Kleine den Kopf nach mir, blickte mich an, Schreck, kindliche süße Scheu in den Augen. Unsichtbare Pfoten rissen mich hin zu ihr mit unwiderstehlicher Gewalt – aber sowie ich auf die Holde lossprang, um sie zu erfassen, war sie schnell wie der Gedanke hinter dem Schornstein verschwunden! –

Ganz Wut und Verzweiflung, rannte ich auf dem Dache umher und stieß die kläglichsten Töne aus, alles umsonst – sie kam nicht wieder! – Ha, welcher Zustand! Mir schmeckte kein Bissen, die Wissenschaften ekelten mich an, ich mochte weder lesen noch schreiben.

»Himmel«, rief ich andern Tages aus, als ich die Holde überall gesucht auf dem Dache, auf dem Boden, in dem Keller, in allen Gängen des Hauses, und nun trostlos heimkehrte, als, da ich die Kleine beständig in Gedanken, mich nun selbst der Bratfisch, den mir der Meister hingesetzt, aus der Schüssel anstarrte mit ihren Augen, so daß ich laut rief im Wahnsinn des Entzückens: »Bist du es, Langersehnte?« und ihn auffraß mit einem Schluck: ja, da rief ich: »Himmel, o Himmel! Sollte das Liebe sein?« Ich wurde ruhiger, ich beschloß als ein Jüngling von Erudition, mich über meinen Zustand ganz ins klare zu setzen, und begann sogleich, wiewohl mit Anstrengung, den Ovid *de arte amandi* durchzustudieren sowie Mansos »Kunst zu lieben«, aber keines von den Kennzeichen eines Liebenden, wie es in diesen Werken angegeben, wollte recht auf mich passen. Endlich fuhr es mir plötzlich durch den Sinn, daß ich in irgendeinem Schauspiel gelesen, ein gleichgültiger Sinn und ein verwilderter Bart seien sichere Kennzeichen eines Verliebten! Ich schaute in einen Spiegel, Himmel, mein Bart war verwildert! Himmel, mein Sinn war gleichgültig!

Da ich nun wußte, daß es seine Richtigkeit hatte mit meinem Verliebtsein, kam Trost in meine Seele. Ich beschloß, mich gehörig mit Speis und Trank zu stärken und dann die Kleine aufzusuchen, der ich mein ganzes Herz zugewandt. Eine süße Ahnung sagte mir, daß sie vor der Türe des Hauses sitze, ich stieg die Treppe hinab und fand sie wirklich! – O welch ein Wiedersehen! Wie wallte in meiner Brust das Entzücken, die unnennbare Wonne des Liebesgefühls. – Miesmies, so wurde die Kleine geheißen, wie ich von ihr später erfuhr, Miesmies saß da in zierlicher Stellung auf den Hinterfüßen und putzte sich, indem sie mit den Pfötchen mehrmals über die Wangen, über die Ohren fuhr. Mit welcher unbeschreiblichen Anmut besorgte sie vor meinen Augen das, was Reinlichkeit und Eleganz erfordern, sie bedurfte nicht schnöder Toilettenkünste, um die Reize, die ihr die Natur verliehen, zu erhöhen! Bescheidner als das erste Mal nahte ich mich ihr, setzte mich zu ihr hin! – Sie floh nicht, sie sah mich an mit forschendem Blick und schlug dann die Augen nieder.

»Holdeste«, begann ich leise, »sei mein!«
»Kühner Kater«, erwiderte sie verwirrt, »kühner Kater, wer bist du? Kennst du mich denn? Wenn du aufrichtig bist so wie ich und wahr, so sage und schwöre mir, daß du mich wirklich liebst.«
»O«, rief ich begeistert, »ja bei den Schrecken des Orkus, bei dem heiligen Mond, bei allen sonstigen Sternen und Planeten, die künftige Nacht scheinen werden, wenn der Himmel heiter, schwöre ich dir's, daß ich dich liebe!«
»Ich dich auch«, lispelte die Kleine und neigte in süßer Verschämtheit das Haupt mir zu. Ich wollte sie voll Inbrunst umpfoten, da sprangen aber mit teuflischem Geknurre zwei riesige Kater auf mich los, zerbissen, zerkratzten mich kläglich und wälzten mich zum Überfluß noch in die Gosse, so daß das schmutzige Spülwasser über mich zusammenschlug. Kaum konnt' ich mich aus den Krallen der mordlustigen Bestien retten, die meinen Stand nicht achteten, mit vollem Angstgeschrei lief ich die Treppe herauf.
Als der Meister mich erblickte, rief er, laut lachend: »Murr, Murr, wie siehst du aus? Ha, ha! Ich merke schon, was geschehen, du hast Streiche machen wollen, wie ›der im Irrgarten der Liebe herumtaumelnde Kavalier‹, und dabei ist's dir übel ergangen!« Und dabei brach der Meister zu meinem nicht geringen Verdruß aufs neue aus in ein schallendes Gelächter. Der Meister hatte ein Gefäß mit lauwarmem Wasser füllen lassen, darein stülpte er mich ohne Umstände einigemal ein, so daß mir vor Niesen und Prusten Hören und Sehen verging, wickelte mich dann fest in Flanell ein und legte mich in meinen Korb. Ich war beinahe besinnungslos vor Wut und Schmerz, ich vermochte kein Glied zu rühren. Endlich wirkte die Wärme wohltätig auf mich, ich fühlte meine Gedanken sich ordnen. »Ha«, klagte ich, »welch neue bittere Täuschung des Lebens! Das ist also die Liebe, die ich schon so herrlich besungen, die das Höchste sein, die uns mit namenloser Wonne erfüllen, die uns in den Himmel tragen soll! – Ha, mich hat sie in die Gosse geworfen! Ich entsage einem Gefühl, das mir nichts eingebracht als Bisse, ein abscheuliches Bad und niederträchtige Einmummung in schnöden Flanell!«
Aber kaum war ich wieder in Freiheit und genesen, als aufs neue Miesmies mir unaufhörlich vor Augen stand und ich, jener ausgestandenen Schmach wohl eingedenk, zu meinem Entsetzen gewahrte, daß ich noch in Liebe. Mit Gewalt nahm ich mich zusammen und las als ein vernünftiger gelehrter Kater den Ovid

nach, da ich mich wohl erinnerte, in der »*Ars amandi*« auch auf Rezepte gegen die Liebe gestoßen zu sein.
Ich las die Verse:

>»*Venus otia amat. Qui finem quaeris amoris,
>Cedit amor rebus, res age, tutus eris!*«

Mit neuem Eifer wollt' ich mich dieser Vorschrift gemäß in die Wissenschaften vertiefen, aber Miesmies hüpfte auf jedem Blatte mir vor den Augen, Miesmies dachte – las – schrieb ich! – Der Autor, dacht' ich, muß andere Arbeit meinen, und da ich von andern Katern gehört, daß die Mäusejagd ein ungemein angenehmes zerstreuendes Vergnügen sein solle, war es ja möglich, daß unter den *rebus* auch die Mäusejagd begriffen sein konnte. Ich begab mich daher, sowie es finster worden, in den Keller und durchstrich die düstern Gänge, indem ich sang: »Im Walde schlich ich still und wild, gespannt mein Feuerrohr.«
Ha! Statt des Wildes, das ich zu jagen trachtete, schaute ich aber wirklich ihr holdes Bild, aus den tiefen Gründen trat es wirklich überall hervor! Und dabei zerschnitt der herbe Liebesschmerz mein nur zu leicht verwundbar Herz! Und ich sprach: »Lenk' auf mich die holden Blicke, jungfräulichen Morgenschein, und als Braut und Bräut'gam wandeln Murr und Miesmies selig heim.« Also sprach ich, freud'ger Kater, hoffend auf des Sieges Preis. – Armer! Mit verhüllten Augen floh sie, scheue Katz', dachein!
So geriet ich Bedauernswürdiger immer mehr und mehr in Liebe, die ein feindlicher Stern mir zum Verderben in meiner Brust entzündet zu haben schien. Wütend, mich auflehnend gegen mein Schicksal, fiel ich aufs neue her über den Ovid und las die Verse:

>»*Exige, quod cantet, si qua est sine voce puella,
>Non didicit chordas tangere, posce lyram.*«

»Ha«, rief ich, »zu ihr hinauf aufs Dach! – Ha, ich werde sie wiederfinden, die süße Huldin, da, wo ich sie zum ersten Mal erblickte, aber singen soll sie, ja singen, und bringt sie nur eine einzige falsche Note heraus, dann ist's vorbei, dann bin ich geheilt, gerettet.« Der Himmel war heiter, und der Mond, bei dem ich der holden Miesmies Liebe zugeschworen, schien wirklich, als ich auf

das Dach stieg, um sie zu erlauern. Lange gewahrte ich sie nicht, und meine Seufzer wurden laute Liebesklagen...
Nicht vergebens hatte ich die Töne der schmerzhaften Sehnsucht angeschlagen, nicht vergebens Wälder, Quellen, den Mondschein beschworen, mir die Dame meiner Gedanken zuzuführen, hinter dem Schornstein kam die Holde daherspaziert mit leichten anmutigen Schritten. »Bist du es, lieber Murr, der so schön singt?« – So rief mir Miesmies entgegen. »Wie«, erwiderte ich mit freudigem Erstaunen, »wie, du kennst mich, süßes Wesen?« – »Ach«, sprach sie, »ach, ja wohl, du gefielst mir gleich beim ersten Blick, und es hat mir in der Seele weh getan, daß meine beiden unartigen Vettern dich so unbarmherzig in die Gosse –«
»Schweigen wir«, unterbrach ich sie, »schweigen wir von der Gosse, bestes Kind – o sage mir, sage mir, ob du mich liebst?«
»Ich habe mich«, sprach Miesmies weiter, »nach deinen Verhältnissen erkundigt und erfahren, daß du Murr hießest und bei einem sehr gütigen Mann nicht allein dein reichliches Auskommen hättest, sondern auch alle Bequemlichkeiten des Lebens genössest, ja, diese wohl mit einer zärtlichen Gattin teilen könntest! O, ich liebe dich sehr, guter Murr!«
»Himmel«, rief ich im höchsten Entzücken, »Himmel, ist es möglich, ist es Traum, ist es Wahrheit? O halte dich – halte dich, Verstand, schnappe nicht über! – Ha! Bin ich noch auf der Erde? Sitze ich noch auf dem Dache? Schwebe ich nicht in den Wolken? Bin ich noch der Kater Murr? Bin ich nicht der Mann im Monde? Komm an meinen Busen, Geliebte – doch sage mir erst deinen Namen, Schönste.«
»Ich heiße Miesmies«, erwiderte die Kleine, süß lispelnd in holder Verschämtheit, und setzte sich traulich neben mir hin. Wie schön sie war! Silbern glänzte ihr weißer Pelz im Mondschein, in sanftem schmachtendem Feuer funkelten die grünen Äuglein.

Die süße Verräterin

»Du liebst mich also, holde Miesmies? O wiederhol' es mir, wiederhol' es mir tausendmal, damit ich noch in ferneres Entzücken geraten und so viel Unsinn aussprechen möge, wie es einem von dem besten Romandichter geschaffenen Liebeshelden geziemt! – Doch, Beste, du hast meine erstaunliche Neigung zum

Gesange sowie meine Kunstfertigkeit darin schon bemerkt, würd' es dir wohl gefällig sein, Teure, mir ein kleines Liedchen vorzusingen?« – »Ach«, erwiderte Miesmies, »ach, geliebter Murr, zwar bin ich auch in der Kunst des Gesanges nicht unerfahren, aber du weißt, wie es jungen Sängerinnen geht, wenn sie zum ersten Mal singen sollen vor Meistern und Kennern! – Die Angst, die Verlegenheit schnürt ihnen die Kehle zu, und die schönsten Töne, Trillos und Mordenten bleiben auf die fatalste Weise in der Kehle stecken wie Fischgräten. – Eine Arie zu singen ist dann pur unmöglich, weshalb der Regel nach mit einem Duett begonnen wird. Laß uns ein kleines Duett versuchen. Teurer, wenn's dir gefällt!«
Das war mir recht. Wir stimmten nun gleich das zärtliche Duett an: »Bei meinem ersten Blick flog dir mein Herz entgegen« ... Miesmies begann furchtsam, aber bald ermutigte sie mein kräftiges Falsett. Ihre Stimme war allerliebst, ihr Vortrag gerundet, weich, zart, kurz, sie zeigte sich als wackre Sängerin. Ich war entzückt, wiewohl ich einsah, daß mich Freund Ovid wiederum im Stich gelassen. Da Miesmies mit dem *cantare* so herrlich bestanden, so war es mit dem *chordas tangere* gar nichts, und ich durfte nicht erst nach der Guitarre verlangen.
Miesmies sang nun mit seltner Geläufigkeit, mit ungemeinem Ausdruck, mit höchster Eleganz das bekannte: *»Di tanti palpiti« (von Rossini) etc. etc.* Von der heroischen Stärke des Rezitativs stieg sie herrlich hinein in die wahrhaft kätzliche Süßigkeit des Andantes. Die Arie schien ganz für sie geschrieben, so daß auch mein Herz überströmte und ich in ein lautes Freudengeschrei ausbrach. Hah! Miesmies mußte mit dieser Arie eine Welt fühlender Katerseelen begeistern! – Nun stimmten wir noch ein Duett an aus einer ganz neuen Oper, das ebenfalls herrlich gelang, da es ganz und gar für uns geschrieben schien. Die himmlischen Rouladen gingen glanzvoll aus unserm Innern heraus, da sie meistenteils aus chromatischen Gängen bestanden. Überhaupt muß ich bei dieser Gelegenheit bemerken, daß unser Geschlecht chromatisch ist, und daß daher jeder Komponist, der für uns komponieren will, sehr wohl tun wird, Melodien und alles übrige chromatisch einzurichten. Leider hab' ich den Namen des trefflichen Meisters, der jenes Duett komponiert, vergessen, das ist ein wackrer lieber Mann, ein Komponist nach meinem Sinn.
Während dieses Singens war ein schwarzer Kater heraufgestiegen, der uns mit glühenden Augen anfunkelte. »Bleiben Sie gefälligst

von dannen, bester Freund«, rief ich ihm entgegen, »sonst kratze ich Ihnen die Augen aus und werfe Sie vom Dache herab, wollen Sie aber eins mit uns singen, so kann das geschehen.«
Ich kannte den jungen schwarzgekleideten Mann als einen vortrefflichen Bassisten und schlug daher vor, eine Komposition zu singen, die ich zwar sonst nicht sehr liebe, die sich aber zu der bevorstehenden Trennung von Miesmies sehr gut schickte. Wir sangen: »Soll ich dich, Teurer, nicht mehr sehen!« (*aus der Zauberflöte*). Kaum versicherte ich aber mit dem Schwarzen, daß die Götter mich bewahren würden, als eine gewaltige Ziegelscherbe zwischen uns durchfuhr und eine entsetzliche Stimme rief: »Wollen die verfluchten Katzen wohl die Mäuler halten!« Wir stoben, von der Todesfurcht gehetzt, wild auseinander in den Dachboden hinein. – O der herzlosen Barbaren ohne Kunstgefühl, die selbst unempfindlich bleiben bei den rührendsten Klagen der unaussprechlichen Liebeswehmut und nur Rache und Tod brüten und Verderben!
Wie gesagt, das, was mich befreien sollte von meiner Liebesnot, stürzte mich nur noch tiefer hinein. Miesmies war so musikalisch, daß wir beide auf das anmutigste miteinander zu phantasieren vermochten. Zuletzt sang sie meine eignen Melodien herrlich nach, darüber wollte ich denn nun ganz und gar närrisch werden und quälte mich schrecklich ab in meiner Liebespein, so daß ich ganz blaß, mager und elend wurde.
Endlich, endlich, nachdem ich mich lange genug abgehärmt, fiel mir das letzte, wiewohl verzweifelte Mittel ein, mich von meiner Liebe zu heilen. Ich beschloß, meiner Miesmies Herz und Pfote zu bieten. Sie schlug ein, und sobald wir ein Paar worden, merkte ich auch alsbald, wie meine Liebesschmerzen sich ganz und gar verloren. Mir schmeckte Milchsuppe und Braten vortrefflich, ich gewann meine joviale Laune wieder, mein Bart kam in Ordnung, mein Pelz erhielt wieder den alten schönen Glanz, da ich nun die Toilette mehr beachtete als vorher, wogegen meine Miesmies sich gar nicht mehr putzen mochte. Ich fertigte demunerachtet, wie zuvor geschehen, noch einige Verse auf meine Miesmies, die um so hübscher, um so wahrer empfunden waren, als ich den Ausdruck der schwärmerischen Zärtlichkeit so immer mehr und mehr heraufschrob, bis er mir die höchste Spitze erreicht zu haben schien. Ich dedizierte endlich der Guten noch ein dickes Buch und hatte so auch in literarisch-ästhetischer Hinsicht alles abgetan, was

von einem honetten treuverliebten Kater nur verlangt werden kann. Übrigens führten wir, ich und meine Miesmies, auf der Strohmatte vor der Türe meines Meisters ein häuslich ruhiges, glückliches Leben.
Doch welches Glück ist hienieden auch nur von einigem Bestand? Ich bemerkte bald, daß Miesmies oft in meiner Gegenwart zerstreut war, daß sie, wenn ich mit ihr sprach, verwirrtes Zeug antwortete, daß ihr tiefe Seufzer entflohen, daß sie nur schmachtende Liebeslieder singen mochte, ja, daß sie zuletzt ganz matt und krank tat. Fragte ich denn, was ihr fehle, so streichelte sie mir zwar die Wangen und erwiderte: »Nichts, gar nichts, mein liebes gutes Papachen«, aber das Ding war mir doch gar nicht recht. Oft erwartete ich sie vergebens auf der Strohmatte, suchte sie vergebens im Keller, auf dem Boden, und fand ich sie denn endlich und machte ihr zärtliche Vorwürfe, so entschuldigte sie sich damit, daß ihre Gesundheit weite Spaziergänge erfordere, und daß ein ärztlicher Kater sogar eine Badereise angeraten. Das war mir wieder nicht recht. Sie mochte wohl meinen versteckten Ärger gewahren und ließ es sich angelegen sein, mich mit Liebkosungen zu überhäufen, aber auch in diesen Liebkosungen lag so etwas Sonderbares, ich weiß es nicht zu nennen, das mich erkältete, statt mich zu erwärmen, und auch das war mir nicht recht. Ohne zu vermuten, daß dies Betragen meiner Miesmies seinen besonderen Grund haben könnte, wurde ich nur inne, daß nach und nach auch das letzte Fünkchen der Liebe zu der Schönsten erlosch, und daß in ihrer Nähe mich die tötendste Langeweile erfaßte. Ich ging daher meine Wege und sie die ihrigen; kamen wir aber einmal zufällig auf der Strohmatte zusammen, so machten wir uns die liebevollsten Vorwürfe, waren dann die zärtlichsten Gatten und besangen die friedliche Häuslichkeit, in der wir lebten.
Es begab sich, daß mich einmal der schwarze Bassist in dem Zimmer meines Meisters besuchte. Er sprach in abgebrochenen geheimnisvollen Worten, fragte dann stürmisch, wie ich mit meiner Miesmies lebe – kurz, ich merkte wohl, daß der Schwarze etwas auf dem Herzen hatte, das er mir entdecken wollte. Endlich kam es denn auch zum Vorschein. Ein Jüngling, der im Felde gedient, war zurückgekehrt und lebte in der Nachbarschaft von einer kleinen Pension, die ihm ein dort wohnender Speisewirt an Fischgräten und Speisabgang ausgeworfen. Schön von Figur,

herkulisch gebaut, wozu noch kam, daß er eine reiche fremde Uniform trug, schwarz, grau und gelb, und wegen bewiesener Tapferkeit, als er mit wenigen Kameraden einen ganzen Speicher von Mäusen reinigen wollen, das Ehrenzeichen des gebrannten Specks auf der Brust trug, fiel er allen Mädchen und Frauen in der Gegend auf. Alle Herzen schlugen ihm entgegen, wenn er auftrat keck und kühn, den Kopf emporgehoben, feurige Blicke um sich werfend. Der hatte sich, wie der Schwarze versicherte, in meine Miesmies verliebt, sie war ihm ebenso mit Liebe entgegengekommen, und es war nur zu gewiß, daß sie heimliche verliebte Zusammenkünfte hielten allnächtlich hinter dem Schornstein oder im Keller.

»Mich wundert«, sprach der Schwarze, »mich wundert, bester Freund, daß Sie bei Ihrem sonstigen Scharfsinn das nicht längst bemerkt, aber liebende Gatten sind oft blind, und es tut mir leid, daß Freundespflicht mir gebot, Ihnen die Augen zu öffnen, da ich weiß, daß Sie in Ihre vortreffliche Gattin ganz und gar vernarrt sind.«

»O Muzius«, so hieß der Schwarze, »o Muzius«, rief ich, »ob ich ein Narr bin, ob ich sie liebe, die süße Verräterin! Ich bete sie an, mein ganzes Wesen gehört ihr! – Nein, sie kann mir das nicht tun, die treue Seele! – Muzius, schwarzer Verleumder, empfange den Lohn deiner Schandtat!« Ich hob die gekrallte Pfote auf, Muzius blickte mich freundlich an und sprach sehr ruhig: »Ereifern Sie sich nicht, mein Guter, Sie teilen das Los vieler vortrefflicher Leute, überall ist schnöder Wankelmut zu Hause und leider vorzüglich bei unserm Geschlecht.« Ich ließ die aufgehobene Pfote wieder sinken, sprang wie in voller Verzweiflung einige Mal in die Höhe und schrie dann wütend: »Wär' es möglich, wär' es möglich! – O Himmel – Erde! Was noch sonst? – Nenn' ich die Hölle mit! – Wer hat mir das getan, der schwarzgraugelbe Kater? Und sie, die süße Gattin, treu und hold sonst, sie konnte, höll'schen Trugs voll, den verachten, der oft, an ihrem Busen eingewiegt, in süßem Liebesträumen selig schwelgte? – O fließt, ihr Zähren, fließt der Undankbaren! – Himmel tausend sapperment, das geht nicht an, den bunten Kerl am Schornstein soll der Teufel holen!«

»Beruhigen Sie sich«, sprach Muzius, »beruhigen Sie sich doch nur, Sie überlassen sich zu sehr der Wut des jähen Schmerzes. Als Ihr wahrer Freund mag ich Sie jetzt weiter nicht in Ihrer angeneh-

men Verzweiflung stören. Wollen Sie sich in Ihrer Trostlosigkeit ermorden, so könnte ich Ihnen zwar mit einem tüchtigen Rattenpulver aufwarten, ich will es aber nicht tun, da Sie sonst ein lieber, scharmanter Kater sind und es jammerschade wäre um Ihr junges Leben. Trösten Sie sich, lassen Sie Miesmies laufen, es gibt der anmutigen Katzen noch viele in der Welt. – Adieu, Bester!« Damit sprang Muzius fort durch die geöffnete Türe.
Sowie ich still, unter dem Ofen liegend, mehr nachsann über die Entdeckungen, die mir der Kater Muzius gemacht, fühle ich wohl etwas in mir sich regen wie heimliche Freude. Ich wußte nun, wie ich mit Miesmies daran war, und die Quälerei mit dem ungewissen Wesen war am Ende. Hatte ich aber anstandshalber erst die gehörige Verzweiflung geäußert, so glaubte ich, daß derselbe Anstand es erfordere, dem Schwarzgraugelben zu Leibe zu gehen.
Ich belauschte zur Nachtzeit das Liebespaar hinter dem Schornstein und fuhr mit den Worten: »Höllischer bestialischer Verräter« auf meinen Nebenbuhler grimmig los. Der aber, an Stärke, wie ich leider zu spät bemerkte, mir weit überlegen, packte mich, ohrfeigte mich gräßlich ab, daß ich mehreres Pelzwerk einbüßte, und sprang dann schnell fort. Miesmies lag in Ohnmacht, als ich mich ihr aber näherte, sprang sie ebenso behende als ihr Liebhaber auf und ihm nach in den Dachboden hinein.
Lendenlahm, mit blutigen Ohren schlich ich herab zu meinem Meister und verwünschte den Gedanken, meine Ehe konservieren zu wollen, hielt es auch für gar keine Schande, die Miesmies dem Schwarzgraugelben ganz und gar zu überlassen.
»Welch ein feindliches Schicksal«, dacht' ich, »der himmlischromantischen Liebe halber werde ich in die Gosse geworfen, und das häusliche Glück verhilft mir zu nichts anderm als zu gräßlichen Prügeln.«
Am andern Morgen erstaunte ich nicht wenig, als ich, aus dem Zimmer des Meisters heraustretend, Miesmies auf der Strohmatte fand. »Guter Murr«, sprach sie sanft und ruhig, »ich glaube zu fühlen, daß ich dich nicht mehr so liebe als sonst, welches mich sehr schmerzt.«
»O teure Miesmies«, erwiderte ich zärtlich, »es zerschneidet mir das Herz, aber ich muß es gestehen, seit der Zeit, da sich gewisse Dinge begeben, bist du mir auch gleichgültig geworden.«
»Nimm es nicht übel«, sprach Miesmies weiter, »nimm es nicht

übel, süßer Freund, aber es ist mir so, als wärst du mir schon längst ganz unausstehlich gewesen.«
»Mächt'ger Himmel«, rief ich begeistert, »welche Sympathie der Seelen, mir geht es so wie dir.«
Nachdem wir auf diese Weise einig geworden, daß wir uns einander ganz unausstehlich wären und uns notwendigerweise trennen müßten auf ewig, umpfoteten wir uns auf das zärtlichste und weinten heiße Tränen der Freude und des Entzückens!
Dann trennten wir uns, jeder war hinfort von der Vortrefflichkeit, von der Seelengröße des andern überzeugt und pries sie jedem an, der davon hören mochte.
»Auch ich war in Arkadien«, rief ich und legte mich auf die schönen Künste und Wissenschaften eifriger als jemals.

Das Duell

Die Nacht, in der der Zweikampf vor sich gehen sollte, kam heran. Ich stellte mich auf dem Dache des Hauses, das an der Grenze des Reviers lag, mit Muzius um die bestimmte Stunde ein. Auch mein Gegner kam bald mit einem stattlichen Kater, der beinahe bunter gefleckt war und noch viel trotzigere, keckere Züge im Antlitz trug als er selbst. Er war, wie wir vermuten konnten, sein Sekundant; beide hatten verschiedene Feldzüge als Kameraden zusammen gemacht und befanden sich auch beide bei der Eroberung des Speichers, die dem Bunten den Orden des gebrannten Specks erwarb. Außerdem hatte sich, wie ich nachher erfuhr, auf des um- und vorsichtigen Muzius Anlaß eine kleine lichtgraue Katze eingefunden, die sich ganz außerordentlich auf Chirurgie verstehen und die schlimmsten, gefährlichsten Wunden zweckmäßig behandeln und in kurzer Zeit heilen sollte.
Es wurde noch verabredet, daß der Zweikampf in drei Sprüngen stattfinden, und falls bei dem dritten Sprunge noch nichts Entscheidendes geschehen, weiter beschlossen werden sollte, ob das Duell in neuen Sprüngen fortzusetzen, oder die Sache als abgemacht anzusehen. Die Sekundanten maßen die Schritte aus, und wir setzten uns gegenüber in Positur. Der Sitte gemäß erhoben die Sekundanten ein Zetergeschrei, und wir sprangen aufeinander los.
Im Augenblick hatte mein Gegner, indem ich ihn fassen wollte, mein rechtes Ohr gepackt, das er dermaßen zerbiß, daß ich wider

Willen laut aufschrie. »Auseinander!« rief Muzius. Der Bunte ließ ab, wir gingen in die Position zurück.

Neuer Zeter der Sekundanten, zweiter Sprung. Nun glaubte ich meinen Gegner besser zu fassen, aber der Verräter duckte sich und biß mir in die linke Pfote, daß das Blut in dicken Tropfen hervorquoll. – »Auseinander!« rief Muzius zum zweiten Mal. »Eigentlich«, sprach der Sekundant meines Gegners, sich zu mir wendend, »eigentlich ist nun die Sache ausgemacht, da Sie, mein Bester, durch die bedeutende Wunde an der Pfote *hors de combat* gesetzt sind.« Doch Zorn, tiefer Ingrimm ließen mich keinen Schmerz fühlen, und ich entgegnete, daß es sich bei dem dritten Sprunge finden würde, inwiefern es mir an Kraft gebräche und die Sache als abgemacht anzusehen. »Nun«, sprach der Sekundant mit höhnischem Lachen, »nun, wenn Sie denn durchaus von der Pfote Ihres Ihnen überlegenen Gegners fallen wollen, so geschehe Ihr Wille!«

Doch Muzius klopfte mir auf die Schulter und rief: »Brav, brav, mein Bruder Murr, ein echter Bursche achtet solch einen Ritz nicht! Halt dich tapfer!«

Zum dritten Mal Zeter der Sekundanten, dritter Sprung! Meiner Wut ungeachtet hatte ich die List meines Gegners gemerkt, der immer etwas seitwärts sprang, weshalb ich ihn fehlte, während er mich mit Sicherheit packte. Diesmal nahm ich mich in acht, sprang auch seitwärts, und als er mich zu fassen glaubte, hatte ich ihn schon dermaßen in den Hals gebissen, daß er nicht schreien, nur stöhnen konnte. »Auseinander!« rief jetzt der Sekundant meines Gegners. Ich sprang sogleich zurück, der Bunte sank aber ohnmächtig nieder, indem das Blut reichlich aus der tiefen Wunde hervorquoll. Die hellgraue Katze eilte sogleich auf ihn zu und bediente sich, um vor dem Verbande das Blut einigermaßen zu stillen, eines Hausmittels, das, wie Muzius versicherte, ihr stets zu Gebote stand, da sie es immer bei sich führte. Sie goß nämlich sofort eine Flüssigkeit in die Wunde und besprengte überhaupt den Ohnmächtigen ganz und gar damit, die ich ihres scharfen beizendes Geruchs halber für stark und drastisch wirkend halten mußte.

Muzius drückte mich feurig an seine Brust und sprach: »Bruder Murr, du hast deine Ehrensache ausgefochten wie ein Kater, dem das Herz auf dem rechten Flecke sitzt. Murr, du wirst dich erheben zur Krone des Burschentums, du wirst keinen Makel dulden und stets bei der Hand sein, wenn es darauf ankommt, unsre Ehre zu erhalten.«

Der Sekundant meines Gegners, der so lange dem hellgrauen Chirurgus beigestanden, trat nun trotzig auf und behauptete, daß ich im dritten Gang gegen den Komment gefochten. Da setzte sich aber Bruder Muzius in Positur und erklärte mit funkelnden Augen und hervorgestreckten Krallen, daß der, der solches behaupte, es mit ihm zu tun habe und daß die Sache gleich auf der Stelle ausgemacht werden könne. Der Sekundant hielt es für geraten, nichts weiter darauf zu erwidern, sondern packte stillschweigend den wunden Freund, der was weniges zu sich selbst gekommen, auf den Rücken und marschierte mit ihm ab durch die Dachluke.

Der aschgraue Chirurgus fragte an, ob er meiner Wunden halber mich auch etwa mit seinem Hausmittel bedienen solle. Ich lehnte das aber ab, sosehr mich auch Ohr und Pfote schmerzten, sondern machte mich im Hochgefühl des errungenen Sieges, der gestillten Rache für Miesmies' Entführung und erhaltene Prügel auf den Weg nach Hause.

Für dich, o Katerjüngling, habe ich mit gutem Bedacht die Geschichte meines ersten Zweikampfs so umständlich aufgeschrieben. Außerdem, daß dich diese merkwürdige Geschichte über den Ehrenpunkt belehrt ganz und gar, so kannst du auch noch manche für das Leben höchst nötige und nützliche Moral daraus schöpfen. Wie z. B., daß Mut und Tapferkeit gar nichts ausrichten gegen Finten, und daß daher das genaue Studium der Finten unerläßlich ist, um nicht zu Boden getreten zu werden, sondern sich aufrecht zu erhalten. Sieh das ein, Katerjüngling, und verachte keineswegs Finten, denn in ihnen liegt, wie im reichen Schacht, die wahre Lebensweisheit verborgen.

Als ich herabkam, fand ich des Meisters Tür verschlossen und mußte daher mit der Strohmatte, die davor lag, als Nachtlager vorliebnehmen. Die Wunden hatten mir einen starken Blutverlust verursacht, und mir wurde in der Tat etwas ohnmächtig zumute. Ich fühlte mich sanft fortgetragen. Es war mein guter Meister, der (ich mochte wohl, ohne es zu wissen, etwas gewinselt haben) mich vor der Tür gehört, aufgemacht und meine Wunden bemerkt hatte. »Armer Murr«, rief er, »was haben sie mit dir gemacht? Das hat tüchtige Bisse gegeben – nun, ich hoffe, du wirst deinen Gegnern nichts geschenkt haben!« – »Meister«, dacht' ich, »wenn du wüßtest!« Und aufs neue fühlte ich mich von dem Gedanken des vollständig erfochtenen Sieges, der Ehre, die ich mir gewonnen, gar mächtig erhoben.

Der gute Meister legte mich auf mein Lager, holte aus dem Schrank eine kleine Büchse, in der Salbe befindlich, hervor, bereitete zwei Pflaster und legte sie mir auf Ohr und Pfote. Ruhig und geduldig ließ ich alles geschehen und stieß nur ein kleines leises Mrrr! aus, als der erste Verband mich etwas schmerzen wollte.

»Du bist«, sprach der Meister, »ein kluger Kater, Murr! Du verkennst nicht, wie andre knurrige Wildfänge deines Geschlechts, die gute Absicht deines Herrn. Halt dich nur ruhig, und wenn es Zeit ist, daß du die Wunde an der Pfote heilleckst, so wirst du schon selbst den Verband lösen. Was aber das wunde Ohr betrifft, so kannst du nichts dafür tun, armer Geselle, und mußt das Pflaster leiden.«

Ich versprach das dem Meister und reichte zum Zeichen meiner Zufriedenheit und Dankbarkeit für seine Hilfe ihm meine gesunde Pfote hin, die er wie gewöhnlich nahm und leise schüttelte, ohne sie im mindesten zu drücken. – Der Meister verstand mit gebildeten Katern umzugehen.

Bald spürte ich die wohltätige Wirkung der Pflaster und war froh, daß ich des kleinen aschgrauen Chirurgus fatales Hausmittel nicht angenommen. Muzius, der mich besuchte, fand mich heiter und kräftig. Bald war ich imstande ihm zu folgen zur Burschenkneiperei. Man kann denken, mit welchem unbeschreiblichen Jubel ich empfangen wurde. Allen war ich doppelt lieb geworden.

Kater Muzius zu Ehren

Um die Mitternachtsstunde begab ich mich hinab in den Keller. Trauriger, herzzerreißender Anblick! Da lag in der Mitte auf einem Katafalk, der freilich, dem einfachen Sinn, den der Verstorbene stets in sich trug, gemäß, nur in einem Bündel Stroh bestand, die Leiche des teuern geliebten Freundes!

Alle Kater waren schon versammelt, wir drückten uns, keines Wortes mächtig, die Pfoten, setzten uns, heiße Tränen in den Augen, in einen Kreis rings um den Katafalk umher und stimmten einen Klagegesang an, dessen die Brust durchschneidende Töne furchtbar in den Kellergewölben widerhallten. Es war der trost-

lose, entsetzlichste Jammer, der jemals gehört worden, kein menschliches Organ vermag ihn herauszubringen.
Nachdem der Gesang geendet, trat ein sehr hübscher, anständig in Weiß und Schwarz gekleideter Jüngling aus dem Kreise, stellte sich an das Kopfende der Leiche und hielt nachfolgende Standrede, welche er mir, unerachtet er sie aus dem Stegreif gesprochen, schriftlich mitteilte.

Trauerrede
am Grabe des zu früh verblichenen Katers Muzius,
der Phil. und Gesch. Befliss.,
gehalten von seinem treuen Freunde und Bruder,
dem Kater Hinzmann

»Teure in Betrübnis versammelte Brüder!
Wackre hochherzige Bursche!...
Laßt uns jetzt, hochbetrübte Jünglinge, einige Augenblicke stiller Betrachtung widmen!«
(Hinzmann schwieg und fuhr sich wiederum mit der rechten Pfote über Ohren und Gesicht, dann schien er in tiefes Nachdenken zu versinken, indem er die Augen fest zudrückte. Endlich, als es zu lange währte, stieß ihn der Senior Puff an und sprach leise: »Hinzmann, ich glaube, du bist eingeschlafen. Mache nur, daß du fertig wirst mit deinem Sermon, denn wir verspüren alle einen desperaten Hunger.« Hinzmann fuhr in die Höhe, setzte sich wieder in die zierliche Rednerstellung und sprach weiter.)
»Teuerste Brüder! Ich hoffte noch zu einigen erhabenen Gedanken zu gelangen und gegenwärtige Standrede glänzend zu schließen, es ist mir aber gar nichts eingefallen, ich glaube, der große Schmerz, den ich zu empfinden mich bemüht, hat mich ein wenig stupid gemacht. Laßt uns daher meine Rede, der ihr den vollkommensten Beifall nicht versagen könnet, für geschlossen annehmen und jetzt das gewöhnliche *De* oder *Ex profundis* anstimmen!«
So endete der artige Katerjüngling seinen Trauersermon, der mir zwar in rhetorischer Hinsicht wohl geordnet und von guter Wirkung zu sein schien, an dem ich aber doch manches auszusetzen fand. Mir kam es nämlich vor, daß Hinzmann gesprochen, mehr um ein glänzendes Rednertalent zu zeigen, als den armen Muzius noch zu ehren nach seinem betrübten Hinscheiden. Alles,

was er gesagt, paßte gar nicht recht auf den Freund Muzius, der ein einfacher, schlichter, gerader Kater und, ich hatte es ja wohl recht erfahren, eine treue gutmütige Seele gewesen. Überdem war auch das Lob, das Hinzmann gespendet, von zweideutiger Art, so daß mir eigentlich die Rede hinterher mißfiel und ich während des Vortrags bloß durch die Anmut des Redners und durch seine in der Tat ausdrucksvolle Deklamation bestochen worden. Auch der Senior Puff schien meiner Meinung zu sein; wir wechselten Blicke, die, Hinzmanns Rede betreffend, von unserm Einverständnis zeugten.

Dem Schluß der Rede gemäß stimmten wir ein »*De profundis*« an, das womöglich noch viel jämmerlicher, viel herzzerschneidender klang als das entsetzliche Grabeslied vor der Rede. – Es ist bekannt, daß die Sänger von unserm Geschlecht den Ausdruck des tiefsten Wehs, des trostlosesten Jammers, mag nun die Klage wegen zu sehnsüchtiger oder verschmähter Liebe oder um einen geliebten Verstorbenen ertönen, ganz vorzüglich in der Gewalt haben, so daß selbst der kalte gefühllose Mensch von Gesängen solcher Art tief durchdrungen wird und der gepreßten Brust nur Luft zu machen vermag durch seltsames Fluchen. – Als das »*De profundis*« geendigt, hoben wir die Leiche des verewigten Bruders auf und senkten sie in ein tiefes, in einer Ecke des Kellers befindliches Grab.

In diesem Augenblick begab sich aber das Unerwartetste und zugleich anmutig Rührendste der ganzen Totenfeier. Drei Katzenmädchen, schön wie der Tag, hüpften heran und streuten Kartoffel- und Petersilienkraut, das sie im Keller gepflückt, in das offne Grab, während eine ältere ein einfaches herziges Lied dazu sang. Die Melodie war mir bekannt, irre ich nicht, so fängt der Originaltext des Liedes, dem die Stimme untergeschoben, mit den Worten an: »O Tannenbaum, o Tannenbaum«, usw. Es waren, wie mir der Senior Puff ins Ohr sagte, die Töchter des verstorbenen Muzius, die auf diese Weise des Vaters Trauerfest mit begingen.

Nicht das Auge abwenden konnte ich von der Sängerin; sie war allerliebst, der Ton ihrer süßen Stimme, selbst das Rührende, tief Empfundene in der Melodie des Trauerliedes riß mich hin ganz und gar; ich konnte mich der Tränen nicht enthalten. Doch der Schmerz, der mir sie auspreßte, war von ganz besonderer seltsamer Art, da er mir das süßeste Wohlbehagen erregte.

Daß ich es nur geradezu heraussage! Mein ganzes Herz neigte sich der Sängerin hin, es war mir, als habe ich nie eine Katzenjungfrau erblickt von dieser Anmut, von diesem Adel in Haltung und Blick, kurz, von dieser singenden Schönheit.

Das Grab wurde mit Mühe von vier rüstigen Katern, die so viel Sand und Erde herankratzten, als nur möglich, gefüllt, die Beerdigung war vorbei, und wir gingen zu Tische. Muzius' schöne liebliche Töchter wollten sich entfernen, das litten wir jedoch nicht, sie mußten vielmehr teilnehmen am Trauermahl, und ich wußte es so geschickt anzufangen, daß ich die Schönste zur Tafel führte und mich dicht neben ihr hinsetzte. Hatte mir erst ihre Schönheit geglänzt, hatte mich ihre süße Stimme bezaubert, so versetzte mich jetzt ihr heller klarer Verstand, die Innigkeit, die Zartheit ihres Gefühls, das rein weibliche fromme Wesen, das aus ihrem Innern hervorstrahlte, in den höchsten Himmel des Entzückens. Alles erhielt in ihrem Munde, in ihren süßen Worten einen ganz eigenen Zauberreiz, ihr Gespräch war ganz liebliche zarte Idylle. So sprach sie z. B. mit Wärme von einem Milchbrei, den sie wenige Tage vor des Vaters Tode nicht ohne Appetit genossen, und als ich sagte, daß bei meinem Meister solch ein Brei ganz vorzüglich bereitet würde und zwar mit einer guten Zutat von Butter, da blickte sie mich an mit ihren frommen, grünstrahlenden Taubenaugen und fragte mit einem Ton, der mein ganzes Herz durchbebte: »O gewiß – gewiß, mein Herr? Sie lieben auch den Milchbrei? – Mit Butter«, wiederholte sie dann, wie in schwärmerische Träume versinkend.

Wer weiß nicht, daß hübschen blühenden Mädchen von sechs bis acht Monaten (so viele konnte die Schönste zählen) nichts besser kleidet als ein kleiner Anstrich von Schwärmerei, ja daß sie dann oft ganz unwiderstehlich sind. So geschah es, daß ich, ganz in Liebe entflammt, die Pfote der Schönsten heftig drückend, laut rief: »Englisches Kind! Frühstücke mit mir Milchbrei, und es gibt keine Seligkeit des Lebens, gegen die ich mein Glück austausche!« Sie schien verlegen, sie schlug errötend die Augen nieder, doch ließ sie ihre Pfote in der meinigen, welches die schönsten Hoffnungen in mir erregte.

Die drei jüngeren Töchter des hingeschiedenen Muzius hatten indessen eine frohe Laune, eine schalkhafte Naivität entwickelt, über die alle Kater entzückt waren. Schon durch Speise und Trank merklich dem Gram und Schmerz entnommen, wurde nun die

Gesellschaft immer froher und lebendiger. Man lachte, man scherzte, und als die Tafel aufgehoben, war es der ernste Senior Puff selbst, welcher vorschlug, ein Tänzchen zu machen. Schnell war alles fortgeräumt; drei Kater stimmten ihre Kehlen, und bald sprangen und drehten sich Muzius' aufgeweckte Töchter mit den Jünglingen wacker herum.
Nicht von der Seite wich ich der Schönsten, ich forderte sie auf zum Tanz, sie gab mir die Pfote, wir flogen in die Reihen. – Ha! Wie ihr Atem an meiner Wange spielte! Wie meine Brust an der ihrigen bebte! Wie ich ihren süßen Leib mit meinen Pfoten umschlungen hielt! – O des seligen, himmlisch seligen Augenblicks!
Als wir zwei, auch wohl drei Hopser getanzt, führte ich die Schönste in eine Ecke des Kellers und bediente sie galanter Sitte gemäß mit einigen Erfrischungen, wie sie sich eben vorfinden lassen wollten, da das Fest eigentlich auf einen Ball nicht eingerichtet. Nun ließ ich meinem innern Gefühl ganz freien Lauf. Ein Mal übers andere drückte ich ihre Pfote an meine Lippen und versicherte ihr, daß ich der glücklichste Sterbliche sein werde, wenn sie mich ein bißchen lieben wolle.
»Unglücklicher«, sprach plötzlich eine Stimme dicht hinter mir, »Unglücklicher, was beginnst du? Es ist deine Tochter Mina!«
Ich erbebte, denn wohl erkannte ich die Stimme! – Es war Miesmies! Launisch spielte der Zufall mit mir, daß in dem Augenblick, als ich Miesmies ganz vergessen zu haben geglaubt, ich erfahren, was ich nicht ahnen können, ich in Liebe kommen mußte zum eignen Kinde! Miesmies war in tiefer Trauer, ich wußte selbst nicht, was ich davon denken sollte. »Miesmies«, sprach ich sanft, »Miesmies, was führt Sie hierher, warum in Trauer und – o Gott‹! – Jene Mädchen – Minas Schwestern?«
Ich erfuhr das Seltsamste! Mein gehässiger Nebenbuhler, der Schwarzgraugelbe, hatte sich gleich nachher, als er in jenem mörderischen Zweikampf meiner ritterlichen Tapferkeit erlegen, von Miesmies getrennt und war, als nur seine Wunden geheilt, fortgegangen, niemand wußte wohin. Da warb Muzius um ihre Pfote, die sie ihm willig reichte, und es machte ihm Ehre und bewies sein Zartgefühl, daß er mir dies Verhältnis gänzlich verschwieg. So waren aber jene muntren und naiven Kätzchen nur meiner Mina Stiefschwestern!
»O Murr«, sprach Miesmies zärtlich, nachdem sie erzählt, wie sich

das alles ergeben, »o Murr! Ihr schöner Geist hat sich nur in dem Gefühl geirrt, das ihn überströmte. Es war die Liebe des zärtlichsten Vaters, nicht des verlangenden Liebhabers, die in Ihrer Brust erwachte, als Sie unsre Mina sahen. Unsere Mina! O welch ein süßes Wort! – Murr! Können Sie dabei unempfindlich bleiben, sollte alle Liebe erloschen sein in Ihrem Innern gegen die, die Sie so innig liebte – o Himmel, noch so innig liebt, die Ihnen treu geblieben bis in den Tod, wäre nicht ein anderer dazwischengekommen und hätte sie verlockt durch schnöde Verführungskünste? O Schwachheit, dein Name ist Katz! Das denken Sie, ich weiß es, aber ist es nicht Katertugend, der schwachen Katze zu verzeihen? Murr! Sie sehen mich gebeugt, trostlos über den Verlust des dritten zärtlichen Gatten, aber in dieser Trostlosigkeit flammt aufs neue die Liebe auf, die sonst mein Glück, mein Stolz, mein Leben war! – Murr! Hören Sie mein Geständnis! Ich liebe Sie noch, und ich dächte, wir verhei–« Tränen erstickten ihre Stimme!

Mir war bei dem ganzen Auftritt sehr peinlich zumute. Mina saß da, bleich und schön wie der erste Schnee, der manchmal im Herbste die letzten Blumen küßt und gleich in bittres Wasser zerfließen wird!

(*Anmerkung des Herausgebers.* Murr! Murr! Schon wieder ein Plagiat! In »Peter Schlemihls wundersamer Geschichte« beschreibt der Held des Buchs seine Geliebte, auch Mina geheißen, mit denselben Worten.)

Schweigend betrachtete ich beide, Mutter und Tochter, die letzte gefiel mir doch unendlich viel besser, und da bei unserm Geschlecht die nächsten verwandtschaftlichen Verhältnisse kein kanonisches Ehehindernis –. Vielleicht verriet mich mein Blick, denn Miesmies schien meine innersten Gedanken zu durchschauen. »Barbar«, rief sie, indem sie schnell auf Mina lossprang und sie heftig umpfotend an ihre Brust riß, »Barbar, was willst du beginnen? Wie? Du kannst dies dich liebende Herz verschmähen und Verbrechen häufen auf Verbrechen!«

Ungeachtet ich nun gar nicht begriff, was für Ansprüche Miesmies geltend machen und welche Verbrechen sie mir vorwerfen konnte, so fand ich es, um den Jubel, in den sich das Trauerfest aufgelöst, nicht zu verstören, doch geratener, gute Miene zu machen zu bösem Spiel. Ich versicherte daher der ganz aus sich selbst gekommenen Miesmies, daß bloß die unaussprechliche Ähnlich-

keit Minas mit ihr mich irregeführt und ich geglaubt habe, dasselbe Gefühl entflamme mein Inneres, das ich für sie, die noch immer schöne Miesmies, in mir trage. Miesmies trocknete alsbald ihre Tränen, setzte sich dicht zu mir und fing ein so vertrauliches Gespräch mit mir an, als sei nie etwas Böses unter uns vorgefallen. Hatte nun noch der junge Hinzmann die schöne Mina zum Tanz aufgefordert, so kann man denken, in welcher unangenehmen peinlichen Lage ich mich befand.
Ein Glück für mich war es, daß der Senior Puff endlich Miesmies aufzog zum Kehraus, da sie mir sonst noch allerlei seltsame Propositionen hätte machen können. Ich schlich leise, leise aus dem Keller herauf und dachte: »Kommt Zeit, kommt Rat!«
Ich sehe dieses Trauerfest für den Wendepunkt an, in dem sich meine Lehrmonate schlossen und ich eintrat in einen andern Kreis des Lebens.

Murr in vornehmer Gesellschaft

Ich putzte mich heraus, so gut ich es vermochte, las noch etwas im Knigge und durchlief auch ein paar ganz neue Lustspiele von Picard, um nötigenfalls auch mich im Französischen geübt zu zeigen, und ging dann hinab vor die Türe. Ponto ließ nicht lange auf sich warten. Wir wandelten einträchtig die Straße hinab und gelangten bald in Badinens hell erleuchtetes Zimmer, wo ich eine bunte Versammlung von Pudeln, Spitzen, Möpsen, Bolognesern, Windspielen vorfand, teils im Kreise sitzend, teils gruppenweise in die Winkel verteilt.
Das Herz klopfte mir nicht wenig in dieser fremdartigen Gesellschaft mir feindlicher Naturen. Mancher Pudel blickte mich an mit einer gewissen verächtlichen Verwunderung, als wolle er sagen: »Was will ein gemeiner Kater unter uns sublimen Leuten?« Hin und wieder fletschte auch wohl ein eleganter Spitz die Zähne, so daß ich merken konnte, wie gern er mir in die Haare gefahren wäre, hätte der Anstand, die Würde, die sittige Bildung der Gäste nicht jede Prügelei als unschicklich verboten.
Ponto riß mich aus der Verlegenheit, indem er mich der schönen Wirtin vorstellte, die mit anmutiger Herablassung versicherte, wie sehr sie sich freue, einen Kater von meinem Ruf bei sich zu sehen. Nun erst, als Badine einige Worte mit mir gesprochen, schenkte mir dieser, jener mit wahrhaft hündischer Bonhemie mehr Auf-

merksamkeit, redete mich auch wohl an und gedachte meiner Schriftstellerei, meiner Werke, die ihm zuweilen ordentlichen Spaß gemacht. Das schmeichelte meiner Eitelkeit, und ich gewahrte kaum, daß man mich fragte, ohne meine Antworten zu beachten, daß man mein Talent lobte, ohne es zu kennen, daß man meine Werke pries, ohne sie zu verstehen.
Ein natürlicher Instinkt lehrte mich antworten, wie ich gefragt wurde, nämlich ohne Rücksicht auf diese Frage überall kurz absprechen in solch allgemeinen Ausdrücken, daß sie auf alles nur Mögliche bezogen werden konnten, durchaus keiner Meinung sein und nie das Gespräch von der glatten Oberfläche hinunterziehen wollen in die Tiefe.
Ponto versicherte mir im Vorbeistreifen, daß ein alter Spitz ihm versichert, wie ich für einen Kater amüsant genug sei und Anlagen zur guten Konversation zeige. So etwas erfreut auch den Mißmutigen!
Jean Jacques Rousseau gesteht, als er in seinen »Bekenntnissen« auf die Geschichte von dem Bande kommt, das er stahl, und ein armes unschuldiges Mädchen für den Diebstahl züchtigen sah, den er begangen, ohne die Wahrheit zu gestehen, wie schwer es ihm werde, über diese Untiefe seines Gemüts hinwegzukommen. – Ich befinde mich eben jetzt in gleichem Fall mit jenem verehrten Selbstbiographen. Habe ich auch kein Verbrechen zu gestehen, so darf ich doch, will ich wahrhaft bleiben, die große Torheit nicht verschweigen, die ich an demselben Abende beging, und die lange Zeit hindurch mich verstörte, ja meinen Verstand in Gefahr setzte. Ist es nicht ebenso schwer, ja oft noch schwerer, eine Torheit zu gestehen als ein Verbrechen?
Nicht lange dauerte es, so überfiel mich solch eine Unbehaglichkeit, solch ein Unmut, daß ich mich weit fort wünschte unter den Ofen des Meisters. Es war die gräßlichste Langeweile, die mich zu Boden drückte und die endlich mich alle Rücksichten vergessen ließ. Ganz still schlich ich mich in eine entfernte Ecke, um dem Schlummer nachzugeben, zu dem mich das Gespräch rundumher einlud. Dasselbe Gespräch nämlich, das ich erst in meinem Unmut vielleicht gar irrtümlich für das geistloseste, fadeste Geschwätz gehalten, kam mir nun vor wie das eintönige Geklapper einer Mühle, bei dem man sehr leicht in ein ganz angenehmes gedankenloses Hinbrüten gerät, dem dann der wirkliche Schlaf bald folgt. Eben in diesem gedankenlosen Hinbrüten, in diesem sanften

Delirieren war es mir, als funkle plötzlich ein helles Licht vor den geschlossenen Augen. Ich blickte auf, und dicht vor mir stand ein anmutiges schneeweißes Windspielfräulein, Badines schöne Nichte, Minona geheißen, wie ich später erfuhr.
»Mein Herr«, sprach Minona mit jenem süßlispelnden Ton, der nur zu sehr widerklingt in des feurigen Jünglings erregbarer Brust, »mein Herr, Sie sitzen hier so einsam, Sie scheinen sich zu ennuyieren? Das tut mir leid! Aber freilich, ein großer tiefer Dichter wie Sie, mein Herr, muß, in höhern Sphären schwebend, das Treiben des gewöhnlichen sozialen Lebens schal und oberflächlich finden.«
Ich erhob mich etwas bestürzt, und es tat mir weh, daß mein Naturell, stärker als alle Theorien des gebildeten Anstandes, mich zwang, wider meinen Willen den Rücken hoch zu erheben, einen sogenannten Katzenbuckel zu machen, worüber Minona zu lächeln schien.
Gleich mich zur bessern Sitte erholend, faßte ich aber Minonas Pfote, drückte sie leise an meine Lippe und sprach von begeisterten Augenblicken, denen der Dichter oft erliege. Minona hörte mich an mit solchen entscheidenden Zeichen der innigsten Teilnahme, mit solcher Andacht, daß ich mich selbst immer höher steigerte zur ungemeinen Poesie und zuletzt mich selbst nicht recht verstand.
Minona mochte mich ebensowenig verstehen, aber sie geriet ins höchste Entzücken und versicherte, wie oft es schon ihr inniger Wunsch gewesen, den genialen Murr kennenzulernen, und daß einer der glücklichsten, herrlichsten Momente ihres Lebens der gegenwärtige sei. – Was soll ich sagen! Bald fand sich's, daß Minona meine Werke, meine sublimsten Gedichte gelesen – nein, nicht nur gelesen, sondern in der höchsten Bedeutung aufgefaßt hatte! Mehreres davon wußte sie auswendig und sagte es her mit einer Begeisterung, mit einer Anmut, die mich in einen ganzen Himmel voll Poesie versetzte, vorzüglich, da es meine Verse waren, die die Holdeste ihres Geschlechts mir anzuhören gab.
»Mein bestes«, rief ich ganz hingerissen, »mein bestes, holdestes Fräulein, Sie haben dies Gemüt verstanden! Sie haben meine Verse auswendig gelernt; o all ihr Himmel! Gibt es eine höhere Seligkeit für den aufwärtsstrebenden Dichter?«
»Murr«, lispelte Minona, »genialer Kater, können Sie glauben, daß ein fühlendes Herz, ein poetisch gemütliches Gemüt Ihnen ent-

fremdet bleiben kann?« Minona seufzte nach diesen Worten aus tiefer Brust, und dieser Seufzer gab mir den Rest. – Was anders? Ich verliebte mich in das schöne Windspielfräulein dermaßen, daß ich, ganz toll und verblendet, nicht bemerkte, wie sie mitten in der Begeisterung plötzlich abbrach, um mit einem kleinen Zierbengel von Mops gänzlich fades Zeug zu schwatzen, wie sie mir den ganzen Abend auswich, wie sie mich auf eine Art behandelte, die mich hätte deutlich erkennen lassen sollen, wie sie mit jenem Lobe, mit jenem Enthusiasmus niemand anders gemeint, als sich selbst.

Genug, ich war und blieb ein verblendeter Tor, lief der schönen Minona nach, wie und wo ich nur konnte, besang sie in den schönsten Versen, machte sie zur Heldin mancher anmutig verrückten Geschichte, drängte mich in Gesellschaften ein, wo ich nicht hingehörte, und erntete dafür so manchen bittern Verdruß, so manche Verhöhnung, so manches kränkende Ungemach.

Oft in kühlen Stunden trat mir selbst die Albernheit meines Beginnens vor Augen; dann kam mir aber wieder närrischerweise der Tasso und mancher neuere Dichter von ritterlicher Gesinnung ein, dem es an einer hohen Herrin liegt, der seine Lieder gelten, und die er aus der Ferne anbetet wie der Manchaner seine Dulzinea, und da wollt' ich denn wieder nicht schlechter und unpoetischer sein als dieser und schwur dem Gaukelbilde meiner Liebesträume, dem anmutigen weißen Windspielfräulein, unverbrüchliche Treue und Ritterdienst bis in den Tod. Einmal von diesem seltsamen Wahnsinn erfaßt, fiel ich aus einer Torheit in die andere und selbst mein Freund Ponto fand für nötig, sich, nachdem er mich ernstlich vor den heillosen Mystifikationen gewarnt, in die man mich überall zu verstricken suchte, von mir zurückzuziehen. Wer weiß, was noch aus mir geworden wäre, wenn nicht ein guter Stern über mir gewaltet!

Dieser gute Stern ließ es nämlich geschehen, daß ich einst am späten Abend zur schönen Badine hinschlich, nur um die geliebte Minona zu sehen. Ich fand indessen alle Türen verschlossen, und alles Warten, alles Hoffen, bei irgendeiner Gelegenheit hineinzuschlüpfen, blieb ganz vergebens. Das Herz voll Liebe und Sehnsucht, wollte ich der Holden wenigstens meine Nähe kundtun und begann unter dem Fenster eine der zärtlichsten spanischen Weisen, die jemals empfunden und gedichtet worden sind. Es muß gar lamentabel anzuhören gewesen sein!

Ich hörte Badine bellen, auch Minonas süße Stimme knurrte etwas dazwischen. Ehe ich aber mir's versah, wurde das Fenster rasch geöffnet und ein ganzer Eimer eiskaltes Wasser über mich ausgeleert. Man kann denken, mit welcher Schnelle ich abfuhr in meine Heimat. Die volle Glut im Innern und Eiswasser auf den Pelz harmoniert aber so schlecht miteinander, daß unmöglich jemals Gutes und wenigstens ein Fieber daraus entstehen kann. So ging es mir. Im Hause meines Meisters angekommen, schüttelte mich der Fieberfrost tüchtig. Der Meister mochte aus der Blässe meines Antlitzes, aus dem erloschenen Feuer meiner Augen, aus der brennenden Glut der Stirne, an meinem unregelmäßigen Puls meine Krankheit ahnen. Er gab mir warme Milch, die ich, da mir die Zunge am Gaumen klebte vor Durst, eifrig verzehrte; dann wickelte ich mich ein in die Decke meines Lagers und gab ganz der Krankheit nach, die mich erfaßt. Erst verfiel ich in allerlei Fieberphantasien von vornehmer Kultur, Windspielen usw., nachher wurde mein Schlaf ruhiger und endlich so tief, daß ich ohne Übertreibung glauben muß, ich habe drei Tage und drei Nächte hintereinander fortgeschlafen.

Als ich endlich erwachte, fühlte ich mich frei und leicht, ich war von meinem Fieber und – wie wundervoll – auch von meiner törichten Liebe ganz genesen! Ganz klar wurde mir die Narrheit, zu der mich der Pudel Ponto verleitet, ich sah ein, wie albern es war, mich als einen gebornen Kater unter Hunde zu mischen, die mich verhöhnten, weil sie nicht meinen Geist zu erkennen vermochten, und die sich bei der Bedeutungslosigkeit ihres Wesens an die Form halten mußten, mir also nichts darbieten konnten als eine Schale ohne Kern.

Die Liebe zur Kunst und Wissenschaft erwachte in mir mit neuer Stärke, und meines Meisters Häuslichkeit zog mich mehr an als jemals. Die reiferen Monate des Mannes kamen, und weder Katzbursch noch kultivierter Elegant, fühlte ich lebhaft, daß man beides nicht sein dürfe, um sich gerade so zu gestalten, wie es die tieferen und bessern Ansprüche des Lebens erfordern.

Nachschrift

Am Schluß des zweiten Bandes ist der Herausgeber[*] genötigt, den geneigten Lesern eine sehr betrübte Nachricht mitzuteilen:
Den klugen, wohlunterrichteten philosophischen, dichterischen Kater Murr hat der bittre Tod dahingerafft mitten in seiner schönen Laufbahn. Er schied in der Nacht vom neunundzwanzigsten bis zum dreißigsten November nach kurzen, aber schweren Leiden mit der Ruhe und Fassung eines Weisen dahin.
So gibt es wieder einen Beweis, daß es mit den frühreifen Genies immer nicht recht fortwill; entweder sie steigen in einem Antiklimax hinab zur charakter- und geistlosen Gleichgültigkeit und verlieren sich in der Masse oder sie bringen es in Jahren nicht hoch.
Armer Murr! Der Tod deines Freundes Muzius war der Vorbote deines eignen, und sollt' ich dir den Trauersermon halten, er würde mir ganz anders aus dem Herzen kommen als dem teilnahmelosen Hinzmann; denn ich habe dich liebgehabt und lieber als manchen – Nun, schlafe wohl! Friede deiner Asche!
Schlimm ist es, daß der Verblichene seine Lebensansichten nicht geendet hat, die also Fragment bleiben müssen. Dagegen haben sich in den nachgelassenen Papieren des verewigten Katers noch so manche Reflexionen und Bemerkungen gefunden, die er in der Zeit aufgeschrieben zu haben scheint, als er sich bei dem Kapellmeister Kreisler befand. Ferner war aber auch noch ein guter Teil des von dem Kater zerrissenen Buchs vorhanden, welches Kreislers Biographie enthält.
Der Herausgeber findet es daher der Sache nicht unangemessen, wenn er in einem dritten Bande, der zur Ostermesse erscheinen soll, dies von Kreislers Biographie noch Vorgefundene den geneigten Lesern mitteilt und nur hin und wieder an schicklichen Stellen das einschiebt, was von jenen Bemerkungen und Reflexionen des Katers der weitern Mitteilung wert erscheint.

[*] E. T. A. Hoffmann

Unheimliche Katzengeschichten

Edgar Allan Poe

Der schwarze Kater

Für die höchst schauerliche und doch so schlichte Erzählung, die ich hier niederzuschreiben mich anschicke, erwart' ich weder noch erbitt' ich Glauben. Toll wahrlich müßte ich sein, darauf zu rechnen – in einem Fall, wo sich ja selbst die eignen Sinne sträuben, das Wahrgenommene für wahr zu nehmen. Doch toll bin ich gewiß nicht – und gewiß träum' ich nicht. Aber nun sterb' ich morgen, und so wollte ich heute noch meine Seele erleichtern. Mein Zweck ist dabei geradheraus der, in offener, kurz und bündiger Weise und ohne Drumherum eine Reihe von bloßen Alltagsereignissen vor der Welt auszubreiten. In ihren Folgen haben diese Ereignisse mich entsetzt – mich gefoltert – mich innerlich zerrüttet und zerstört. Doch will ich nicht versuchen, sie zu deuten. Mir selber haben sie kaum anderes als Grauen gebracht – vielen dagegen werden sie wohl weniger schrecklich denn *baroques* vorkommen. Vielleicht ja findet sich hiernach auch ein Verstand, der meine Phantasmen aufs Gewöhnliche zurückführt – ein Kopf, der ruhiger, der logischer und der weit weniger erreglich ist als meiner und der in den Umständen, die ich mit Grauen hier erzähle, nichts mehr erblickt denn eine gewöhnliche Folge von ganz natürlichen Ursachen und Wirkungen.

Von Kindheit auf schon war ich bekannt für mein lenksames und menschenliebendes Wesen. Meine Herzensweichheit gar trat so auffällig hervor, daß ich darob von meinen Kameraden oft gehänselt wurde. Ich liebte vor allem die Tiere, und der Nachsicht meiner Eltern verdankte ich's, daß in unserm Hause zahlreiche vierbeinige Gefährten um mich waren. Mit ihnen verbrachte ich den größten Teil meiner Zeit, und kein größeres Glück kannt' ich, als sie füttern und streicheln zu dürfen. Diese Charaktereigenart wuchs mit mir, und da ich zum Manne geworden, bildete sie mir eine der Hauptquellen des Vergnügens. Allen denen, die einmal Zuneigung zu einem treuen und klugen Hunde hegten, brauche ich wohl kaum eigens die Natur beziehungsweise die Intensität der Befriedigung zu erklären, welche daraus erwächst. Es liegt etwas in der selbstlosen und aufopfernden Liebe der unvernünftigen

Kreatur, das greift einem jeden ans Herze, der häufig Gelegenheit hatte, die nichtswürdige Freundschaft und flüchtige Treue des bloßen *Menschen* zu erproben.

Ich heiratete früh und war glücklich, in meinem Weibe eine durchaus verwandte Seele zu finden. Da sie meine Vorliebe für Haustiere bemerkte, versäumte sie keine Gelegenheit, uns solche der reizendsten Art anzuschaffen. Wir hatten Vögel, Goldfische, einen schönen Hund, Kaninchen, ein kleines Äffchen und einen *Kater*.

Dieser letztere war ein bemerkenswert großes und schönes Tier, vollkommen schwarz und in geradezu erstaunlichem Maße klug. War von seiner Intelligenz die Rede, so spielte meine Frau, die im Herzen von rechtem Aberglauben angekränkelt war, des öftern auf den alten Volksglauben an, welcher alle schwarzen Katzen als verkleidete Hexen betrachtete. Nicht daß es ihr je *ernst* mit diesem Punkt gewesen wäre – ich erwähne die Sache überhaupt aus keinem bessern Grunde als dem, daß sie mir zufällig just eben jetzt ins Gedächtnis kam.

Pluto – so hieß der Kater – war mein Spielkamerad und mir von allen Haustieren das liebste. Ich allein fütterte ihn, und er begleitete mich auf allen meinen Gängen durch das Haus. Mit Mühe nur konnte ich ihn daran verhindern, mir auch noch durch die Straßen zu folgen.

Unsere Freundschaft dauerte in dieser Weise mehrere Jahre fort, während welcher mein allgemeines Temperament und Wesen – durch das Wirken des bösen Feindes Ausschweifung (schamrot gesteh' ich's) – eine radikale Veränderung zum Schlimmen erfuhr. Von Tag zu Tage ward ich übellaunischer, reizbarer und rücksichtsloser gegenüber den Gefühlen anderer. Ich ließ mich hinreißen, maßlose Worte gegen mein Weib zu gebrauchen. Schließlich gar tat ich ihr Gewalt an. Auch meine Haustiere bekamen natürlich den Wechsel in meiner Gemütsart zu spüren. Ich vernachlässigte sie nicht nur, ich mißhandelte sie. Für Pluto hatte ich grad noch soviel Rücksicht, daß ich ihn wenigstens nicht mutwillig quälte, indessen es den Kaninchen, dem Äffchen oder gar dem Hunde ohne Skrupel schlimm erging, wenn sie mir einmal durch Zufall oder aus Zuneigung in den Weg kamen. Doch mein Leiden – und welches Leiden ist dem Alkohol gleich? –, es wuchs und ward übergewaltig; und schließlich begann selbst Pluto, der jetzt langsam in die Jahre kam und infolgedessen ein bißchen

launisch wurde, die Wirkungen meiner inneren Zerrüttung zu erfahren.
Eines Nachts, da ich, schwer berauscht, von einem meiner Rundzüge durch die Stadt nach Hause kam, bildete ich mir ein, der Kater meide meine Nähe. Ich packte ihn – da brachte er mir, erschrocken ob meiner Heftigkeit, mit seinen Zähnen eine leichte Wunde an der Hand bei. Augenblicklich ergriff eine dämonische Wut von mir Besitz. Ich kannte mich selber nicht mehr. Das, was einmal meine Seele gewesen, schien wie mit einem Schlage aus meinem Körper entflohen; und eine mehr denn teuflische, vom Gin genährte Bosheit durchzuckte schauernd jede Fiber meines Leibes. Ich zog ein Federmesser aus der Westentasche, öffnete es, packte das arme Vieh bei der Kehle und schnitt ihm in voller Überlegung eines seiner Augen aus der Höhle! Ich werde rot, ich brenne, schaudere, während ich diese verdammenswerte Scheußlichkeit niederschreibe.
Als mit dem Morgen – da der Schlaf die Dunstwallungen der nächtlichen Ausschweifungen verscheucht hatte – die Vernunft wiederkehrte, durchrann mich ein Gefühl aus Grauen halb und halb aus Reue ob des Verbrechens, dessen ich schuldig geworden; doch war es bestenfalls ein schwaches und zweideutig schwankes Empfinden, das meine Seele unberührt ließ. Ich stürzte mich aufs neue in Exzesse und hatte bald im Weine jede Erinnerung an die Tat ertränkt.
Derweil erholte sich der Kater langsam wieder. Die Höhle des verlornen Auges bot, das muß ich sagen, einen wahrhaft fürchterlichen Anblick, doch Schmerzen schien das Tier nicht mehr zu leiden. Es lief ganz wie gewöhnlich durch das Haus, doch floh's, wie zu erwarten, in äußerstem Entsetzen, wenn ich näherkam. Noch hatt' ich immer soviel Herz in mir, daß mich's betrübte, diese offenbare Abneigung von einem Tiere zu erfahren, das mich einst so geliebt hatte. Doch dies Empfinden machte bald Gereiztheit Platz. Und dann kam, wie um mich endgültig und unwiderruflich zu vernichten, der Geist der *Perversheit* über mich.
Diesen Geist hat die Philosophie noch gar nicht zur Kenntnis genommen. Doch so gewiß ich bin, daß meine Seele lebt – nicht weniger bin ich's, daß die Perversheit einer der Urantriebe des menschlichen Herzens ist – eine der unteilbaren Grundfähigkeiten oder -empfindungen, welche dem Charakter des Menschen Rich-

tung geben. Wer hat sich nicht schon hundertmal dabei ertappt, daß er eine niederträchtige oder törichte Tat aus keinem andern Grunde beging denn aus dem Bewußtsein, daß sie ihm verboten sei? Verspüren wir denn nicht – wider all unser bestes Wissen – die fortwährende Neigung, das zu verletzen, was *Gesetz* ist, bloß weil wir es als solches begreifen? Dieser Geist der Perversheit kam, sag' ich, über mich, um mich endgültig zu vernichten. Es war dies unerforschliche Verlangen der Seele, *sich selbst zu quälen* – der eigenen Natur Gewalt anzutun – unrecht zu handeln allein um des Unrechts willen –, das mich drängte, die dem harmlosen Tiere zugefügte Unbill fortzusetzen und schließlich zu vollenden. Eines Morgens legt' ich ihm gänzlich kühlen Blutes eine Schlinge um den Hals und hängte es am Aste eines Baumes auf – erhängte es, indessen mir die Tränen aus den Augen strömten und die bitterste Reue mir das Herz zerriß – erhängte es, nur *weil* ich wußte, daß es mich geliebt hatte, und *weil* ich fühlte, es hatte mir keinerlei Grund zum Ärgernis gegeben – erhängte es, *weil* ich wußte, daß ich damit eine Sünde beging – eine Todsünde, die meine unsterbliche Seele so gefährden mußte, daß – wenn das möglich wäre – selbst die unendliche Gnade des allbarmherzigen und schrecklichen Gottes sie vielleicht nicht mehr zu retten vermochte.

In der Nacht nach jenem Tage, an dem die grausame Tat geschehen war, fuhr ich aus dem Schlaf und hörte ›Feuer!‹ rufen. Die Vorhänge meines Bettes standen in Flammen. Schon brannte das ganze Haus. Mit großer Mühe nur vermochten mein Weib, eine Dienerin und ich selber dem Glutmeer zu entkommen. Die Zerstörung war vollständig. Mein ganzer weltlicher Reichtum war dahin, und fortan überließ ich mich der Verzweiflung.

Ich stehe über der Schwäche, hier etwa zwischen dem Unglück und meiner Untat eine Beziehung wie von Ursache und Wirkung herstellen zu wollen. Doch lege ich eine *Kette* von Tatsachen dar, und darin soll, so wünsch' ich's, nicht das Kleinste fehlen, das möglicherweise ein Glied wäre. Am Tage nach dem Feuer besichtigte ich die Ruinen. Die Mauern waren – bis auf eine – eingestürzt. Diese eine stellte sich als nicht sehr dicke Innenwand heraus, die sich etwa in der Mitte des Hauses befand und an der das Kopfende meines Bettes gestanden hatte. Der Stuckverputz hatte hier in großem Maße dem Wirken des Feuers widerstanden – eine Tatsache, welche ich dem Umstand zuschrieb, daß er kürzlich erst frisch aufgetragen worden war. Um diese Mauer hatte sich eine dichte Menschenmenge versammelt, und viele Leute schienen mit sehr eifriger und minuziöser Aufmerksamkeit eine ganz bestimmte Stelle zu untersuchen. Die Worte »sonderbar!«, »eigenartig!« und andere ähnliche Ausdrückungen erregten meine Neugierde. Ich trat näher und erblickte, ganz als sei es ein Basrelief, in die weiße Fläche gegraben, die Gestalt einer riesigen *Katze*. Sie bot einen geradezu verblüffend natürlichen Eindruck. Um den Hals des Tieres war ein Strick geschlungen.

Beim ersten Anblick dieser geisterhaften Erscheinung – denn für ein andres konnte ich's kaum ansehn – geriet ich vor Verwundern und Entsetzen schier außer mich. Doch dann kam kühlere Erwägung mir zu Hilfe. Die Katze hatte, so entsann ich mich, in einem an das Haus angrenzenden Garten gehangen. Auf den Feueralarm hin hatte sich dieser Garten unmittelbar mit Menschen gefüllt – und einige aus der Menge mußten dann wohl das Tier vom Baume geschnitten und durch ein offnes Fenster in meine Kammer geworfen haben. Dies war vermutlich in der Absicht geschehen, mich aus dem Schlaf zu wecken. Der Fall der andern Wände hatte dann das Opfer meiner Grausamkeit in den frisch aufgetragenen Verputz gedrückt; dessen Kalk schließlich im Vereine mit den Flammen und dem von dem Kadaver entwickelten Ammoniak das Abbildnis so zustande brachte, wie ich's sah.

Obschon ich solcherart meiner Vernunft, wenn nicht gar meinem Gewissen gegenüber recht rasch eine Erklärung für den verstörenden Tatbestand, den ich soeben geschildert, bereit hatte, so verfehlte derselbe doch nicht, einen tiefen Eindruck auf meine Phantasie zu machen. Monatelang vermochte ich mich nicht von dem Trugbild der Katze zu befreien; und während dieser Zeit kehrte in meinen Geist ein Halbgefühl zurück, das Reue schien, doch aber keine war. Es kam so weit, daß ich Bedauern empfand über den Verlust des Tieres und mich in den elenden Kaschemmen, deren häufiger Besuch mir jetzt zur Gewohnheit geworden war, nach einem andern Haustiere von gleicher Art und einigermaßen ähnlicher Erscheinung umsah, das seine Stelle einnehmen sollte.

Eines Nachts, da ich halb betäubt in einer schon mehr als bloß verrufenen Spelunke hockte, ward meine Aufmerksamkeit ganz plötzlich auf ein schwarzes Etwas gelenkt, welches oben auf einem der ungeheuern Oxhofts voll Gin oder Rum ruhte, aus denen in der Hauptsache die Ausstattung des Raumes bestand. Ich hatte

schon einige Minuten lang beständig auf dieses Oxhoft gestarrt, und was mir nun Überraschung machte, war die Tatsache, daß mir das Etwas oben darauf bislang gänzlich entgangen war. Ich trat heran und berührte es mit der Hand. Es war ein schwarzer Kater – ein sehr großes Tier – genauso groß wie Pluto und ihm in jeder Hinsicht ganz ungemein ähnlich – bis auf einen Punkt. Pluto hatte nicht ein weißes Haar an seinem Leibe besessen; doch dieser Kater trug vorn einen großen, obschon unbestimmten weißen Flecken, welcher nahezu die ganze Brustpartie bedeckte.
Auf meine Berührung hin erhob er sich unmittelbar, schnurrte laut, schmiegte sich an meine Hand und schien über meine Aufmerksamkeit recht entzückt zu sein. Dies war genau ein Tier, wie ich es suchte. Ich erbot mich sogleich, es dem Wirte abzukaufen; doch der Mensch erhob gar keinen Anspruch darauf – wußte gar nichts davon – hatt' es noch nie zuvor auch nur gesehen.
Ich setzte mein Streicheln fort, und als ich mich fertig machte, um heim zu gehen, bezeigte das Tier eine deutliche Neigung, mich zu begleiten. Das verwehrte ich ihm nicht, und so gingen wir nebeneinander her, wobei ich mich gelegentlich bückte und ihm das Fell tätschelte. Als es das Haus erreichte, fühlte es sich sogleich dort heimisch und ward in kurzem der Liebling meiner Frau.
Was mich jedoch betrifft, so spürte ich bald rechte Abneigung gegen das Tier in mir aufsteigen. Dies war grad das Gegenteil dessen, was ich eigentlich erwartet hatte; doch – ich weiß nicht, wie es kam und warum es so war – seine offensichtliche Neigung zu mir bereitete mir Ekel und Verdruß. Ganz langsam und allmählich wandelten sich diese Empfindungen in bitterlichen Haß. Ich mied die Kreatur, wo ich's nur konnte; wobei mich ein gewisses Schamgefühl und die Erinnerung an meine frühere grausame Tat daran verhinderten, ihr körperlich ein Leid zu tun. Wochenlang bekam sie weder Schläge noch irgend andere schwere Mißhandlungen von mir zu spüren; aber allmählich – ganz langsam und allmählich – kam's dahin, daß ich sie nur mit unaussprechlichem Widerwillen noch betrachten konnte und schweigend ihre verhaßte Gegenwart floh wie den Hauch der Pestilenz.
Was ohne Zweifel meinem Hasse auf das Tier hinzukam, war – an dem Morgen, nachdem ich es mit heimgebracht – die Entdeckung, daß es ganz ebenso wie Pluto eines seiner Augen eingebüßt hatte. Dieser Umstand machte es jedoch nur um so teurer für mein Weib,

das, wie ich schon gesagt habe, in hohem Grade jene Menschlichkeit des Fühlens besaß, welche einst mein eignes Wesen ausgezeichnet und die Quelle vieler meiner schlichtesten und reinsten Freuden gebildet hatte.
Mit meiner Aversion gegen diesen Kater jedoch schien gleichzeitig seine Vorliebe für mich zu wachsen. Stets folgte er meinen Spuren mit einer Hartnäckigkeit, welche dem Leser begreiflich zu machen schwerfallen würde. Wann immer ich mich irgendwo niederließ, kroch er unter meinen Stuhl, um sich dort hinzukuscheln, oder sprang mir auf die Knie, um mich mit seinen widerwärtigen Liebkosungen zu bedecken. Erhob ich mich, um zu gehen, so geriet er mir zwischen die Füße und brachte mich dadurch fast zu Fall, oder er schlug seine langen und scharfen Krallen in meinen Anzug und kletterte mir in dieser Weise zur Brust hinauf. Obschon es mich zu solchen Zeiten verlangte, ihn mit einem Hieb zu erschlagen, hielt mich doch immer wieder etwas davon ab: zum Teil war's die Erinnerung an mein früheres Verbrechen, doch in der Hauptsache – ich will's nur gleich gestehen – war's regelrechte *Furcht* vor diesem Tiere. Es war dies freilich durchaus keine Furcht vor körperlichem Schaden – und doch wieder wäre ich verlegen, wie anders ich's beschreiben sollte. Fast ist es mir genierlich zu bekennen – ja, selbst in dieser Verbrecherzelle hier befällt mich nachgerade Scham bei dem Geständnis, daß all das Entsetzen und Grauen, welches das Tier mir eingeflößt hatte, recht eigentlich erhöht worden waren durch ein Hirngespinst, wie man es sich kaum trügerischer vorzustellen vermag. Mehr denn einmal hatte meine Frau mein Aufmerken auf die Bildung jenes Flecks von weißem Haar gelenkt, von welchem ich zuvor schon berichtet habe und das den einzigen sichtbaren Unterschied zwischen dem fremden, neuen Tiere und jenem, das ich umgebracht, ausmachte. Der Leser wird sich erinnern, daß dieser Fleck, wennschon groß, ursprünglich sehr unbestimmt gewesen war; doch nach und nach, ganz langsam und allmählich – ja, fast kaum wahrnehmbar, so daß meine Vernunft sich lange Zeit mühte, das Ganze als phantastisch abzutun – hatte er am Ende einen schauerlich eindeutigen Umriß angenommen. Es war nun die Darstellung eines Gegenstandes, den zu nennen es mich graut – und um dessentwillen ich vor allem Ekel litt und Angst und gern des Untiers mich entledigt hätte, *hätt' ich's nur gewagt!* – es war nun, sage ich, das Abbild eines scheußlichen, gespensterlichen Dinges –

war das Bild des *Galgens*! – oh, grausig, gräßlich Werkzeug des Entsetzens und des Verbrechens – der Seelenangst – des Tods!
Und nun erst wahrlich übertraf mein Elend den ganzen Jammer menschlicher Natur. Und nur ein *unvernünftiges Geschöpf* – dess' Artgenossen ich verachtungsvoll getötet – ein *rohes Vieh* vollbracht' es, mir – *mir*, einem Menschen, geschaffen nach dem Bild des Höchsten Gottes – so viel unsägliches, so unerträgliches Weh-Leiden zu bereiten! Ach! nicht bei Tage noch tief in der Nacht erfuhr ich mehr die Segnungen der Ruhe! Bei Tage ließ die Kreatur mich nicht mehr einen Augenblick allein; und in der Nacht fuhr ich aus unaussprechlich grausem Angstgeträum wohl stündlich auf, nur um den Atem *des Dinges* heiß auf dem Gesicht zu spüren und sein erdrückendes Gewicht – das eines fleischgewordnen Albs, den abzuschütteln ich die Kraft nicht hatte – nun auch im Wach-Sein ewig auf dem *Herzen!*
Unter dem Druck von Qualen wie diesen mußte der schwache Rest des Guten in mir zum Erliegen kommen. Böse Gedanken wurden meine einzigen Vertrauten – die finstersten und schlimmsten aller Gedanken. Die Verdrießlichkeit meines gewöhnlichen Naturells wuchs zum Haß auf alle Dinge und die ganze Menschheit; indessen mein Weib als ach! die stillste aller Dulderinnen klaglos all die häufigen, jähen und unbezwinglichen Ausbrüche der Wut über sich ergehen ließ, denen ich mich blind und rücksichtslos hingab.
Eines Tages begleitete sie mich auf irgendeinem Haushaltsgange in den Keller des alten Gebäudes, das unsre Armut uns nun zu bewohnen zwang. Der Kater folgte mir die steilen Stufen hinab, und als ich seinetwegen einmal fast der Länge nach hingeschlagen wäre, packte mich eine wahnsinnige Wut. Mit einemmal hatte ich in meinem Grimm die kindische Furcht vergessen, welche meiner Hand bis hierher Einhalt getan; ich packte eine Axt, holte aus und führte einen Streich nach dem Tiere, der ihm gewiß im Augenblick verhängnisvoll geworden wäre, hätte er so getroffen, wie ich's wünschte. Doch dieser Schlag ward von der Hand meines Weibes aufgehalten! Ob dieser Einmischung wandelte sich meine Wut in mehr denn dämonisches Rasen: – ich entzog meinen Arm ihrem Griffe und grub ihr die Axt ins Hirn. Ohne auch nur einen Seufzer fiel sie auf dem Fleck tot nieder.
Kaum war diese scheußliche Mordtat vollbracht, so begab ich mich alsbald in voller Überlegung ans Werk, den Leichnam zu

verbergen. Ich wußte, daß ich ihn weder bei Tage noch bei Nacht aus dem Hause bringen konnte, ohne Gefahr zu laufen, von den Nachbarn bemerkt zu werden. Mancherlei Projekte kamen mir in den Sinn. Eine Zeitlang dachte ich daran, die Leiche in winzige Stücke zu schneiden und diese durch Feuer zu vernichten. Ein andermal faßte ich den Entschluß, im Kellerboden ein Grab dafür auszuheben. Dann wieder erwog ich, sie in den Brunnen im Hof zu werfen – sie unter den üblichen Vorkehrungen wie eine Handelsware in eine Kiste zu packen und diese dann durch einen Dienstmann aus dem Hause schaffen zu lassen. Schließlich verfiel ich auf etwas, das ich für einen weit bessern Ausweg ansah denn das bisherige. Ich beschloß, die Leiche im Keller einzumauern – ganz wie's die Mönche des Mittelalters mit ihren Opfern getan haben sollen.

Für einen Zweck wie diesen war der Keller recht wohl geeignet. Seine Wände bestanden aus ziemlich lockerem Mauerwerk und waren erst kürzlich durchwegs mit einem groben Mörtel verputzt worden, dessen Hartwerden die dumpfe Feuchtigkeit der Atmosphäre verhindert hatte. Überdem befand sich an einer der Mauern ein Vorsprung, bedingt durch einen blinden Schornstein oder Kamin, und ihn hatte man aufgefüllt und dem übrigen Keller angeglichen. Ich zeigte keine Zweifel, daß ich an dieser Stelle leicht die Ziegel entfernen, den Leichnam hineinbringen und das Ganze wieder aufmauern könnte wie zuvor, ohne daß hernach ein Auge noch irgend Verdächtiges zu bemerken vermöchte.

Und in dieser Berechnung sah ich mich auch nicht getäuscht. Mit der Hilfe einer Brechstange entfernte ich die Ziegel, und nachdem ich den Körper sorgfältig an die Innenwand gelehnt hatte, stützte ich ihn in dieser Haltung ab und führte sodann ohne viel Schwierigkeit die ganze Mauer wieder auf, wie sie ursprünglich gestanden hatte. Mörtel, Sand und Mauerwolle hatte ich bereits unter allen möglichen Vorsichtsmaßregeln besorgt; so rührte ich jetzt einen Verputz an, der von dem alten nicht zu unterscheiden war, und strich ihn sehr sorgfältig auf das neue Mauerwerk. Als ich damit fertig war, fand ich alles zu meiner Zufriedenheit gelungen. Man sah der Wand auch nicht die mindeste Veränderung an. Der Schutt auf dem Boden wurde mit der peinlichsten Sorgfalt aufgekehrt. Ich blickte triumphierend in die Runde und sprach zu mir selbst: ›Also hier wenigstens ist meine Mühe nicht vergeblich gewesen.‹

Mein nächster Schritt bestand darin, nach dem Tiere Ausschau zu

halten, das die Ursache so vielen Elends gewesen war; denn ich hatte mich unterweil fest entschlossen, es zu Tode zu bringen. Wär' ich's in diesem Augenblick imstande gewesen, es zu erreichen, sein Schicksal hätte keinem Zweifel unterlegen; doch wie es schien, war das verschlagene Biest ob der Heftigkeit meines frühern Wutanfalles in Unruhe geraten und vermied es, mir bei meiner gegenwärtigen Gemütslage über den Weg zu kommen. Es ist unmöglich, zu beschreiben oder auch nur sich vorzustellen, welch tiefes, welch beseligendes Gefühl der Erleichterung mir die Abwesenheit der verhaßten Kreatur im Busen schuf. Sie trat die ganze Nacht nicht in Erscheinung – und somit war es mir, seit ich sie damals mit ins Haus gebracht, für eine Nacht zum mindesten gegeben, gesund und seelenruhig auszuschlafen; jawohl, *zu schlafen* – selbst noch mit der Last des Mordes auf der Seele!
Der zweite und der dritte Tag vergingen, und immer noch erschien mein Quälgeist nicht. Oh, endlich wieder atmete ich als ein freier Mensch! Das Untier war aus Schreck für immer aus dem Haus geflohen! Ich würd' es nimmer wiedersehen müssen! Mir schwindelte vor Glück! Die Sorge vor den Folgen meiner finstern Tat störte mich dabei nur wenig. Wohl war es zu einigen Vernehmungen gekommen, doch hatte ich alle Fragen prompt und glatt beantwortet. Sogar eine Haussuchung war schließlich vorgenommen worden – aber zu entdecken war natürlich nichts. Ich betrachtete mein Zukunftsglück als gesichert.
Am vierten Tage nach dem Meuchelmord kam sehr unerwarteterweise eine Gruppe Polizisten in das Haus und ging abermals daran, das ganze Grundstück rigoros zu durchsuchen. Sicher jedoch, daß mein Versteckort unauffindbar sei, empfand ich nicht die mindeste Beunruhigung. Die Beamten baten mich mit einiger Bestimmtheit, sie auf ihrem Rundgang zu begleiten. Sie ließen keinen Winkel, keine Ecke undurchsucht. Schließlich stiegen sie, zum dritten oder vierten Male schon, in den Keller hinab. Ich zuckte nicht mit der Wimper. Mein Herz schlug ganz so ruhig wie bei einem Menschen, der in unschuldigem Schlummer liegt. Ich durchmaß den Keller von einem Ende zum andern. Ich verschränkte die Arme über der Brust und schritt in völliger Gelassenheit auf und ab. Die Polizei war ganz und gar zufriedengestellt und schickte sich zum Gehen an. Da war die Freude in meinem Herzen zu mächtig, als daß ich sie hätte zurückhalten können. Ich brannte darauf, meinem Triumph Ausdruck zu geben, und sei's

mit einem Wort nur, und sie in ihrer Überzeugung von meiner Schuldlosigkeit doppelt sicher zu machen.

»Meine Herren«, sagte ich denn schließlich, als die Gesellschaft bereits die Stufen hinanstieg, »ich bin entzückt, Ihre schlimmen Verdächtigungen entkräftet zu haben. Ich wünsche Ihnen alles Gute und ein bißchen mehr Höflichkeit. Übrigens, meine Herren, das Haus – dies Haus hier – ist doch ein sehr solider Bau, finden Sie nicht auch?« (In meinem tollen Verlangen, irgend etwas leichten Sinns zu sagen, wußte ich kaum noch, was ich da eigentlich redete.) »Ja, ich darf wohl sagen, ein geradezu prachtvoll solider Bau! Diese Wände – ah, Sie wollen schon gehen, meine Herren? – diese Wände – alles grundmassive Mauern – – –« Und damit pochte ich, aus bloßem wahnwitzigem Übermut, mit einem Stocke, den ich in der Hand hielt, genau auf diejenige Stelle des Ziegelwerks, dahinter der Leichnam meines Herzensweibes stand.

Doch mög' mich Gott beschirmen und beschützen vor den Fängen des Erzfeindes! Noch waren meine Schläge nicht in der Stille verhallt, da schallte es mir Antwort aus dem Grabesinnern! – ein Stimmlaut – wie ein Weinen, erst gedämpft, gebrochen, dem Wimmern eines Kindes gleich, doch dann – dann schnell anschwellend in ein einziges grelles, lang anhaltendes Geschrei – ein Heulen – ein Klang-Geschrill, aus Grauen halb und halb aus Triumph gemischt, so widermenschlich und -natürlich, daß es nur aus der Hölle selbst heraufgedrungen sein konnte, vereinigt aus den Kehlen der Verdammten in ihrer Pein und der Dämonen, die ob der Qualen jauchzen und frohlocken.

Was soll ich noch von meinen eigenen Gedanken sprechen! Mit schwindenden Sinnen taumelte ich zur gegenüberliegenden Wand hinüber. Einen Augenblick lang blieb die Gesellschaft auf der Treppe reglos, im Unmaß des Entsetzens und des Grauens. Doch schon im nächsten mühten sich ein Dutzend derbe Arme an der Mauer. Sie fiel zusammen. Der Leichnam, schon stark verwest und von Blut rünstig, stand aufrecht vor den Augen der Betrachter. Auf seinem Kopfe aber saß, mit rot aufgerissenem Rachen und feuersprühendem Einzelaug', die scheußliche Bestie, deren Verschlagenheit mich zum Morde verführt und deren anklagende Stimme mich dem Henker überliefert hatte. Ich hatte das Untier mit ins Grab gemauert!

Theodor Storm

Bulemanns Haus

In einer norddeutschen Seestadt, in der sogenannten Düsternstraße, steht ein altes verfallenes Haus. Es ist nur schmal, aber drei Stockwerke hoch; in der Mitte desselben, vom Boden bis fast in die Spitze des Giebels, springt die Mauer in einem erkerartigen Ausbau vor, welcher für jedes Stockwerk nach vorne und an den Seiten mit Fenstern versehen ist, so daß in hellen Nächten der Mond hindurchscheinen kann.
Seit Menschengedenken ist niemand in dieses Haus hinein- und niemand hinausgegangen; der schwere Messingklopfer an der Haustür ist fast schwarz vor Grünspan, zwischen den Ritzen der Treppensteine wächst jahraus, jahrein das Gras. Wenn ein Fremder fragt: »Was ist denn das für ein Haus?«, so erhält er gewiß zur Antwort: »Es ist Bulemanns Haus«; wenn er aber weiter fragt: »Wer wohnt denn darin?« so antworten sie ebenso gewiß: »Es wohnt so niemand darin.« Die Kinder auf den Straßen und die Ammen an der Wiege singen:

> In Bulemanns Haus,
> In Bulemanns Haus,
> Da gucken die Mäuse
> Zum Fenster hinaus.

Und wirklich wollen lustige Brüder, die von nächtlichen Schmäusen dort vorbeigekommen, ein Gequieke wie von unzähligen Mäusen hinter den dunklen Fenstern gehört haben. Einer, der im Übermut den Türklopfer anschlug, um den Widerhall durch die öden Räume schollern zu hören, behauptet sogar, er habe drinnen auf den Treppen ganz deutlich das Springen großer Tiere gehört. »Fast«, pflegt er, dies erzählend, hinzuzusetzen, »hörte es sich an wie die Sprünge der großen Raubtiere, welche in der Menageriebude auf dem Rathausmarkte gezeigt wurden.«
Das gegenüberstehende Haus ist um ein Stockwerk niedriger, so daß nachts das Mondlicht ungehindert in die oberen Fenster des alten Hauses fallen kann. Aus einer solchen Nacht hat auch der

Wächter etwas zu erzählen, aber es ist nur ein kleines altes Menschenantlitz mit einer bunten Zipfelmütze, das er droben hinter den runden Erkerfenstern gesehen haben will. Die Nachbarn dagegen meinen, der Wächter sei wieder einmal betrunken gewesen: sie hätten drüben an den Fenstern niemals etwas gesehen, das einer Menschenseele gleich gewesen.

Am meisten Auskunft scheint noch ein alter, in einem entfernten Stadtviertel lebender Mann geben zu können, der vor Jahren Organist an der St.-Magdalenen-Kirche gewesen ist. »Ich entsinne mich«, äußerte er, als er einmal darüber befragt wurde, »noch sehr wohl des hageren Mannes, der während meiner Knabenzeit allein mit einer alten Weibsperson in jenem Hause wohnte. Mit meinem Vater, der ein Trödler gewesen ist, stand er ein paar Jahre lang in lebhaftem Verkehr, und ich bin derzeit manches Mal mit Bestellungen an ihn geschickt worden. Ich weiß auch noch, daß ich nicht gern diese Wege ging und oft allerlei Ausflucht suchte; denn selbst bei Tage fürchtete ich mich, dort die schmalen dunklen Treppen zu Herrn Bulemanns Stube im dritten Stockwerk hinaufzusteigen. Man nannte ihn unter den Leuten den ›Seelenverkäufer‹; und schon dieser Name erregte mir Angst, zumal daneben allerlei unheimlich Gerede über ihn im Schwange ging. Er war, ehe er nach seines Vaters Tode das alte Haus bezogen, viele Jahre als Superkargo auf Westindien gefahren. Dort sollte er sich mit einer Schwarzen verheiratet haben; als er aber heimgekommen, hatte man vergebens darauf gewartet, eines Tages auch jene Frau mit einigen dunklen Kindern anlangen zu sehen. Und bald hieß es, er habe auf der Rückfahrt ein Sklavenschiff getroffen und an den Kapitän desselben sein eigen Fleisch und Blut nebst ihrer Mutter um schnödes Gold verkauft. Was Wahres an solchen Reden gewesen, vermag ich nicht zu sagen«, pflegte der Greis hinzuzusetzen, »denn ich will auch einem Toten nicht zu nahe treten; aber soviel ist gewiß, ein geiziger und menschenscheuer Kauz war es, und seine Augen blickten auch, als hätten sie bösen Taten zugesehen. Kein Unglücklicher und Hilfesuchender durfte seine Schwelle betreten; und wann immer ich damals dort gewesen, stets war von innen die eiserne Kette vor die Tür gelegt. Wenn ich dann den schweren Klopfer wiederholt hatte anschlagen müssen, so hörte ich wohl von der obersten Treppe herab die scheltende Stimme des Hausherrn: ›Frau Anken! Frau Anken! Ist Sie taub?

Hört Sie nicht, es hat geklopft!‹ Alsbald ließen sich aus dem Hinterhause über Pesel und Korridor die schlurfenden Schritte des alten Weibes vernehmen. Bevor sie aber öffnete, fragte sie hüstelnd: ›Wer ist es denn?‹, und erst, wenn ich geantwortet hatte: ›Es ist der Leberecht!‹, wurde die Kette drinnen abgehakt. Wenn ich dann hastig die siebenundsiebzig Treppenstufen – denn ich habe sie einmal gezählt – hinaufgestiegen war, pflegte Herr Bulemann auf dem kleinen dämmerigen Flur vor seinem Zimmer schon auf mich zu warten; in dieses selbst hat er mich nie hineingelassen. Ich sehe ihn noch, wie er in seinem gelbgeblümten Schlafrocke mit der spitzen Zipfelmütze vor mir stand, mit der einen Hand rücklings die Klinke seiner Zimmertür haltend. Während ich mein Gewerbe bestellte, pflegte er mich mit seinen grellen runden Augen ungeduldig anzusehen und mich darauf hart und kurz abzufertigen. Am meisten erregten damals meine Aufmerksamkeit ein paar ungeheure Katzen, eine gelbe und eine schwarze, die sich mitunter hinter ihm aus seiner Stube drängten und ihre dicken Köpfe an seinen Knien rieben. Nach einigen Jahren hörte indessen der Verkehr mit meinem Vater auf, und ich bin nicht mehr dort gewesen. Dies alles ist nun über siebzig Jahre her, und Herr Bulemann muß längst dahin getragen sein, von wannen niemand wiederkehrt.« – Der Mann irrte sich, als er so sprach. Herr Bulemann ist nicht aus seinem Hause getragen worden; er lebt darin noch jetzt.

Das aber ist so zugegangen.

Vor ihm, dem letzten Besitzer, noch um die Zopf- und Haarbeutelzeit, wohnte in jenem Hause ein Pfandverleiher, ein altes verkrümmtes Männchen. Da er sein Gewerbe mit Umsicht seit über fünf Jahrzehnten betrieben hatte und mit einem Weibe, das ihm seit dem Tode seiner Frau die Wirtschaft führte, aufs spärlichste lebte, so war er endlich ein reicher Mann geworden. Dieser Reichtum bestand aber zumeist in einer fast unübersehbaren Menge von Pretiosen, Geräten und seltsamstem Trödelkram, was er alles von Verschwendern oder Notleidenden im Laufe der Jahre als Pfand erhalten hatte und das dann, da die Rückzahlung des darauf gegebenen Darlehens nicht erfolgte, in seinem Besitz zurückgeblieben war. Da er bei einem Verkauf dieser Pfänder, welcher gesetzlich durch die Gerichte geschehen mußte, den Überschuß des Erlöses an die Eigentümer hätte herausgeben müssen, so häufte er sie lieber in den großen Nußbaumschränken

auf, mit denen zu diesem Zwecke nach und nach die Stuben des ersten und endlich auch des zweiten Stockwerks besetzt wurden. Nachts aber, wenn Frau Anken im Hinterhause in ihrem einsamen Kämmerchen schnarchte und die schwere Kette vor der Haustür lag, stieg er oft mit leisem Tritt die Treppen auf und ab. In seinen hechtgrauen Rockelor eingeknöpft, in der einen Hand die Lampe, in der andern das Schlüsselbund, öffnete er bald im ersten, bald im zweiten Stockwerke die Stuben- und die Schranktüren, nahm hier eine goldene Repetieruhr, dort eine emaillierte Schnupftabaksdose aus dem Versteck hervor und berechnete bei sich die Jahre ihres Besitzes und ob die ursprünglichen Eigentümer dieser Dinge wohl verkommen und verschollen seien oder ob sie noch einmal mit dem Gelde in der Hand wiederkehren und ihre Pfänder zurückfordern könnten.
Der Pfandverleiher war endlich im äußersten Greisenalter von seinen Schätzen weggestorben und hatte das Haus nebst den vollen Schränken seinem einzigen Sohne hinterlassen müssen, den er während seines Lebens auf jede Weise daraus fernzuhalten gewußt hatte.
Dieser Sohn war der von dem kleinen Leberecht so gefürchtete Superkargo, welcher eben von einer überseeischen Fahrt in seine Vaterstadt zurückgekehrt war. Nach dem Begräbnis des Vaters gab er seine früheren Geschäfte auf und bezog dessen Zimmer im dritten Stock des alten Erkerhauses, wo nun statt des verkrümmten Männchens im hechtgrauen Rockelor eine lange hagere Gestalt im gelbgeblümten Schlafrock und bunter Zipfelmütze auf und ab wandelte oder rechnend an dem kleinen Pulte des Verstorbenen stand. Auf Herrn Bulemann hatte sich indessen das Behagen des alten Pfandverleihers an den aufgehäuften Kostbarkeiten nicht vererbt. Nachdem er bei verriegelten Türen den Inhalt der großen Nußbaumschränke untersucht hatte, ging er mit sich zu Rate, ob er den heimlichen Verkauf dieser Dinge wagen solle, die immer noch das Eigentum andrer waren und an deren Wert er nur auf Höhe der ererbten und, wie die Bücher ergaben, meist sehr geringen Darlehnsforderung einen Anspruch hatte. Aber Herr Bulemann war keiner von den Unentschlossenen. Schon in wenigen Tagen war die Verbindung mit einem in der äußersten Vorstadt wohnenden Trödler angeknüpft, und nachdem man einige Pfänder aus den letzten Jahren zurückgesetzt hatte, wurde heimlich und vorsichtig der bunte Inhalt der großen Nußbaum-

schränke in gediegene Silbermünzen umgewandelt. Das war die Zeit, wo der Knabe Leberecht ins Haus gekommen war. Das gelöste Geld tat Herr Bulemann in große eisenbeschlagene Kasten, welche er nebeneinander in seine Schlafkammer setzen ließ, denn bei der Rechtlosigkeit seines Besitzes wagte er nicht, es auf Hypotheken auszutun oder sonst öffentlich anzulegen.
Als alles verkauft war, machte er sich daran, sämtliche für die mögliche Zeit seines Lebens denkbare Ausgaben zu berechnen. Er nahm dabei ein Alter von neunzig Jahren in Ansatz und teilte dann das Geld in einzelne Päckchen je für eine Woche, indem er auf jedes Quartal noch ein Röllchen für unvorhergesehene Ausgaben dazulegte. Dieses Geld wurde für sich in einen Kasten gelegt, welcher nebenan in dem Wohnzimmer stand, und alle Sonnabendmorgen erschien Frau Anken, die alte Wirtschafterin, die er aus der Verlassenschaft seines Vaters mit übernommen hatte, um ein neues Päckchen in Empfang zu nehmen und über die Verausgabung des vorigen Rechenschaft zu geben.
Wie schon erzählt, hatte Herr Bulemann Frau und Kinder nicht mitgebracht, dagegen waren zwei Katzen von besonderer Größe, eine gelbe und eine schwarze, am Tage nach der Beerdigung des alten Pfandverleihers durch einen Matrosen in einem fest zugebundenen Sacke von Bord des Schiffes ins Haus getragen worden. Diese Tiere waren bald die einzige Gesellschaft ihres Herrn. Sie erhielten mittags ihre eigene Schüssel, die Frau Anken unter verbissenem Ingrimm tagaus und -ein für sie bereiten mußte; nach dem Essen, während Herr Bulemann sein kurzes Mittagsschläfchen abtat, saßen sie gesättigt neben ihm auf dem Kanapee, ließen ein Läppchen Zunge hervorhängen und blinzelten ihn schläfrig aus ihren grünen Augen an. Waren sie in den unteren Räumen des Hauses auf der Mausjagd gewesen, was ihnen indessen immer einen heimlichen Fußtritt von dem alten Weibe eintrug, so brachten sie gewiß die gefangenen Mäuse zuerst ihrem Herrn im Maule hergeschleppt und zeigten sie ihm, ehe sie unter das Kanapee krochen und sie verzehrten. War dann die Nacht gekommen und hatte Herr Bulemann die bunte Zipfelmütze mit einer weißen vertauscht, so begab er sich mit seinen beiden Katzen in das große Gardinenbett im Nebenkämmerchen, wo er sich durch das gleichmäßige Spinnen der zu seinen Füßen eingewühlten Tiere in den Schlaf bringen ließ.
Dieses friedliche Leben war indes nicht ohne Störung geblieben.

Im Laufe der ersten Jahre waren dennoch einzelne Eigentümer der verkauften Pfänder gekommen und hatten gegen Rückzahlung des darauf erhaltenen Sümmchens die Auslieferung ihrer Pretiosen verlangt. Und Herr Bulemann, aus Furcht vor Prozessen, wodurch sein Verfahren in die Öffentlichkeit hätte kommen können, griff in seine große Kasten und erkaufte sich durch größere oder kleinere Abfindungssummen das Schweigen der Beteiligten. Das machte ihn noch menschenfeindlicher und verbissener. Der Verkehr mit dem alten Trödler hatte längst aufgehört; einsam saß er auf seinem Erkerstübchen mit der Lösung eines schon oft gesuchten Problems, der Berechnung eines sichern Lotteriegewinnes, beschäftigt, wodurch er dermaleinst seine Schätze ins Unermeßliche zu vermehren gedachte. Auch Graps und Schnores, die beiden großen Kater, hatten jetzt unter seiner Laune zu leiden. Hatte er sie in dem einen Augenblick mit seinen langen Fingern getätschelt, so konnten sie sich im andern, wenn etwa die Berechnung auf den Zahlentafeln nicht stimmen wollte, eines Wurfs mit dem Sandfaß oder der Papierschere versehen, so daß sie heulend in die Ecke hinkten.

Herr Bulemann hatte eine Verwandte, eine Tochter seiner Mutter aus erster Ehe, welche indessen schon bei dem Tode dieser wegen ihrer Erbansprüche abgefunden war und daher an die von ihm ererbten Schätze keine Ansprüche hatte. Er kümmerte sich jedoch nicht um diese Halbschwester, obgleich sie in einem Vorstadtviertel in den dürftigsten Verhältnissen lebte, denn noch weniger als mit andern Menschen liebte Herr Bulemann den Verkehr mit dürftigen Verwandten. Nur einmal, als sie kurz nach dem Tode ihres Mannes in schon vorgerücktem Alter ein kränkliches Kind geboren hatte, war sie hilfesuchend zu ihm gekommen. Frau Anken, die sie eingelassen, war horchend unten auf der Treppe sitzen geblieben, und bald hatte sie von oben die scharfe Stimme ihres Herrn gehört, bis endlich die Tür aufgerissen worden und die Frau weinend die Treppe herabgekommen war. Noch an demselben Abend hatte Frau Anken die strenge Weisung erhalten, die Kette fürderhin nicht von der Haustür zu ziehen, falls etwa die Christine noch einmal wiederkommen sollte.

Die Alte begann sich immer mehr vor der Hakennase und den grellen Eulenaugen ihres Herrn zu fürchten. Wenn er oben am Treppengeländer ihren Namen rief oder auch, wie er es vom Schiffe her gewohnt war, nur einen schrillen Pfiff auf seinen

Fingern tat, so kam sie gewiß, in welchem Winkel sie auch sitzen mochte, eiligst hervorgekrochen und stieg stöhnend, Schimpf- und Klageworte vor sich herplappernd, die schmalen Treppen hinauf.
Wie aber in dem dritten Stockwerk Herr Bulemann, so hatte in den unteren Zimmern Frau Anken ihre ebenfalls nicht ganz rechtlich erworbenen Schätze aufgespeichert. Schon in dem ersten Jahre ihres Zusammenlebens war sie von einer Art kindischer Angst befallen worden, ihr Herr könne einmal die Verausgabung des Wirtschaftsgeldes selbst übernehmen und sie werde dann bei dem Geize desselben noch auf ihre alten Tage Not zu leiden haben. Um dieses abzuwenden, hatte sie ihm vorgelogen, der Weizen sei aufgeschlagen, und demnächst die entsprechende Mehrsumme für den Brotbedarf gefordert. Der Superkargo, der eben seine Lebensrechnung begonnen, hatte scheltend seine Papiere zerrissen und darauf seine Rechnung von vorn wiederaufgestellt und den Wochenrationen die verlangte Summe zugesetzt. Frau Anken aber, nachdem sie ihren Zweck erreicht, hatte zur Schonung ihres Gewissens und des Sprichworts gedenkend: »Geschleckt ist nicht gestohlen«, nun nicht die überschüssig empfangenen Schillinge, sondern regelmäßig nur die dafür gekauften Weizenbrötchen unterschlagen, mit denen sie, da Herr Bulemann niemals die unteren Zimmer betrat, nach und nach die ihres kostbaren Inhalts beraubten großen Nußbaumschränke anfüllte.
So mochten etwa zehn Jahre verflossen sein. Herr Bulemann wurde immer hagerer und grauer, sein gelbgeblümter Schlafrock immer fadenscheiniger. Dabei vergingen oft Tage, ohne daß er den Mund zum Sprechen geöffnet hätte, denn er sah keine lebenden Wesen als die beiden Katzen und seine alte halb kindische Haushälterin. Nur mitunter, wenn er hörte, daß unten die Nachbarskinder auf den Prellsteinen vor seinem Hause ritten, steckte er den Kopf ein wenig aus dem Fenster und schalt mit seiner scharfen Stimme in die Gasse hinab. »Der Seelenverkäufer, der Seelenverkäufer!« schrien dann die Kinder und stoben auseinander. Herr Bulemann aber fluchte und schimpfte noch ingrimmiger, bis er endlich schmetternd das Fenster zuschlug und drinnen Graps und Schnores seinen Zorn entgelten ließ.
Um jede Verbindung mit der Nachbarschaft auszuschließen, mußte Frau Anken schon seit geraumer Zeit ihre Wirtschaftseinkäufe in entlegenen Straßen machen. Sie durfte jedoch erst mit dem

Eintritt der Dunkelheit ausgehen und mußte dann die Haustür hinter sich verschließen.
Es mochte acht Tage vor Weihnachten sein, als die Alte wiederum eines Abends zu solchem Zwecke das Haus verlassen hatte. Trotz ihrer sonstigen Sorgfalt mußte sie sich indessen diesmal einer Vergessenheit schuldig gemacht haben. Denn als Herr Bulemann eben mit dem Schwefelholz sein Talglicht angezündet hatte, hörte er zu seiner Verwunderung es draußen auf den Stiegen poltern, und als er mit vorgehaltenem Lichte auf den Flur hinaustrat, sah er seine Halbschwester mit einem bleichen Knaben vor sich stehen.
»Wie seid ihr ins Haus gekommen?« herrschte er sie an, nachdem er sie einen Augenblick erstaunt und ingrimmig angestarrt hatte.
»Die Tür war offen unten«, sagte die Frau schüchtern.
Er murmelte einen Fluch auf seine Wirtschafterin zwischen den Zähnen.
»Was willst du?« fragte er dann.
»Sei doch nicht so hart, Bruder«, bat die Frau, »ich habe sonst nicht den Mut, zu dir zu sprechen.«
»Ich wüßte nicht, was du mit mir zu sprechen hättest; du hast dein Teil bekommen, wir sind fertig miteinander.«
Die Schwester stand schweigend vor ihm und suchte vergebens nach dem rechten Worte. Drinnen wurde wiederholt ein Kratzen an der Stubentür vernehmbar. Als Herr Bulemann zurückgelangt und die Tür geöffnet hatte, sprangen die beiden großen Katzen auf den Flur hinaus und strichen spinnend an dem blassen Knaben herum, der sich furchtsam vor ihnen an die Wand zurückzog. Ihr Herr betrachtete ungeduldig die noch immer schweigend vor ihm stehende Frau. »Nun, wird's bald?« fragte er.
»Ich wollte dich um etwas bitten, Daniel«, hub sie endlich an. »Dein Vater hat ein paar Jahre vor seinem Tode, da ich in bitterster Not war, ein silbern Becherlein von mir in Pfand genommen.«
»Mein Vater von dir?« fragte Herr Bulemann.
»Ja, Daniel, dein Vater, der Mann von unser beiden Mutter. Hier ist der Pfandschein; er hat mir nicht zu viel darauf gegeben.«
»Weiter!« sagte Herr Bulemann, der mit raschem Blick die leeren Hände seiner Schwester gemustert hatte.
»Vor einiger Zeit«, fuhr sie zaghaft fort, »träumte mir, ich gehe mit meinem kranken Kinde auf dem Kirchhofe. Als wir an das Grab unsrer Mutter kamen, saß sie auf ihrem Grabstein unter einem Busch voll blühender weißer Rosen. Sie hatte jenen kleinen Becher

in der Hand, den ich einst als Kind von ihr geschenkt erhalten; als wir aber näher gekommen waren, setzte sie ihn an die Lippen, und indem sie dem Knaben lächelnd zunickte, hörte ich sie deutlich sagen: ›Zur Gesundheit!‹ Es war ihre sanfte Stimme, Daniel, wie im Leben; und diesen Traum habe ich drei Nächte nacheinander geträumt.«
»Was soll das?« fragte Herr Bulemann.
»Gib mir den Becher zurück, Bruder! Das Christfest ist nahe, leg ihn dem kranken Kinde auf seinen leeren Weihnachtsteller!«
Der hagere Mann in seinem gelbgeblümten Schlafrock stand regungslos vor ihr und betrachtete sie mit seinen grellen runden Augen. »Hast du das Geld bei dir?« fragte er. »Mit Träumen löst man keine Pfänder ein.«
»O Daniel!« rief sie, »glaub unsrer Mutter! Er wird gesund, wenn er aus dem kleinen Becher trinkt. Sei barmherzig, er ist ja doch von deinem Blute!«
Sie hatte die Hände nach ihm ausgestreckt; aber er trat einen Schritt zurück. »Bleib mir vom Leibe«, sagte er. Dann rief er nach seinen Katzen. »Graps, alte Bestie! Schnores, mein Söhnchen!« Und der große gelbe Kater sprang mit einem Satz auf den Arm seines Herrn und klauete mit seinen Krallen in der bunten Zipfelmütze, während das schwarze Tier mauzend an seinen Knien hinaufstrebte.
Der kranke Knabe war näher geschlichen. »Mutter«, sagte er, indem er sie heftig an dem Kleide zupfte, »ist das der böse Ohm, der seine schwarzen Kinder verkauft hat?«
Aber in demselben Augenblick hatte auch Herr Bulemann die Katze herabgeworfen und den Arm des aufschreienden Knaben ergriffen. »Verfluchte Bettelbrut«, rief er, »pfeifst du auch das tolle Lied!«
»Bruder, Bruder!« jammerte die Frau. Doch schon lag der Knabe wimmernd drunten auf dem Treppenabsatz. Die Mutter sprang ihm nach und nahm ihn sanft auf ihren Arm, dann aber richtete sie sich hoch auf, und den blutenden Kopf des Kindes an ihrer Brust, erhob sie die geballte Faust gegen ihren Bruder, der zwischen seinen spinnenden Katzen droben am Treppengeländer stand: »Verruchter, böser Mann!« rief sie. »Mögest du verkommen bei deinen Bestien!«
»Fluche, soviel du Lust hast!« erwiderte der Bruder, »aber mach, daß du aus dem Hause kommst.«

Dann, während das Weib mit dem weinenden Knaben die dunklen Treppen hinabstieg, lockte er seine Katzen und klappte die Stubentür hinter sich zu. Er bedachte nicht, daß die Flüche der Armen gefährlich sind, wenn die Hartherzigkeit der Reichen sie hervorgerufen hat.

Einige Tage später trat Frau Anken, wie gewöhnlich, mit dem Mittagessen in die Stube ihres Herrn. Aber sie kniff heute noch mehr als sonst mit den dünnen Lippen, und ihre kleinen blöden Augen leuchteten vor Vergnügen. Denn sie hatte die harten Worte nicht vergessen, die sie wegen ihrer Nachlässigkeit an jenem Abend hatte hinnehmen müssen, und sie dachte, sie ihm jetzt mit Zinsen wieder heimzuzahlen.
»Habt Ihr's denn auf St. Magdalena läuten hören?« fragte sie.
»Nein«, erwiderte Herr Bulemann kurz, der über seinen Zahlentafeln saß.
»Wißt Ihr denn wohl, wofür es geläutet hat?« fragte die Alte weiter.
»Dummes Geschwätz! Ich höre nicht nach dem Gebimmel.«
»Es war aber doch für Euren Schwestersohn!«
Herr Bulemann legte die Feder hin. »Was schwatzest du, Alte?«
»Ich sage«, erwiderte sie, »daß sie soeben den kleinen Christoph begraben haben.«
Herr Bulemann schrieb schon wieder weiter. »Warum erzählst du mir das? Was geht mich der Junge an?«
»Nun, ich dachte nur; man erzählt ja wohl, was Neues in der Stadt passiert.«
Als sie gegangen war, legte aber doch Herr Bulemann die Feder wieder fort und schritt, die Hände auf dem Rücken, eine lange Zeit in seinem Zimmer auf und ab. Wenn unten auf der Gasse ein Geräusch entstand, trat er hastig ans Fenster, als erwarte er schon den Stadtdiener eintreten zu sehen, der ihn wegen der Mißhandlung des Knaben vor den Rat zitieren solle. Der schwarze Graps, der mauzend seinen Anteil an der aufgetragenen Speise verlangte, erhielt einen Fußtritt, daß er schreiend in die Ecke flog. Aber, war es nun der Hunger, oder hatte sich unversehens die sonst so unterwürfige Natur des Tieres verändert, er wandte sich gegen seinen Herrn und fuhr fauchend und prustend auf ihn los. Herr Bulemann gab ihm einen zweiten Fußtritt. »Freßt«, sagte er. »Ihr braucht nicht auf mich zu warten.«

Mit einem Satz waren die beiden Katzen an der vollen Schüssel, die er ihnen auf den Fußboden gesetzt hatte.
Dann aber geschah etwas Seltsames.
Als der gelbe Schnores, der zuerst seine Mahlzeit beendet hatte, nun in der Mitte des Zimmers stand, sich reckte und buckelte, blieb Herr Bulemann plötzlich vor ihm stehen; dann ging er um das Tier herum und betrachtete es von allen Seiten. »Schnores, alter Halunke, was ist denn das?« sagte er, den Kopf des Katers krauend. »Du bist ja noch gewachsen in deinen alten Tagen!« In diesem Augenblick war auch die andre Katze hinzugesprungen. Sie sträubte ihren glänzenden Pelz und stand dann hoch auf ihren schwarzen Beinen. Herr Bulemann schob sich die bunte Zipfelmütze aus der Stirn. »Auch der!« murmelte er. »Seltsam, es muß an der Sorte liegen.«
Es war indes dämmrig geworden, und da niemand kam und ihn beunruhigte, so setzte er sich zu den Schüsseln, die auf dem Tische standen. Endlich begann er sogar seine großen Katzen, die neben ihm auf dem Kanapee saßen, mit einem gewissen Behagen zu beschauen. »Ein paar stattliche Burschen seid ihr!« sagte er, ihnen zunickend. »Nun soll euch das alte Weib unten auch die Ratten nicht mehr vergiften!« Als er aber abends nebenan in seine Schlafkammer ging, ließ er sie nicht, wie sonst, zu sich herein, und als er sie nachts mit den Pfoten gegen die Kammertür fallen und mauzend daran herunterrutschen hörte, zog er sich das Deckbett über beide Ohren und dachte: Mauzt nur zu, ich habe eure Krallen gesehen.
Dann kam der andre Tag, und als es Mittag geworden, geschah dasselbe, was tags zuvor geschehen war. Von der geleerten Schüssel sprangen die Katzen mit einem schweren Satz mitten ins Zimmer hinein, reckten sich und streckten sich, und als Herr Bulemann, der schon wieder über seinen Zahlentafeln saß, einen Blick zu ihnen hinüberwarf, stieß er entsetzt seinen Drehstuhl zurück und blieb mit ausgerecktem Halse stehen. Dort, mit leisem Winseln, als wenn ihnen ein Widriges angetan würde, standen Graps und Schnores zitternd mit geringelten Schwänzen, das Haar gesträubt; er sah es deutlich, sie dehnten sich, sie wurden groß und größer.
Noch einen Augenblick stand er, die Hände an den Tisch geklammert, dann plötzlich schritt er an den Tieren vorbei und riß die Stubentür auf. »Frau Anken, Frau Anken!« rief er, und da sie nicht gleich zu hören schien, tat er einen Pfiff auf seinen Fingern, und

bald schlurrte auch die Alte unten aus dem Hinterhause hervor und keuchte eine Treppe nach der andern herauf.
»Sehe Sie sich einmal die Katzen an!« rief er, als sie ins Zimmer getreten war.
»Die hab ich schon oft gesehen, Herr Bulemann.«
»Sieht Sie daran denn nichts?«
»Daß ich nicht wüßte, Herr Bulemann!« erwiderte sie, mit ihren blöden Augen um sich blinzelnd.
»Was sind denn das für Tiere? Das sind ja keine Katzen mehr!« Er packte die Alte an den Armen und rannte sie gegen die Wand. »Rotäugige Hexe!« schrie er, »bekenne, was hast du meinen Katzen eingebraut!«
Das Weib klammerte ihre knöchernen Hände ineinander und begann unverständliche Gebete herzuplappern. Aber die furchtbaren Katzen sprangen von rechts und links auf die Schultern ihres Herrn und leckten ihn mit ihren scharfen Zungen ins Gesicht. Da mußte er die Alte loslassen.
Fortwährend plappernd und hüstelnd, schlich sie aus dem Zimmer und kroch die Treppen hinab. Sie war wie verwirrt; sie fürchtete sich, ob mehr vor ihrem Herrn oder vor den großen Katzen, das wußte sie selber nicht. So kam sie hinten in ihre Kammer. Mit zitternden Händen holte sie einen mit Geld gefüllten wollenen Strumpf aus ihrem Bette hervor; dann nahm sie aus einer Lade eine Anzahl alter Röcke und Lumpen und wickelte sie um ihren Schatz herum, so daß es endlich ein großes Bündel gab. Denn sie wollte fort, um jeden Preis fort; sie dachte an die arme Halbschwester ihres Herrn draußen in der Vorstadt, die war immer freundlich gegen sie gewesen, zu der wollte sie. Freilich, es war ein weiter Weg, durch viele Gassen, über viele schmale und lange Brücken, welche über dunkle Gräben und Fleten hinwegführten, und draußen dämmerte schon der Winterabend. Es trieb sie dennoch fort. Ohne an ihre Tausende von Weizenbrötchen zu denken, die sie in kindischer Fürsorge in den großen Nußbaumschränken angehäuft hatte, trat sie mit ihrem schweren Bündel auf dem Nacken aus dem Hause. Sorgfältig mit dem großen krausen Schlüssel verschloß sie die schwere eichene Tür, steckte ihn in ihre Ledertasche und ging dann keuchend in die finstere Stadt hinaus.
Frau Anken ist niemals wiedergekommen, und die Tür von Bulemanns Haus ist niemals wieder aufgeschlossen worden.

Noch an demselben Tage aber, da sie fortgegangen, hat ein junger Taugenichts, der, den Knecht Ruprecht spielend, in den Häusern umherlief, mit Lachen seinen Kameraden erzählt, daß er in seinem rauhen Pelz über die Kreszentiusbrücke gegangen sei, habe er ein altes Weib dermaßen erschreckt, daß sie mit ihrem Bündel wie toll in das schwarze Wasser hinabgesprungen sei. Auch ist in der Frühe des andern Tages in der äußersten Vorstadt die Leiche eines alten Weibes, welche an einem großen Bündel festgebunden war, von den Wächtern aufgefischt und bald darauf, da niemand sie gekannt hat, auf dem Armenviertel des dortigen Kirchhofs in einem platten Sarge eingegraben worden.

Dieser andre Morgen war der Morgen des Weihnachtsabends. Herr Bulemann hatte eine schlechte Nacht gehabt; das Kratzen und Arbeiten der Tiere gegen seine Kammertür hatte ihm diesmal keine Ruhe gelassen; erst gegen die Morgendämmerung war er in einen langen, bleiernen Schlaf gefallen. Als er endlich seinen Kopf mit der Zipfelmütze in das Wohnzimmer hineinsteckte, sah er die beiden Katzen laut schnurrend mit unruhigen Schritten umeinander hergehen. Es war schon nach Mittag, die Wanduhr zeigte auf eins. »Sie werden Hunger haben, die Bestien«, murmelte er. Dann öffnete er die Tür nach dem Flur und pfiff nach der Alten. Zugleich aber drängten die Katzen sich hinaus und rannten die Treppe hinab, und bald hörte er von unten aus der Küche herauf das Springen und Tellergeklapper. Sie mußten auf den Schrank gesprungen sein, auf den Frau Anken die Speisen für den andern Tag zurückzusetzen pflegte.

Herr Bulemann stand oben an der Treppe und rief laut und scheltend nach der Alten, aber nur das Schweigen antwortete ihm oder von unten herauf aus den Winkeln des alten Hauses ein schwacher Widerhall. Schon schlug er die Schöße seines geblümten Schlafrocks übereinander und wollte selbst hinabsteigen, da polterte es drunten auf den Stiegen, und die beiden Katzen kamen wieder heraufgerannt. Aber das waren keine Katzen mehr, das waren zwei furchtbare, namenlose Raubtiere. Die stellten sich gegen ihn, sahen ihn mit ihren glimmenden Augen an und stießen ein heiseres Geheul aus. Er wollte an ihnen vorbei, aber ein Schlag mit der Tatze, der ihm einen Fetzen aus dem Schlafrock riß, trieb ihn zurück. Er lief ins Zimmer, er wollte ein Fenster aufreißen, um die Menschen auf der Gasse anzurufen, aber die Katzen sprangen hinterdrein und kamen ihm zuvor. Grimmig schnurrend, mit erhobenem Schweif, wanderten sie vor den Fenstern auf und ab. Herr Bulemann rannte auf den Flur hinaus und warf die Zimmertür hinter sich zu, aber die Katzen schlugen mit der Tatze auf die Klinke und standen schon vor ihm an der Treppe. Wieder floh er ins Zimmer zurück, und wieder waren die Katzen da.

Schon verschwand der Tag, und die Dunkelheit kroch in alle Ecken. Tief unten von der Gasse herauf hörte er Gesang; Knaben und Mädchen zogen von Haus zu Haus und sangen Weihnachtslieder. Sie gingen in alle Türen; er stand und horchte. Kam denn niemand in seine Tür? Aber er wußte es ja, er hatte sie selber alle fortgetrieben; es klopfte niemand, es rüttelte niemand an der verschlossenen Haustür. Sie zogen vorüber, und allmählich ward es still, totenstill auf der Gasse. Und wieder suchte er zu entrinnen; er wollte Gewalt anwenden, er rang mit den Tieren, er ließ sich Gesicht und Hände blutig reißen. Dann wieder wandte er sich zur List, er rief sie mit den alten Schmeichelnamen, er strich ihnen die Funken aus dem Pelz und wagte es sogar, ihren flachen Kopf mit den großen weißen Zähnen zu krauen. Sie warfen sich auch vor ihm hin und wälzten sich schnurrend zu seinen Füßen, aber wenn er den rechten Augenblick gekommen glaubte und aus der Tür schlüpfte, so sprangen sie auf und standen, ihr heiseres Geheul ausstoßend, vor ihm. So verging die Nacht, so kam der Tag, und noch immer rannte er zwischen der Treppe und den Fenstern seines Zimmers hin und wider, die Hände ringend, keuchend, das graue Haar zerzaust.

Und noch zweimal wechselten Tag und Nacht; da endlich warf er sich, gänzlich erschöpft, an allen Gliedern zuckend, auf das Kanapee. Die Katzen setzten sich ihm gegenüber und blinzelten ihn schläfrig aus halbgeschlossenen Augen an. Allmählich wurde das Arbeiten seines Leibes weniger, und endlich hörte es ganz auf. Eine fahle Blässe überzog unter den Stoppeln des grauen Bartes sein Gesicht; noch einmal aufseufzend, streckte er die Arme und spreizte die langen Finger über die Knie, dann regte er sich nicht mehr.

Unten in den öden Räumen war es indessen nicht ruhig gewesen. Draußen an der Tür des Hinterhauses, die auf den engen Hof hinausführt, geschah ein emsiges Nagen und Fressen. Endlich entstand über der Schwelle eine Öffnung, die größer und größer wurde; ein grauer Mauskopf drängte sich hindurch, dann noch

einer, und bald huschte eine ganze Schar von Mäusen über den Flur und die Treppe hinauf in den ersten Stock. Hier begann das Arbeiten aufs neue an der Zimmertür, und als diese durchgenagt war, kamen die großen Schränke daran, in denen Frau Ankens hinterlassene Schätze aufgespeichert lagen. Da war ein Leben wie im Schlaraffenland: wer durch wollte, mußte sich durchfressen. Und das Geziefer füllte sich den Wanst, und wenn es mit dem Fressen nicht mehr fort wollte, rollte es die Schwänze auf und hielt sein Schläfchen in den hohlgefressenen Weizenbrötchen. Nachts kamen sie hervor, huschten über die Dielen oder saßen, ihre Pfötchen leckend, vor dem Fenster und schauten, wenn der Mond schien, mit ihren kleinen blanken Augen in die Gasse hinab.
Aber diese behagliche Wirtschaft sollte bald ihr Ende erreichen. In der dritten Nacht, als eben droben Herr Bulemann seine Augen zugetan hatte, polterte es draußen auf den Stiegen. Die großen Katzen kamen herabgesprungen, öffneten mit einem Schlag ihrer Tatze die Tür des Zimmers und begannen ihre Jagd. Da hatte alle Herrlichkeit ein Ende. Quieksend und pfeifend rannten die fetten Mäuse umher und strebten ratlos an den Wänden hinauf. Es war vergebens, sie verstummten eine nach der andern zwischen den zermalmenden Zähnen der beiden Raubtiere.
Dann wurde es still, und bald war in dem ganzen Hause nichts vernehmbar als das leise Spinnen der großen Katzen, die mit ausgestreckten Tatzen droben vor dem Zimmer ihres Herrn lagen und sich das Blut aus den Bärten leckten.
Unten in der Haustür verrostete das Schloß, den Messingklopfer überzog der Grünspan, und zwischen den Treppensteinen begann das Gras zu wachsen.
Draußen aber ging die Welt unbekümmert ihren Gang. Als der Sommer gekommen war, stand auf dem St.-Magdalena-Kirchhof auf dem Grabe des kleinen Christoph ein blühender weißer Rosenbusch; und bald lag auch ein kleiner Denkstein unter demselben. Den Rosenbusch hatte seine Mutter ihm gepflanzt, den Stein freilich hatte sie nicht beschaffen können. Aber Christoph hatte einen Freund gehabt; es war ein junger Musikus, der Sohn eines Trödlers, der in dem Hause ihnen gegenüber wohnte. Zuerst hatte er sich unter sein Fenster geschlichen, wenn der Musiker drinnen am Klavier saß, später hatte dieser ihn zuweilen in die Magdalenenkirche genommen, wo er sich nachmittags im Orgelspiel zu üben pflegte. Da saß denn der blasse Knabe auf

einem Schemelchen zu seinen Füßen, lehnte lauschend den Kopf an die Orgelbank und sah, wie die Sonnenlichter durch die Kirchenfenster spielten. Wenn der junge Musikus dann, von der Verarbeitung seines Themas fortgerissen, die tiefen mächtigen Register durch die Gewölbe brausen ließ, oder wenn er mitunter den Tremulanten zog und die Töne wie zitternd vor der Majestät Gottes dahinfluteten, so konnte es wohl geschehen, daß der Knabe in stilles Schluchzen ausbrach und sein Freund ihn nur schwer zu beruhigen vermochte. Einmal auch sagte er bittend: »Es tut mir weh, Leberecht; spiele nicht so laut!«
Der Orgelspieler schob auch sogleich die großen Register wieder ein und nahm die Flöten- und andre sanfte Stimmen; und süß und ergreifend schwoll das Lieblingslied des Knaben durch die stille Kirche: »Befiehl du deine Wege.« Leise mit seiner kränklichen Stimme hub er an mitzusingen. »Ich will auch spielen lernen«, sagte er, als die Orgel schwieg. »Willst du mich es lehren, Leberecht?«
Der junge Musikus ließ seine Hand auf den Kopf des Knaben fallen, und ihm das gelbe Haar streichelnd, erwiderte er: »Werde nur erst gesund, Christoph, dann will ich dich es gern lehren.«
Aber Christoph war nicht gesund geworden. Seinem kleinen Sarge folgte neben der Mutter auch der junge Orgelspieler. Sie sprachen hier zum erstenmal zusammen, und die Mutter erzählte ihm jenen dreimal geträumten Traum von dem kleinen silbernen Erbbecher. »Den Becher«, sagte Leberecht, »hätte ich Euch geben können; mein Vater, der ihn vor Jahren mit vielen andern Dingen von Euerm Bruder erhandelte, hat mir das zierliche Stück einmal als Weihnachtsgeschenk gegeben.«
Die Frau brach in die bittersten Klagen aus. »Ach«, rief sie immer wieder, »er wäre ja gewiß gesund geworden!«
Der junge Mann ging eine Weile schweigend neben ihr her. »Den Becher soll unser Christoph dennoch haben«, sagte er endlich.
Und so geschah es. Nach einigen Tagen hatte er den Becher an einen Sammler solcher Pretiosen um einen guten Preis verhandelt; von dem Gelde aber ließ er den Denkstein für das Grab des kleinen Christoph machen. Er ließ eine Marmortafel darin einlegen, auf welcher das Bild des Bechers ausgemeißelt wurde. Darunter standen die Worte eingegraben: »Zur Gesundheit!«
Noch viele Jahre hindurch, mochte der Schnee auf dem Grabe liegen oder mochte in der Junisonne der Busch mit Rosen

überschüttet sein, kam oft eine blasse Frau und las andächtig und sinnend die beiden Worte auf dem Grabstein. Dann eines Sommers ist sie nicht mehr gekommen; aber die Welt ging unbekümmert ihren Gang.
Nur noch einmal, nach vielen Jahren, hat ein sehr alter Mann das Grab besucht, er hat sich den kleinen Denkstein angesehen und eine weiße Rose von dem alten Rosenbusch gebrochen. Das ist der emeritierte Organist von St. Magdalena gewesen.
Aber wir müssen das friedliche Kindergrab verlassen und, wenn der Bericht zu Ende geführt werden soll, drüben in der Stadt noch einen Blick in das alte Erkerhaus der Düsternstraße werfen. Noch immer stand es schweigend und verschlossen. Während draußen das Leben unablässig daran vorüberflutete, wucherte drinnen in den eingeschlossenen Räumen der Schwamm aus den Dielenritzen, löste sich der Gips an den Decken und stürzte herab, in einsamen Nächten ein unheimliches Echo über Flur und Stiege jagend. Die Kinder, welche an jenem Christabend auf der Straße gesungen hatten, wohnten jetzt als alte Leute in den Häusern, oder sie hatten ihr Leben schon abgetan und waren gestorben; die Menschen, die jetzt auf der Gasse gingen, trugen andre Gewänder, und draußen auf dem Vorstadtskirchhof war der schwarze Nummerpfahl auf Frau Ankens namenlosem Grabe schon längst verfault. Da schien eines Nachts wieder einmal, wie schon so oft, über das Nachbarhaus hinweg der Vollmond in das Erkerfenster des dritten Stockwerks und malte mit seinem bläulichen Lichte die kleinen runden Scheiben auf den Fußboden. Das Zimmer war leer; nur auf dem Kanapee zusammengekauert saß eine kleine Gestalt von der Größe eines jährigen Kindes, aber das Gesicht war alt und bärtig und die magere Nase verhältnismäßig groß, auch trug sie eine weit über die Ohren fallende Zipfelmütze und einen langen, augenscheinlich für einen ausgewachsenen Mann bestimmten Schlafrock, auf dessen Schoß sie die Füße heraufgezogen hatte.
Diese Gestalt war Herr Bulemann. Der Hunger hatte ihn nicht getötet, aber durch den Mangel an Nahrung war sein Leib verdorrt und eingeschwunden, und so war er im Lauf der Jahre kleiner und kleiner geworden. Mitunter in Vollmondnächten wie diese war er erwacht und hatte, wenn auch mit immer schwächerer Kraft, seinen Wächtern zu entrinnen gesucht. War er von den vergeblichen Anstrengungen erschöpft aufs Kanapee gesunken oder zuletzt hinaufgekrochen, und hatte dann der bleierne Schlaf ihn

wieder befallen, so streckten Graps und Schnores sich draußen vor der Treppe hin, peitschten mit ihrem Schweif den Boden und horchten, ob Frau Ankens Schätze neue Wanderzüge von Mäusen in das Haus gelockt hätten.

Heute war es anders, die Katzen waren weder im Zimmer noch draußen auf dem Flur. Als das durch das Fenster fallende Mondlicht über den Fußboden weg und allmählich an der kleinen Gestalt hinaufrückte, begann sie sich zu regen; die großen runden Augen öffneten sich, und Herr Bulemann starrte in das leere Zimmer hinaus. Nach einer Weile rutschte er, die langen Ärmel mühsam zurückschlagend, von dem Kanapee herab und schritt langsam der Tür zu, während die breite Schleppe des Schlafrocks hinter ihm herfegte. Auf den Fußspitzen nach der Klinke greifend, gelang es ihm, die Stubentür zu öffnen und draußen bis an das Geländer der Treppe vorzuschreiten. Eine Weile blieb er keuchend stehen; dann streckte er den Kopf vor und mühte sich zu rufen: »Frau Anken, Frau Anken!« Aber seine Stimme war nur wie das Wispern eines kranken Kindes. »Frau Anken, mich hungert, so hören Sie doch!«

Alles blieb still, nur die Mäuse quieksten jetzt heftig in den unteren Zimmern.

Da wurde er zornig: »Hexe, verfluchte, was pfeift Sie denn?« Und ein Schwall unverständlich geflüsterter Schimpfworte sprudelte aus seinem Munde, bis ein Stickhusten ihn befiel und seine Zunge lähmte.

Draußen, unten an der Haustür, wurde der schwere Messingklopfer angeschlagen, daß der Hall bis in die Spitze des Hauses hinaufdrang. Es mochte jener nächtliche Geselle sein, von dem im Anfang dieser Geschichte die Rede gewesen ist.

Herr Bulemann hatte sich wieder erholt. »So öffne Sie doch!« wisperte er. »Es ist der Knabe, der Christoph, er will den Becher holen.«

Plötzlich wurden von unten herauf zwischen dem Pfeifen der Mäuse die Sprünge und das Knurren der beiden großen Katzen vernehmbar. Er schien sich zu besinnen; zum erstenmal bei seinem Erwachen hatten sie das oberste Stockwerk verlassen und ließen ihn gewähren. Hastig, den langen Schlafrock nach sich schleppend, stapfte er in das Zimmer zurück.

Draußen aus der Tiefe der Gasse hörte er den Wächter rufen. »Ein Mensch, ein Mensch!« murmelte er; »die Nacht ist so lang, so

vielmal bin ich aufgewacht, und noch immer scheint der Mond.«
Er kletterte auf den Polsterstuhl, der in dem Erkerfenster stand. Emsig arbeitete er mit den kleinen dürren Händen an dem Fensterhaken, denn drunten auf der mondhellen Gasse hatte er den Wächter stehen sehen. Aber die Haspen waren festgerostet; er mühte sich vergebens, sie zu öffnen. Da sah er den Mann, der eine Weile hinaufgestarrt hatte, in den Schatten der Häuser zurücktreten.
Ein schwacher Schrei brach aus seinem Munde; zitternd, mit geballten Fäusten schlug er gegen die Fensterscheiben, aber seine Kraft reichte nicht aus, sie zu zertrümmern. Nun begann er Bitten und Versprechungen durcheinander zu wispern, allmählich, während die Gestalt des unten gehenden Mannes sich immer mehr entfernte, wurde sein Flüstern zu einem erstickten heisern Gekrächze; er wollte seine Schätze mit ihm teilen, wenn er nur hören wollte, er sollte alles haben, er selber wollte nichts, gar nichts für sich behalten, nur den Becher, der sei das Eigentum des kleinen Christoph.
Aber der Mann ging unten unbekümmert seinen Gang, und bald war er in einer Nebengasse verschwunden. Von allen Worten, die Herr Bulemann in jener Nacht gesprochen, ist keines von einer Menschenseele gehört worden.
Endlich nach aller vergeblichen Anstrengung kauerte sich die kleine Gestalt auf dem Polsterstuhl zusammen, rückte die Zipfelmütze zurecht und schaute, unverständliche Worte murmelnd, in den leeren Nachthimmel hinauf.
So sitzt er noch jetzt und erwartet die Barmherzigkeit Gottes.

List und Abenteuer

Svend Leopold

Napoleons Katze

Ich bin in den Tuilerien geboren. Meine Mutter war die Schoßkatze der Kaiserin Josephine. Unsere Familie entstammt der Insel Martinique, und in unseren Adern rollt kreolisches, feuriges dunkelrotes Blut. Meine Mutter empfand zeitlebens sowohl Stolz als auch Verwunderung angesichts der Tatsache, daß ihre Herrin eines schönen Tages Kaiserin von Frankreich wurde. Gewöhnlich lag meine Mutter in Josephinens Nähkorb, der sehr geräumig war und einen gewölbten, durchbrochenen Strohdeckel hatte. Dieser Korb war mit hellgrüner Seide ausgeschlagen und enthielt – außer mir und meiner Mutter – etliche Exemplare der sentimentalsten Romane jener Zeit. Er hatte seinen ständigen Platz auf einem Ziertisch aus hellgelbem Zitronenholz. Hier geschah es denn auch, daß meine Mutter ebenso bittere wie lehrreiche Erfahrungen in Hinblick auf die Launen der Frauen und ihre Haltlosigkeit in Dingen der Erotik sammelte; jedoch machte sie sich auch viel von dem zu eigen, was die Franzosen als »esprit de conduite« zu bezeichnen pflegen. Die Kaiserin war ihrem Gatten weitgehend untreu, und uns Kätzchen eröffneten sich leider allzufrüh traurige Einblicke in die unfaßbare Kompliziertheit der menschlichen Seele...
Es war im September 1806, als ich zum letzten Male in dem geräumigen Nähkorb der Kaiserin lag. Damals ahnte ich nicht, was ich verließ; ich habe seitdem nie mehr im Nähkorb gelegen.
Die Armee wurde mobilisiert. Preußen war die Ratte, nach der mein göttlicher Herr seine wunderbaren Krallen ausstreckte. Es lag in einem Versteck hinterm Rhein und forderte durch seine bloße Existenz Napoleons beispiellosen und unstillbaren Blutdurst heraus.
Oft durchstreifte ich die Straßen von Paris, um die Stimmung zu erforschen. Im Mondenschein lief ich an den Häuserreihen entlang. An den Ecken scharten sich die Leute vor den angeschlagenen Proklamationen. Der Krieg war unvermeidlich, obwohl wir alle sehr gut einsehen konnten, daß er zu umgehen war, weil Preußen, die vorsichtige Ratte, gar nicht wünschte, ihn anzufan-

gen. Mein kaiserlicher Herr zwang seine Feinde gegen die Kränkungen und Demütigungen, die er ihnen zuzufügen sich ständig genötigt sah, energisch aufzutreten. Dadurch, daß er sie mit aller Gewalt zu einem Ultimatum drängte, fühlte er sich gleichermaßen gekränkt und – herausgefordert.
Was verlangte denn dieses passive und eingebildete Preußen? Daß die französischen Truppen Süddeutschland räumen sollten und daß Frankreich einem Norddeutschen Bund unter Preußens Vorherrschaft kein Hindernis in den Weg legen solle.
Kann eine Ratte einer Katze, noch obendrein einer Tigerkatze, irgendwelche Bedingungen stellen?
Alle wir höherstehenden Tierarten, die wir mit Krallen und scharfen Zähnen ausgerüstet sind, werden unwiderstehlich zur Offensive gezwungen, wenn wir unsere geborenen Feinde gekränkt haben. Ich erkannte klar, daß Preußen, obwohl herausgefordert und angegriffen, kein Recht dazu hatte, Bedingungen zu stellen.
Krallen sind dazu da, um gebraucht zu werden, und meine waren bereits ausgewachsen, ja, es war mir geradezu lästig, damit über die blanken Böden der Säle zu gehen. Deshalb fand ich mich beim fünften Armeekorps ein, das von Marschall Lannes befehligt wurde; und mit einem ebenso gehorsamen wie heroischen Miau ließ ich meine Vorgesetzten wissen, daß ich als kaiserliche Biwakkatze in die Stammrolle aufgenommen zu werden wünschte. Man hatte Verständnis für mein Anliegen und meine jugendlichen Hoffnungen; ein Soldat steckte mich ohne weitere Umschweife in seinen Tornister, in dem nunmehr meine erste strategische Ausbildung stattfand ... Am fünfzehnten Oktober 1806 gegen vier Uhr morgens erreichte ich äußerst erschöpft die Stadt Jena, wo der Kaiser samt Gefolge bereits eingetroffen war.
Er sprengte stadteinwärts und wogte in seinem Sattel auf und ab.
Es war klar, daß nicht wenige um seiner Ruhmsucht willen ins Gras beißen mußten. Mit einem einzigen genialen Blick erfaßte er die gegebene Lage. Er sah finster aus und äußerst erregt; seine eiskalten und verzerrten Mienen spiegelten seinen Rachedurst über diese verräterischen Preußen, die sich ohne annehmbare Gründe hatten überfallen lassen. Seine kleine, gedrungene Gestalt strotzte geradezu von gerechter Erbitterung. Er bot einen schreckeinjagenden Anblick, indem er – ohne weder nach rechts noch links zu sehen – die menschenleere Straße hinaufgaloppierte.

Eine Schar weißer und grauer Gänse, die ihm in die Quere kamen, wurde von ihm niedergemetzelt, so daß die Federn in alle Windrichtungen stoben. Ich eignete mir eine dieser Gänsefedern an und hob sie zur Erinnerung an diesen historischen Augenblick auf.
Er preschte mit seinem goldglitzernden Stabe die veröderten Straßen auf und ab und schien angesichts der versperrten Türen und verschlossenen Fensterläden unangenehm überrascht zu sein. Die Tatsache, daß der Feind bereits in eine Falle gelockt worden sei, milderte jedoch im weiteren Verlauf des Tages seine unbezwingliche Härte.
Wie ein Tiger stürzte er sich auf diese Beute, die die beispiellose Dreistigkeit besaß, ihm entwischen zu wollen.
Von einer Anhöhe nahe der Stadt überblickte er sogleich, daß sich das Ereignis nicht ohne Verluste an Menschenleben abwickeln würde. Nunmehr traf er bewunderungswürdige Anordnungen zur vollständigen Vernichtung von Preußens Heer und Nation. Ganz fern am äußersten Horizont gewahrte er die langen Zeltreihen des preußischen Heeres, und sein leicht zu erregender Unwille flackerte mit Recht durch diesen immerhin ziemlich herausfordernden Anblick jäh auf. Seine Nasenflügel bebten, sein cäsarischer Mund verzerrte sich bedrohlich, und seine kleine Hand lag schicksalsschwanger geballt auf dem energisch gespannten Schenkel.
Weiter sprengte er über die Höhen rings um die Stadt, aber hielt es für das klügste, umzudrehen, da er in die Reichweite des feindlichen Feuers geraten war. Zäh hielt er daran fest, daß es zweckmäßig sei, seine eigene Person schadlos zu halten, was auch mich dazu ermutigte, den Schwanz zwischen die Beine zu klemmen. Er hatte auch genügend gesehen und entschloß sich für einen Angriff am darauffolgenden Tage, weil er längst die Achtung vor seinen Gegnern verloren hatte, die sich stets als unterlegen erwiesen.
Während der Nacht zeigte sich Napoleon im Lager seiner Soldaten. Er ermunterte sie eindringlich, am folgenden Tage freiwillig ihr Leben zu lassen. Seine kurze, aber bündige Ansprache wirkte Wunder.
Es gab schlechthin keinen Soldaten, der es nicht geradezu für wünschenswert gehalten hätte, seinen Kopf durch einen wohlgezielten Kanonenschuß zu verlieren. Man huldigte ihm durch Zurufe und küßte verzückt und voll aufrichtiger Dankbarkeit

seine kleinen marmorweißen Hände. Er hielt eine qualmende Fackel in der Hand und lächelte ununterbrochen mit einem Lächeln, das ebenso einladend wie grauenerregend war. Sein kurzer Hals schwitzte stark, und seine Augen lagen tiefer in den Höhlen als gewöhnlich; die Blicke, die von ihnen ausgingen, waren auf eine gräßliche Art unvergeßlich für uns. Das ganze Bataillon schlotterte bis in die Stiefelspitzen vor dem kleinen Mann mit dem großen Feldherrnkopf.
Im Schein einer rauchenden Fackel tauchte dieser Kopf übermäßig groß über dem gedrungenen Körper auf und warf einen größeren Schatten, als dies bei gewöhnlichen Sterblichen der Fall zu sein pflegt. Sturmerprobten Kriegern traten bei diesem Anblick Tränen in die Augen, und sie trockneten die feuchten Vollbärte mit schwieligen Fäusten. Das Lächeln des Kaisers blieb angesichts der schrecklichsten Ereignisse unauslöschlich haften; ähnliches habe ich nur bei den großen Raubtieren im Jardin des Plantes in Paris gesehen. Wir begriffen, daß er lächelte, um uns Mut einzuflößen.
Dann befahl er mit einer Stimme, die durch Mark und Bein ging, alle Kanonen auf die Anhöhen zu bringen, und mit segnender Handbewegung zog er sich in sein einsames Strohzelt zurück.
Ich folgte ihm.
Mit demütigen Gebärden und hochklopfendem Herzen näherte ich mich dem unansehnlichen, aber schicksalsträchtigen Zelt, wo der kleine Mann im Dunkel der Nacht saß und über das Wohl und Wehe der Welt nachgrübelte.
Geräuschlos schlüpfte ich unter der Strohwand hindurch.
Er erkannte mich auf den ersten Blick wieder, packte mich im Nacken und schleuderte mich so auf den Boden, daß wir Auge in Auge standen.
»Parbleu – Josephine!«
Ich fühlte mich einer Ohnmacht nahe ob der starken Gemütsbewegung; von seiner Hand gingen elektrische Strömungen auf meinen Rücken über, ich wähnte mich bereits in die Ehrenlegion aufgenommen, mein Leben erreichte einen Höhepunkt; wir spannen und knurrten um die Wette, unsere unbestrittene Verwandtschaft zeitigte unbeschreibliche und weltgeschichtliche Augenblicke.
Dann aber öffnete er die Tür und schleuderte mich mit bewunderungswürdiger Schwungkraft tief in die unergründliche Nacht hinaus.
Ich fiel auf alle viere und überdachte meine Lage. Meiner Auffas-

sung zufolge handelte er aus Eifersucht, und ich näherte mich neuerlich dem Zelt. Leise stahl ich mich hinein. Er saß rittlings auf dem einfachen Holzstuhl, das Kinn auf die gefalteten Hände gepreßt, die auf dem Stuhlrücken lagen.
Ich entging nicht seiner Aufmerksamkeit; jäh fuhr er empor, ergriff den Holzstuhl, schwang ihn hoch über seinen Kopf und ließ ihn unter gräßlichen Flüchen auf mich Nichtsahnenden niedersausen. Seine unbeherrschten Wutanfälle ließen mich im eigenen Ansehen steigen. Fürchtete er meine strategischen Instinkte, meine Begabung, mein erwachendes Genie?
Ich sprang geradenwegs in den Leuchter hinein, was zur Folge hatte, daß er umfiel. In einer Art heroischen Kriegstanzes kreisten wir umeinander, und alte Erinnerungen aus den Tuilerien ließen mich bis in die verlorene Schwanzspitze hinein erschauern.
Ich riß einen goldbeschlagenen Mahagonischrein um, aus dem zum Entzücken meiner nächtlich funkelnden Augen eine wahre Flut blitzender Kreuze der Ehrenlegion hervorquoll. Eines dieser Kreuze heftete ich an mein Fell, und ermuntert durch diese Ehrung, ergriff ich – staunend über die mangelnde Selbstbeherrschung des unscheinbaren Mannes – neuerlich die Flucht. Abermals wollte ich zurückeilen, gab es jedoch auf und tröstete mich mit der schönen Dekoration, mit der ich wie zahllose andere durch eigene Anstrengungen meine Heldenbrust bereichert hatte. Ich habe gesehn, wie viele sowohl zu Titel und Orden kamen, indem sie sich selbst damit versorgten. Jeder ist sich seines Wertes am besten selbst bewußt und weiß, mit welchem Etikett ihm am meisten gedient ist.
Wäre ich Staatsoberhaupt, würde ich meine Untertanen selbst wählen lassen, für welche Orden und Titel sie sich am geeignetsten halten. Auf diese Art würden Mißgriffe nicht so leicht vorkommen, und das Titel- und Rangwesen würde die richtige Basis erhalten.
Während dieser Nacht schlief der Kaiser nur wenig; zweimal machte er eine Runde im Lager. Er schien bleich wie nach einer überstandenen Krise und überwundenen Gefahr; brüsk verkündete er den Marschällen seine Anordnungen für den bevorstehenden Kampf.
Gegen sechs Uhr gab er das Zeichen zum Angriff.
Er ritt vor die Front und rief den Regimentern stärkende Worte zu. Mein Herz schlug voll Stolz unter dem Kreuz der Ehrenlegion,

ich empfand mich selbst als leibhaftige Ehrenkatze. Vom allerletzten Proviantwagen aus, wo ich auf einer geräucherten Lammkeule saß, hörte ich ihn kommandieren.
»Soldaten! Der Tag der Ehre ist angebrochen! Weicht ihr zurück, entehrt ihr mich und euch! Stoßt zu mit den Bajonetten! Dringt in geschlossenen Kadern vor. Ich werde für eure Kinder und Witwen sorgen. Ihr gebt euer Blut für die heilige Sache des Vaterlandes. Der Ruhm winkt bereits!«
Kanonengrollen deutete dieses Winken an.
Rauchend schlug eine Bombe in die vorderste Reihe ein, wo ein paar Dutzend blutjunger Soldaten dem Kaiser wenigstens nicht Gelegenheit dazu gaben, für Witwen sorgen zu müssen. Ihre jungen Köpfe rollten in alle Richtungen davon und bewogen mich dazu, Betrachtungen über die Kürze des Lebens anzustellen.
Seine Majestät, der Generalstab und ich – wir zogen uns schleunigst zurück. Eine neue Kanonenkugel kam angebrummt; ich sah, wie der Kaiser erbleichte und seinem Pferde die Sporen gab. Unentwegt winkte der Ruhm.
Unter schmetternder Musik und klingendem Spiel wurden die Regimenter auf jener Bahn vorangetrieben, die ihnen von der Vorsehung als die allein richtige bestimmt worden war.
Die ganze Gegend war in dicken Nebel eingehüllt, weswegen von den unangenehmen Kanonenkugeln nicht so viel zu sehen wie zu hören war. Andauernd erklang Musik, und hätten nicht drei der Hornisten ihre Oberkörper eingebüßt, wäre die harmonische Durchführung der Musik einwandfrei verlaufen. Das Musikkorps wurde leider im Laufe des Vormittages im Kugelregen aufgerieben, und wir mußten kämpfen, ohne daß unsere gemarterten Ohren durch Wohllaut versöhnt wurden. Hageldick gingen Gewehr- und Kanonenkugeln auf die angriffslustigen Regimenter nieder; Kartätschen und Granaten durchpflügten weit und breit den Erdboden. Schwarz verkohlte Leichname wurden über die Köpfe des vorwärts stürmenden Heeres hinweggeschleudert. Die große Ehren-Aktion war bereits im vollen Gange.
Plötzlich schlug eine Kanonenkugel in meiner unmittelbaren Nähe ein.
Ich wähnte mich dem Tode nahe und fiel in Ohnmacht.
Mein letzter Gedanke war: – wenn du nun eine Witwe mit Jungen hättest, würden sie versorgt werden. Ich bedauerte mein Junggesellentum und überwand verhältnismäßig schnell meine todesähn-

liche Ohnmacht. Da ich bereits ausgezeichnet worden war, war meinem Verlangen nach Dekorationen gewissermaßen ein Dämpfer aufgesetzt. Ordensverleihungen dämmen manchmal die Lust zu hervorragenden Handlungen ein, und ich habe beobachtet, daß sich üppig besternte Herren niemals durch irgend etwas auszeichnen, da sie sich bereits ausgezeichnet haben. Außerdem fehlte mir eine Ehegefährtin, um für sie in den Tod zu gehen, eine Gattin, die zu Hause sitzen und nach einer lebenslänglichen Pension seufzen könnte. Mir fehlten süße kleine Kätzchen, die einen umgebrachten Vater beweinen würden. Es gebrach mir fast an allen möglichen Gründen, um eines gewaltsamen Todes zu sterben, weswegen ich beschloß, am Leben zu bleiben. Hätte ich wie diese Soldaten Gründe gehabt zu sterben, wäre ich gestorben. Jetzt lebte ich, hatte außerdem ein flaues Gefühl im Magen und verspürte Durst.

Ich verbarg mich unter einem feindlichen Leichnam und gab um des Schlafes willen alle rachedurstigen Gedanken auf. Ich faltete meine Vorderpfoten und schlummerte, mit dem Kopf über jenes Kreuz gebeugt, ein, durch dessen Besitz es sich erübrigte, daß ich mich um weitere Ehrenzeichen bemühte.

Gottfried Keller

Spiegel, das Kätzchen

Wenn ein Seldwyler einen schlechten Handel gemacht hat oder angeführt worden ist, so sagt man zu Seldwyla: »Er hat der Katze den Schmer abgekauft!« Dies Sprichwort ist zwar auch anderwärts gebräuchlich, aber nirgends hört man es so oft wie dort, was vielleicht daherrühren mag, daß es in dieser Stadt eine alte Sage gibt über den Ursprung und die Bedeutung dieses Sprichwortes.
Vor mehreren hundert Jahren, heißt es, wohnte zu Seldwyla eine ältliche Person allein mit einem schönen, grauen und schwarzen Kätzchen, welches in aller Vergnügtheit und Klugheit mit ihr lebte und niemandem, der es ruhig ließ, etwas zuleide tat. Seine einzige Leidenschaft war die Jagd, welche es jedoch mit Vernunft und Mäßigung befriedigte, ohne sich durch den Umstand, daß diese Leidenschaft zugleich einen nützlichen Zweck hatte und seiner Herrin wohlgefiel, beschönigen zu wollen und allzusehr zur Grausamkeit hinreißen zu lassen. Es fing und tötete daher nur die zudringlichsten und frechsten Mäuse, welche sich in einem gewissen Umkreise des Hauses betreten ließen, aber diese dann mit zuverlässiger Geschicklichkeit; nur selten verfolgte es eine besonders pfiffige Maus, welche seinen Zorn gereizt hatte, über diesen Umkreis hinaus und erbat sich in diesem Falle mit vieler Höflichkeit von den Herren Nachbaren die Erlaubnis, in ihren Häusern ein wenig mausen zu dürfen, was ihm gerne gewährt wurde, da es die Milchtöpfe stehen ließ, nicht an die Schinken hinaufsprang, welche etwa an den Wänden hingen, sondern seinem Geschäfte still und aufmerksam oblag und, nachdem es dieses verrichtet, sich mit dem Mäuslein im Maule anständig entfernte. Auch war das Kätzchen gar nicht scheu und unartig, sondern zutraulich gegen jedermann und floh nicht vor vernünftigen Leuten; vielmehr ließ es sich von solchen einen guten Spaß gefallen und selbst ein bißchen an den Ohren zupfen, ohne zu kratzen; dagegen ließ es sich von einer Art dummer Menschen, von welchen es behauptete, daß die Dummheit aus einem unreifen und nichtsnutzigen Herzen käme, nicht das mindeste gefallen und ging ihnen entweder aus

dem Wege oder versetzte ihnen einen ausreichenden Hieb über die Hand, wenn sie es mit einer Plumpheit molestierten.
Spiegel, so war der Name des Kätzchens wegen seines glatten und glänzenden Pelzes, lebte so seine Tage heiter, zierlich und beschaulich dahin, in anständiger Wohlhabenheit und ohne Überhebung. Er saß nicht zu oft auf der Schulter seiner freundlichen Gebieterin, um ihr die Bissen von der Gabel wegzufangen, sondern nur, wenn er merkte, daß ihr dieser Spaß angenehm war; auch lag und schlief er den Tag über selten auf seinem warmen Kissen hinter dem Ofen, sondern hielt sich munter und liebte es eher, auf einem schmalen Treppengeländer oder in der Dachrinne zu liegen und sich philosophischen Betrachtungen und der Beobachtung der Welt zu überlassen. Nur jeden Frühling und Herbst einmal wurde dies ruhige Leben eine Woche lang unterbrochen, wenn die Veilchen blühten oder die milde Wärme des Altweibersommers die Veilchenzeit nachäffte. Alsdann ging Spiegel seine eigenen Wege, streifte in verliebter Begeisterung über die fernsten Dächer und sang die allerschönsten Lieder. Als ein rechter Don Juan bestand er bei Tag und Nacht die bedenklichsten Abenteuer, und wenn er sich zur Seltenheit einmal im Hause sehen ließ, so erschien er mit einem so verwegenen, burschikosen, ja liederlichen und zerzausten Aussehen, daß die stille Person, seine Gebieterin, fast unwillig ausrief: »Aber Spiegel! Schämst du dich denn nicht, ein solches Leben zu führen?« Wer sich aber nicht schämte, war Spiegel; als ein Mann von Grundsätzen, der wohl wußte, was er sich zur wohltätigen Abwechslung erlauben durfte, beschäftigte er sich ganz ruhig damit, die Glätte seines Pelzes und die unschuldige Munterkeit seines Aussehens wiederherzustellen, und er fuhr sich so unbefangen mit dem feuchten Pfötchen über die Nase, als ob gar nichts geschehen wäre.
Allein dies gleichmäßige Leben nahm plötzlich ein trauriges Ende. Als das Kätzchen Spiegel eben in der Blüte seiner Jahre stand, starb die Herrin unversehens an Altersschwäche und ließ das schöne Kätzchen herrenlos und verwaist zurück. Es war das erste Unglück, welches ihm widerfuhr, und mit jenen Klagetönen, welche so schneidend den bangen Zweifel an der wirklichen und rechtmäßigen Ursache seines großen Schmerzes ausdrücken, begleitete es die Leiche bis auf die Straße und strich den ganzen übrigen Tag ratlos im Hause und rings um dasselbe her. Doch seine gute Natur, seine Vernunft und Philosophie geboten ihm bald, sich zu fassen,

das Unabänderliche zu tragen und seine dankbare Anhänglichkeit an das Haus seiner toten Gebieterin dadurch zu beweisen, daß er ihren lachenden Erben seine Dienste anbot und sich bereit machte, denselben mit Rat und Tat beizustehen, die Mäuse ferner im Zaume zu halten und überdies ihnen manche gute Mitteilung zu machen, welche die Törichten nicht verschmäht hätten, wenn sie eben nicht unvernünftige Menschen gewesen wären. Aber diese Leute ließen Spiegel gar nicht zu Worte kommen, sondern warfen ihm die Pantoffeln und das artige Fußschemelchen der Seligen an den Kopf, sooft er sich blicken ließ, zankten sich acht Tage lang untereinander, begannen endlich einen Prozeß und schlossen das Haus bis auf weiteres zu, so daß nun gar niemand darin wohnte.

Da saß nun der arme Spiegel traurig und verlassen auf der steinernen Stufe vor der Haustüre und hatte niemand, der ihn hineinließ. Des Nachts begab er sich wohl auf Umwegen unter das Dach des Hauses, und im Anfang hielt er sich einen großen Teil des Tages dort verborgen und suchte seinen Kummer zu verschlafen; doch der Hunger trieb ihn bald an das Licht und nötigte ihn, an der warmen Sonne und unter den Leuten zu erscheinen, um bei der Hand zu sein und zu gewärtigen, wo sich etwa ein Maulvoll geringer Nahrung zeigen möchte. Je seltener dies geschah, desto aufmerksamer wurde der gute Spiegel, und alle seine moralischen Eigenschaften gingen in dieser Aufmerksamkeit auf, so daß er sehr bald sich selber nicht mehr gleichsah. Er machte zahlreiche Ausflüge von seiner Haustüre aus und stahl sich scheu und flüchtig über die Straße, um manchmal mit einem schlechten unappetitlichen Bissen, dergleichen er früher nie angesehen, manchmal mit gar nichts zurückzukehren. Er wurde von Tag zu Tag magerer und zerzauster, dabei gierig, kriechend und feig; all sein Mut, seine zierliche Katzenwürde, seine Vernunft und Philosophie waren dahin. Wenn die Buben aus der Schule kamen, so kroch er in einen verborgenen Winkel, sobald er sie kommen hörte, und guckte nur hervor, um aufzupassen, welcher von ihnen etwa eine Brotrinde wegwürfe, und merkte sich den Ort, wo sie hinfiel. Wenn der schlechteste Köter von weitem ankam, so sprang er hastig fort, während er früher gelassen der Gefahr ins Auge geschaut und böse Hunde oft tapfer gezüchtigt hatte. Nur wenn ein grober und einfältiger Mensch daherkam, dergleichen er sonst klüglich gemieden, blieb er sitzen, obgleich das arme Kätzchen mit dem Reste seiner Menschenkenntnis den Lümmel recht gut erkannte; allein

die Not zwang Spiegelchen, sich zu täuschen und zu hoffen, daß der Schlimme ausnahmsweise einmal ihn freundlich streicheln und ihm einen Bissen darreichen werde. Und selbst wenn er statt dessen nun doch geschlagen oder in den Schwanz gekniffen wurde, so kratzte er nicht, sondern duckte sich lautlos zur Seite und sah dann noch verlangend nach der Hand, die ihn geschlagen und gekneift und welche nach Wurst oder Hering roch.
Als der edle und kluge Spiegel so heruntergekommen war, saß er eines Tages ganz mager und traurig auf einem Steine und blinzelte in der Sonne. Da kam der Stadthexenmeister Pineiß des Weges, sah das Kätzchen und stand vor ihm still. Etwas Gutes hoffend, obgleich es den Unheimlichen wohl kannte, saß Spiegelchen demütig auf dem Stein und erwartete, was der Herr Pineiß etwa tun oder sagen würde. Als dieser aber begann und sagte: »Na, Katze! Soll ich dir deinen Schmer abkaufen?«, da verlor es die Hoffnung, denn es glaubte, der Stadthexenmeister wolle es seiner Magerkeit wegen verhöhnen. Doch erwiderte es bescheiden und lächelnd, um es mit niemand zu verderben: »Ach, der Herr Pineiß belieben zu scherzen!« – »Mitnichten!« rief Pineiß, »es ist mir voller Ernst! Ich brauche Katzenschmer vorzüglich zur Hexerei; aber er muß mir vertragsmäßig und freiwillig von den werten Herren Katzen abgetreten werden, sonst ist er unwirksam. Ich denke, wenn je ein wackeres Kätzlein in der Lage war, einen vorteilhaften Handel abzuschließen, so bist es du! Begib dich in meinen Dienst; ich füttere dich herrlich heraus, mache dich fett und kugelrund mit Würstchen und gebratenen Wachteln. Auf dem ungeheuer hohen alten Dache meines Hauses, welches nebenbei gesagt das köstlichste Dach von der Welt ist für eine Katze, voll interessanter Gegenden und Winkel, wächst auf den sonnigsten Höhen treffliches Spitzgras, grün wie Smaragd, schlank und fein in den Lüften schwankend, dich einladend, die zartesten Spitzen abzubeißen und zu genießen, wenn du dir an meinen Leckerbissen eine leichte Unverdaulichkeit zugezogen hast. So wirst du bei trefflicher Gesundheit bleiben und mir dereinst einen kräftigen brauchbaren Schmer liefern!«
Spiegel hatte schon längst die Ohren gespitzt und mit wässerndem Mäulchen gelauscht; doch war seinem geschwächten Verstande die Sache noch nicht klar, und er versetzte daher: »Das ist soweit nicht übel, Herr Pineiß! Wenn ich nur wüßte, wie ich alsdann, wenn ich doch, um Euch meinen Schmer abzutreten, mein Leben

lassen muß, des verabredeten Preises habhaft werden und ihn genießen soll, da ich nicht mehr bin?« – »Des Preises habhaft werden?« sagte der Hexenmeister verwundert, »den Preis genießest du ja eben in den reichlichen und üppigen Speisen, womit ich dich fett mache, das versteht sich von selber! Doch will ich dich zu dem Handel nicht zwingen!« Und er machte Miene, sich von dannen begeben zu wollen. Aber Spiegel sagte hastig und ängstlich: »Ihr müßt mir wenigstens eine mäßige Frist gewähren über die Zeit meiner höchsten erreichten Rundheit und Fettigkeit hinaus, daß ich nicht so jählings von hinnen gehen muß, wenn jener angenehme und ach! so traurige Zeitpunkt herangekommen und entdeckt ist!«
»Es sei!« sagte Herr Pineiß mit anscheinender Gutmütigkeit, »bis zum nächsten Vollmond sollst du dich alsdann deines angenehmen Zustandes erfreuen dürfen, aber nicht länger! Denn in den abnehmenden Mond hinein darf es nicht gehen, weil dieser einen vermindernden Einfluß auf mein wohlerworbenes Eigentum ausüben würde.«
Das Kätzchen beeilte sich zuzuschlagen und unterzeichnete einen Vertrag, welchen der Hexenmeister im Vorrat bei sich führte, mit seiner scharfen Handschrift, welche sein letztes Besitztum und Zeichen besserer Tage war.
»Du kannst dich nun zum Mittagessen bei mir einfinden, Kater!« sagte der Hexer, »Punkt zwölf Uhr wird gegessen!« – »Ich werde so frei sein, wenn Ihr's erlaubt!« sagte Spiegel und fand sich pünktlich um die Mittagsstunde bei Herrn Pineiß ein. Dort begann nun während einiger Monate ein höchst angenehmes Leben für das Kätzchen; denn es hatte auf der Welt weiter nichts zu tun, als die guten Dinge zu verzehren, die man ihm vorsetzte, dem Meister bei der Hexerei zuzuschauen, wenn es mochte, und auf dem Dache spazierenzugehen. Dies Dach glich einem ungeheuren schwarzen Nebelspalter oder Dreiröhrenhut, wie man die großen Hüte der schwäbischen Bauern nennt, und wie ein solcher Hut ein Gehirn voller Nücken und Finten überschattet, so bedeckte dies Dach ein großes, dunkles und winkliges Haus voll Hexenwerk und Tausendsgeschichten. Herr Pineiß war ein Kann-Alles, welcher hundert Ämtchen versah, Leute kurierte, Wanzen vertilgte, Zähne auszog und Geld auf Zinsen lieh; er war der Vormünder aller Waisen und Witwen, schnitt in seinen Mußestunden Federn, das Dutzend für einen Pfennig, und machte

schöne schwarze Tinte; er handelte mit Ingwer und Pfeffer, mit Wagenschmiere und Rosoli, mit Heftlein und Schuhnägeln, er renovierte die Turmuhr und machte jährlich den Kalender mit der Witterung, den Bauernregeln und dem Aderlaßmännchen; er verrichtete zehntausend rechtliche Dinge am hellen Tag um mäßigen Lohn und einige unrechtliche nur in der Finsternis und aus Privatleidenschaft oder hing auch den rechtlichen, ehe er sie aus der Hand entließ, schnell noch ein unrechtliches Schwänzchen an, so klein wie die Schwänzchen der jungen Frösche, gleichsam nur der Possierlichkeit wegen. Überdies machte er das Wetter in schwierigen Zeiten, überwachte mit seiner Kunst die Hexen, und wenn sie reif waren, ließ er sie verbrennen; für sich trieb er die Hexerei nur als wissenschaftlichen Versuch und zum Hausgebrauch, so wie er auch die Stadtgesetze, die er redigierte und ins reine schrieb, unter der Hand probierte und verdrehte, um ihre Dauerhaftigkeit zu ergründen. Da die Seldwyler stets einen solchen Bürger brauchten, der alle unlustigen kleinen und großen Dinge für sie tat, so war er zum Stadthexenmeister ernannt worden und bekleidete dies Amt schon seit vielen Jahren mit unermüdlicher Hingebung und Geschicklichkeit, früh und spät. Daher war sein Haus von unten bis oben vollgestopft mit allen erdenklichen Dingen, und Spiegel hatte viel Kurzweil, alles zu besehen und zu beriechen.

Doch im Anfang gewann er keine Aufmerksamkeit für andere Dinge als für das Essen. Er schlang gierig alles hinunter, was Pineiß ihm darreichte, und mochte kaum von einer Zeit zur andern warten. Dabei überlud er sich den Magen und mußte wirklich auf das Dach gehen, um dort von den grünen Gräsern abzubeißen und sich von allerhand Unwohlsein zu kurieren. Als der Meister diesen Heißhunger bemerkte, freute er sich und dachte, das Kätzchen würde solcherweise recht bald fett werden, und je besser er daran wende, desto klüger verfahre und spare er im ganzen. Er baute daher für Spiegel eine ordentliche Landschaft in seiner Stube, indem er ein Wäldchen von Tannenbäumchen aufstellte, kleine Hügel von Steinen und Moos errichtete und einen kleinen See anlegte. Auf die Bäumchen setzte er duftig gebratene Lerchen, Finken, Meisen und Sperlinge je nach der Jahreszeit, so daß Spiegel immer etwas herunterzuholen und zu knabbern vorfand. In die kleinen Berge versteckte er in künstlichen Mauslöchern herrliche Mäuse, welche er sorgfältig mit Weizenmehl gemästet, dann ausgeweidet, mit zarten Speckriemchen gespickt und gebraten hatte. Einige dieser Mäuse konnte Spiegel mit der Hand hervorholen, andere waren zur Erhöhung des Vergnügens tiefer verborgen, aber an einen Faden gebunden, an welchem Spiegel sie behutsam hervorziehen mußte, wenn er diese Lustbarkeit einer nachgeahmten Jagd genießen wollte. Das Becken des Sees aber füllte Pineiß alle Tage mit frischer Milch, damit Spiegel in der süßen seinen Durst lösche, und ließ gebratene Gründlinge darin schwimmen, da er wußte, daß Katzen zuweilen auch die Fischerei lieben. Aber da nun Spiegel ein so herrliches Leben führte, tun und lassen, essen und trinken konnte, was ihm beliebte und wann es ihm einfiel, so gedieh er allerdings zusehends an seinem Leibe; sein Pelz wurde wieder glatt und glänzend und sein Auge munter; aber zugleich nahm er, da sich seine Geisteskräfte in gleichem Maße wieder ansammelten, bessere Sitten an; die wilde Gier legte sich, und weil er jetzt eine traurige Erfahrung hinter sich hatte, so wurde er nun klüger als zuvor. Er mäßigte sich in seinen Gelüsten und fraß nicht mehr, als ihm zuträglich war, indem er zugleich wieder vernünftigen und tiefsinnigen Betrachtungen nachging und die Dinge wieder durchschaute. So holte er eines Tages einen hübschen Krammetsvogel von den Ästen herunter, und als er denselben nachdenklich zerlegte, fand er dessen kleinen Magen ganz kugelrund angefüllt mit frischer unversehrter Speise. Grüne Kräutchen, artig zusammengerollt, schwarze und weiße Samenkörner und eine glänzend rote Beere waren da so niedlich und dicht ineinander gepfropft, als ob ein Mütterchen für ihren Sohn das Ränzchen zur Reise gepackt hätte. Als Spiegel den Vogel langsam verzehrt und das so vergnüglich gefüllte Mäglein an seine Klaue hing und philosophisch betrachtete, rührte ihn das Schicksal des armen Vogels, welcher nach so friedlich verbrachtem Geschäft so schnell sein Leben lassen gemußt, daß er nicht einmal die eingepackten Sachen verdauen konnte. »Was hat er nun davon gehabt, der arme Kerl«, sagte Spiegel, »daß er sich so fleißig und eifrig genährt hat, daß dies kleine Säckchen aussieht wie ein wohlvollbrachtes Tagewerk? Diese rote Beere ist es, die ihn aus dem freien Walde in die Schlinge des Vogelstellers gelockt hat. Aber er dachte doch, seine Sache noch besser zu machen und sein Leben an solchen Beeren zu fristen, während ich, der ich soeben den unglücklichen Vogel gegessen, daran mich nur um einen Schritt näher zum Tode gegessen habe! Kann man einen elendern und feigern Vertrag abschließen, als sein Leben noch ein Weilchen fristen zu lassen, um es dann um diesen Preis doch zu verlieren? Wäre nicht ein freiwilliger und schneller Tod vorzuziehen gewesen für einen entschlossenen Kater? Aber ich habe keine Gedanken gehabt, und nun da ich wieder solche habe, sehe ich nichts vor mir als das Schicksal dieses Krammetsvogels; wenn ich rund genug bin, so muß ich von hinnen, aus keinem andern Grunde, als weil ich rund bin. Ein schöner Grund für einen lebenslustigen und gedankenreichen Katzmann! Ach, könnte ich aus dieser Schlinge kommen!«

Er vertiefte sich nun in vielfältige Grübeleien, wie das gelingen möchte; aber da die Zeit der Gefahr noch nicht da war, so wurde es ihm nicht klar und er fand keinen Ausweg; aber als ein kluger Mann ergab er sich bis dahin der Tugend und der Selbstbeherrschung, welches immer die beste Vorschule und Zeitverwendung ist, bis sich etwas entscheiden soll. Er verschmähte das weiche Kissen, welches ihm Pineiß zurechtgelegt hatte, damit er fleißig darauf schlafen und fett werden sollte, und zog es vor, wieder auf schmalen Gesimsen und hohen gefährlichen Stellen zu liegen, wenn er ruhen wollte. Ebenso verschmähte er die gebratenen Vögel und die gespickten Mäuse und fing sich lieber auf den Dächern, da er nun wieder einen rechtmäßigen Jagdgrund hatte, mit List und Gewandtheit einen schlichten lebendigen Sperling oder auf den Speichern eine flinke Maus, und solche Beute schmeckte ihm vortrefflicher als das gebratene Wild in Pineißens künstlichem Gehege, während sie ihn nicht zu fett machte; auch die Bewegung und Tapferkeit sowie der wiedererlangte Gebrauch der Tugend und Philosophie verhinderten ein zu schnelles Fettwerden, so daß Spiegel zwar gesund und glänzend aussah, aber zu Pineißens Verwunderung auf einer gewissen Stufe der Beleibtheit stehenblieb, welche lange nicht das erreichte, was der Hexenmeister mit seiner freundlichen Mästung bezweckte; denn dieser stellte sich darunter ein kugelrundes, schwerfälliges Tier vor, welches sich nicht vom Ruhekissen bewegte und aus eitel Schmer bestand. Aber hierin hatte sich seine Hexerei eben geirrt, und er wußte bei aller Schlauheit nicht, daß, wenn man einen Esel füttert, derselbe ein Esel bleibt, wenn man aber einen Fuchs speiset, derselbe nichts anders wird als ein Fuchs; denn jede Kreatur wächst sich nach ihrer Weise aus. Als Herr Pineiß entdeckte, wie Spiegel immer auf demselben Punkte seiner wohlgenährten, aber geschmeidigen und rüstigen Schlankheit stehenblieb, ohne eine erklecklige Fettigkeit anzusetzen, stellte er ihn eines Abends plötzlich zur Rede und sagte barsch: »Was ist das, Spiegel? Warum frissest du die guten Speisen nicht, die ich dir mit soviel Sorgfalt und Kunst präpariere und herstelle? Warum fängst du die gebratenen Vögel nicht auf den Bäumen, warum suchst du die leckeren Mäuschen nicht in den Berghöhlen? Warum fischest du nicht mehr in dem See? Warum pflegst du dich nicht? Warum schläfst du nicht auf dem Kissen? Warum strapazierst du dich und wirst mir nicht fett?« – »Ei, Herr Pineiß!« sagte Spiegel, »weil es mir wohler ist auf diese Weise! Soll ich meine kurze Frist nicht auf die Art verbringen, die mir am angenehmsten ist?« – »Wie!« rief Pineiß, »du sollst so leben, daß du dick und rund wirst, und nicht dich abjagen! Ich merke aber wohl, wo du hinauswillst! Du denkst mich zu äffen und hinzuhalten, daß ich dich in Ewigkeit in diesem Mittelzustande herumlaufen lasse? Mitnichten soll dir das gelingen! Es ist deine Pflicht, zu essen und zu trinken und dich zu pflegen, auf daß du dick werdest und Schmer bekommst! Auf der Stelle entsage daher dieser hinterlistigen und kontraktwidrigen Mäßigkeit oder ich werde ein Wörtlein mit dir sprechen!«

Spiegel unterbrach sein behagliches Spinnen, das er angefangen, um seine Fassung zu behaupten, und sagte: »Ich weiß kein Sterbenswörtchen davon, daß in dem Kontrakt steht, ich solle der Mäßigkeit und einem gesunden Lebenswandel entsagen! Wenn der Herr Stadthexenmeister darauf gerechnet hat, daß ich ein fauler Schlemmer sei, so ist das nicht meine Schuld! Ihr tut tausend rechtliche Dinge des Tages, so lasset dieses auch noch hinzukommen und uns beide hübsch in der Ordnung bleiben; denn Ihr wißt ja wohl, daß Euch mein Schmer nur nützlich ist, wenn er auf rechtliche Weise erwachsen!« – »Ei, du Schwätzer!« rief Pineiß erbost, »willst du mich belehren? Zeig her, wie weit bist du denn eigentlich gediehen, du Müßiggänger? Vielleicht kann man dich doch bald abtun!« Er griff dem Kätzchen an den Bauch; allein dieses fühlte sich dadurch unangenehm gekitzelt und hieb dem Hexenmeister einen scharfen Kratz über die Hand. Diesen betrachtete Pineiß aufmerksam, dann sprach er: »Stehen wir so miteinander, du Bestie? Wohlan, so erkläre ich dich hiermit feierlich, kraft des Vertrages, für fett genug! Ich begnüge mich mit dem Ergebnis und werde mich desselben zu versichern wissen! In fünf Tagen ist der Mond voll, und bis dahin magst du dich noch

deines Lebens erfreuen, wie es geschrieben steht, und nicht eine Minute länger!« Damit kehrte er ihm den Rücken und überließ ihn seinen Gedanken.
Diese waren jetzt sehr bedenklich und düster. So war denn die Stunde doch nahe, wo der gute Spiegel seine Haut lassen sollte? Und war mit aller Klugheit gar nichts mehr zu machen? Seufzend stieg er auf das hohe Dach, dessen Firste dunkel in den schönen Herbstabendhimmel emporragten. Da ging der Mond über der Stadt auf und warf seinen Schein auf die schwarzen bemoosten Hohlziegel des alten Daches, ein lieblicher Gesang tönte in Spiegels Ohren, und eine schneeweiße Kätzin wandelte glänzend über einen benachbarten First weg. Sogleich vergaß Spiegel die Todesaussichten, in welchen er lebte, und erwiderte mit seinem schönsten Katerliede den Lobgesang der Schönen. Er eilte ihr entgegen und war bald im hitzigen Gefecht mit drei fremden Katern begriffen, die er mutig und wild in die Flucht schlug. Dann machte er der Dame feurig und ergeben den Hof und brachte Tag und Nacht bei ihr zu, ohne an den Pineiß zu denken oder im Hause sich sehen zu lassen. Er sang wie eine Nachtigall die schönen Mondnächte hindurch, jagte hinter der weißen Geliebten her über die Dächer, durch die Gärten und rollte mehr als einmal im heftigen Minnespiel oder im Kampfe mit den Rivalen über hohe Dächer hinunter und fiel auf die Straße; aber nur um sich aufzuraffen, das Fell zu schütteln und die wilde Jagd seiner Leidenschaften von neuem anzuheben. Stille und laute Stunden, süße Gefühle und zorniger Streit, anmutiges Zwiegespräch, witziger Gedankenaustausch, Ränke und Schwänke der Liebe und der Eifersucht, Liebkosungen und Raufereien, die Gewalt des Glückes und die Leiden des Unsterns ließen Spiegel nicht zu sich selbst kommen, und als die Scheibe des Mondes voll geworden war, war er von allen diesen Aufregungen und Leidenschaften so heruntergekommen, daß er jämmerlicher, magerer und zerzauster aussah als je. Im selben Augenblicke rief ihn Pineiß aus einem Dachtürmchen: »Spiegelchen, Spiegelchen! Wo bist du? Komm doch ein bißchen nach Hause!«
Da schied Spiegel von der weißen Freundin, welche zufrieden und kühl miauend ihrer Wege ging, und wandte sich stolz seinem Henker zu. Dieser stieg in die Küche hinunter, raschelte mit dem Kontrakt und sagte: »Komm, Spiegelchen, komm, Spiegelchen!«, und Spiegel folgte ihm und setzte sich in der Hexenküche trotzig

vor den Meister hin in all seiner Magerkeit und Zerzaustheit. Als Herr Pineiß erblickte, wie er so schmählich um seinen Gewinn gebracht war, sprang er wie besessen in die Höhe und schrie wütend: »Was seh ich! Du Schelm, du gewissenloser Spitzbube! Was hast du mir getan?« Außer sich vor Zorn griff er nach einem Besen und wollte Spiegelein schlagen; aber dieser krümmte den schwarzen Rücken, ließ die Haare emporstarren, daß ein fahler Schein darüber knisterte, legte die Ohren zurück, prustete und funkelte den Alten so grimmig an, daß dieser voll Furcht und Entsetzen drei Schritt zurücksprang. Er begann zu fürchten, daß er einen Hexenmeister vor sich habe, welcher ihn foppe und mehr könne als er selbst. Ungewiß und kleinlaut sagte er: »Ist der ehrsame Herr Spiegel vielleicht vom Handwerk? Sollte ein gelehrter Zaubermeister beliebt haben, sich in dero äußere Gestalt zu verkleiden, da er nach Gefallen über sein Leibliches gebieten und genau so beleibt werden kann, als es ihm angenehm dünkt, nicht zuwenig und nicht zuviel, oder unversehens so mager wird wie ein Gerippe, um dem Tode zu entschlüpfen?«
Spiegel beruhigte sich wieder und sprach ehrlich: »Nein, ich bin kein Zauberer! Es ist allein die süße Gewalt der Leidenschaft, welche mich so heruntergebracht und zu meinem Vergnügen Euer Fett dahingenommen hat. Wenn wir übrigens jetzt unser Geschäft von neuem beginnen wollen, so will ich tapfer dabeisein und dreinbeißen! Setzt mir nur eine recht schöne und große Bratwurst vor, denn ich bin ganz erschöpft und hungrig!« Da packte Pineiß den Spiegel wütend am Kragen, sperrte ihn in den Gänsestall, der immer leer war, und schrie: »Da sieh zu, ob dir deine süße Gewalt der Leidenschaft noch einmal heraushilft und ob sie stärker ist als die Gewalt der Hexerei und meines rechtlichen Vertrages! Jetzt heißt's: Vogel friß und stirb!« Sogleich briet er eine lange Wurst, die so lecker duftete, daß er sich nicht enthalten konnte, selbst ein bißchen an beiden Zipfeln zu schlecken, ehe er sie durch das Gitter steckte. Spiegel fraß sie von vorn bis hinten auf, und indem er sich behaglich den Schnurrbart putzte und den Pelz leckte, sagte er zu sich selber: »Meiner Seel! es ist doch eine schöne Sache um die Liebe! Die hat mich für diesmal wieder aus der Schlinge gezogen. Jetzt will ich mich ein wenig ausruhen und trachten, daß ich durch Beschaulichkeit und gute Nahrung wieder zu vernünftigen Gedanken komme! Alles hat seine Zeit! Heute ein bißchen Leidenschaft, morgen ein wenig Besonnenheit und Ruhe, ist jedes in

seiner Weise gut. Dies Gefängnis ist gar nicht so übel, und es läßt sich gewiß etwas Ersprießliches darin ausdenken!« Pineiß aber nahm sich nun zusammen und bereitete alle Tage mit aller seiner Kunst solche Leckerbissen und in solch reizender Abwechslung und Zuträglichkeit, daß der gefangene Spiegel denselben nicht widerstehen konnte; denn Pineißens Vorrat an freiwilligem und rechtmäßigem Katzenschmer nahm alle Tage mehr ab und drohte nächstens ganz auszugehen, und dann war der Hexer ohne dies Hauptmittel ein geschlagener Mann. Aber der gute Hexenmeister nährte mit dem Leibe Spiegels dessen Geist immer wieder mit, und es war durchaus nicht von dieser unbequemen Zutat loszukommen, weshalb auch seine Hexerei sich hier als lückenhaft erwies.

Als Spiegel in seinem Käfig ihm endlich fett genug dünkte, säumte er nicht länger, sondern stellte vor den Augen des aufmerksamen Katers alle Geschirre zurecht und machte ein helles Feuer auf dem Herd, um den lang ersehnten Gewinn auszukochen. Dann wetzte er ein großes Messer, öffnete den Kerker, zog Spiegelchen hervor, nachdem er die Küchentüre wohl verschlossen, und sagte wohlgemut: »Komm, du Sapperlöter! Wir wollen dir den Kopf abschneiden vorderhand und dann das Fell abziehen! Dieses wird eine warme Mütze für mich geben, woran ich Einfältiger noch gar nicht gedacht habe! Oder soll ich dir erst das Fell abziehen und dann den Kopf abschneiden?« – »Nein, wenn es Euch gefällig ist«, sagte Spiegel demütig, »lieber zuerst den Kopf abschneiden!« – »Hast recht, du armer Kerl!« sagte Herr Pineiß, »wir wollen dich nicht unnütz quälen! Alles was recht ist!« – »Dies ist ein wahres Wort!« sagte Spiegel mit einem erbärmlichen Seufzer und legte das Haupt ergebungsvoll auf die Seite, »so hätt' ich doch jederzeit getan, was recht ist, und nicht eine so wichtige Sache leichtsinnig unterlassen, so könnte ich jetzt mit besserm Gewissen sterben, denn ich sterbe gern; aber ein Unrecht erschwert mir den sonst so willkommenen Tod; denn was bietet mir das Leben? Nichts als Furcht, Sorge und Armut und zur Abwechslung einen Sturm verzehrender Leidenschaft, die noch schlimmer ist als die stille zitternde Furcht!« – »Ei, welches Unrecht, welche wichtige Sache?« fragte Pineiß neugierig. »Ach, was hilft das Reden jetzt noch«, seufzte Spiegel, »geschehen ist geschehen, und jetzt ist Reue zu spät!« – »Siehst du, Sappermenter, was für ein Sünder du bist?« sagte Pineiß, »und wie wohl du deinen Tod verdienst? Aber was Tausend hast du denn angestellt? Hast du mir vielleicht etwas entwendet, entfremdet,

verdorben? Hast du mir ein himmelschreiendes Unrecht getan, von dem ich noch gar nichts weiß, ahne, vermute, du Satan? Das sind mir schöne Geschichten! Gut, daß ich noch dahinterkomme! Auf der Stelle beichte mir oder ich schinde und siede dich lebendig aus! Wirst du sprechen oder nicht?« – »Ach nein!« sagte Spiegel, »wegen Euch habe ich mir nichts vorzuwerfen. Es betrifft die zehntausend Goldgülden meiner seligen Gebieterin – aber was hilft Reden! – Zwar – wenn ich bedenke und Euch ansehe, so möchte es vielleicht doch nicht ganz zu spät sein – wenn ich Euch betrachte, so sehe ich, daß Ihr ein noch ganz schöner und rüstiger Mann seid, in den besten Jahren – sagt doch, Herr Pineiß, habt Ihr noch nie etwa den Wunsch verspürt, Euch zu verehelichen, ehrbar und vorteilhaft? Aber was schwatze ich! Wie wird ein so kluger und kunstreicher Mann auf dergleichen müßige Gedanken kommen! Wie wird ein so nützlich beschäftigter Meister an törichte Weiber denken! Zwar allerdings hat auch die Schlimmste noch irgendwas an sich, was etwa nützlich für einen Mann ist, das ist nicht abzuleugnen! Und wenn sie nur halbwegs was taugt, so ist eine gute Hausfrau etwa weiß am Leibe, sorgfältig im Sinne, zutulich von Sitten, treu von Herzen, sparsam im Verwalten, aber verschwenderisch in der Pflege ihres Mannes, kurzweilig in Worten und angenehm in ihren Taten, einschmeichelnd in ihren Handlungen! Sie küßt den Mann mit ihrem Munde und streichelt ihm den Bart, sie umschließt ihn mit ihren Armen und krault ihn hinter den Ohren, wie er es wünscht, kurz, sie tut tausend Dinge, die nicht zu verwerfen sind. Sie hält sich ihm ganz nah zu oder in bescheidener Entfernung, je nach seiner Stimmung, und wenn er seinen Geschäften nachgeht, so stört sie ihn nicht, sondern verbreitet unterdessen sein Lob in und außer dem Hause; denn sie läßt nichts an ihn kommen und rühmt alles, was an ihm ist! Aber das Anmutigste ist die wunderbare Beschaffenheit ihres zarten leiblichen Daseins, welches die Natur so verschieden gemacht hat von unserm Wesen bei anscheinender Menschenähnlichkeit, daß es ein fortwährendes Meerwunder in einer glückhaften Ehe bewirkt und eigentlich die allerdurchtriebenste Hexerei in sich birgt! Doch was schwatze ich da wie ein Tor an der Schwelle des Todes! Wie wird ein weiser Mann auf dergleichen Eitelkeiten sein Augenmerk richten! Verzeiht, Herr Pineiß, und schneidet mir den Kopf ab!«
Pineiß aber rief heftig: »So halt doch endlich inne, du Schwätzer!

und sage mir: wo ist eine solche, und hat sie zehntausend Goldgülden?«

»Zehntausend Goldgülden?« sagte Spiegel.

»Nun ja«, rief Pineiß, »sprachest du nicht eben erst davon?«

»Nein«, antwortete jener, »das ist eine andere Sache! Die liegen vergraben an einem Orte!«

»Und was tun sie da, wem gehören sie?« schrie Pineiß.

»Niemand gehören sie, das ist eben meine Gewissensbürde, denn ich hätte sie unterbringen sollen! Eigentlich gehören sie jenem, der eine solche Person heiratet, wie ich eben beschrieben habe. Aber wie soll man drei solche Dinge zusammenbringen in dieser gottlosen Stadt: zehntausend Goldgülden, eine weiße, feine und gute Hausfrau und einen weisen, rechtschaffenen Mann? Daher ist eigentlich meine Sünde nicht allzu groß, denn der Auftrag war zu schwer für eine arme Katze!«

»Wenn du jetzt«, rief Pineiß, »nicht bei der Sache bleibst und sie verständlich der Ordnung nach dartust, so schneide ich dir vorläufig den Schwanz und beide Ohren ab! Jetzt fang an!«

»Da Ihr es befehlt, so muß ich die Sache wohl erzählen«, sagte Spiegel und setzte sich gelassen auf seine Hinterfüße, »obgleich dieser Aufschub meine Leiden nur vergrößert!« Pineiß steckte das scharfe Messer zwischen sich und Spiegel in die Diele und setzte sich neugierig auf ein Fäßchen, um zuzuhören, und Spiegel fuhr fort:

»Ihr wisset doch, Herr Pineiß, daß die brave Person, meine selige Meisterin, unverheiratet gestorben ist als eine alte Jungfer, die in aller Stille viel Gutes getan und niemandem zuwider gelebt hat. Aber nicht immer war es um sie her so still und ruhig zugegangen, und obgleich sie niemals von bösem Gemüt gewesen, so hatte sie doch einst viel Leid und Schaden angerichtet; denn in ihrer Jugend war sie das schönste Fräulein weit und breit, und was von jungen Herren und kecken Gesellen in der Gegend war oder des Weges kam, verliebte sich in sie und wollte sie durchaus heiraten. Nun hatte sie wohl große Lust, zu heiraten und einen hübschen, ehrenfesten und klugen Mann zu nehmen, und sie hatte die Auswahl, da sich Einheimische und Fremde um sie stritten und einander mehr als einmal die Degen in den Leib rannten, um den Vorrang zu gewinnen. Es bewarben sich um sie und versammelten sich kühne und verzagte, listige und treuherzige, reiche und arme Freier, solche mit einem guten und anständigen Geschäft und solche, welche als Kavaliere zierlich von ihren Renten lebten; dieser mit diesen, jener mit jenen Vorzügen, beredt oder schweigsam, der eine munter und liebenswürdig, und ein anderer schien es mehr in sich zu haben, wenn er auch etwas einfältig aussah; kurz, das Fräulein hatte eine so vollkommene Auswahl, wie es ein mannbares Frauenzimmer sich nur wünschen kann. Allein sie besaß außer ihrer Schönheit ein schönes Vermögen von vielen tausend Goldgülden, und diese waren die Ursache, daß sie nie dazu kam, eine Wahl zu treffen und einen Mann nehmen zu können, denn sie verwaltete ihr Gut mit trefflicher Umsicht und Klugheit und legte einen großen Wert auf dasselbe, und da nun der Mensch immer von seinen eigenen Neigungen aus andere beurteilt, so geschah es, daß sie, sobald sich ihr ein achtungswerter Freier genähert und ihr halbwegs gefiel, alsobald sich einbildete, derselbe begehre sie nur um ihres Gutes willen. War einer reich, so glaubte sie, er würde sie doch nicht begehren, wenn sie nicht auch reich wäre, und von den Unbemittelten nahm sie vollends als gewiß an, daß sie nur ihre Goldgülden im Auge hätten und sich daran gedächten, gütlich zu tun, und das arme Fräulein, welches doch selbst so große Dinge auf den irdischen Besitz hielt, war nicht imstande, diese Liebe zu Geld und Gut an ihren Freiern von der Liebe zu ihr selbst zu unterscheiden oder, wenn sie wirklich vorhanden war, dieselbe nachzusehen und zu verzeihen. Mehrere Male war sie schon so gut wie verlobt, und ihr Herz klopfte endlich stärker; aber plötzlich glaubte sie aus irgendeinem Zuge zu entnehmen, daß sie verraten sei und man einzig an ihr Vermögen denke, und brach unverweilt die Geschichte entzwei und zog sich voll Schmerzen, aber unerbittlich zurück. Sie prüfte alle, welche ihr nicht mißfielen, auf hundert Arten, so daß eine große Gewandtheit dazu gehörte, nicht in die Falle zu gehen, und zuletzt keiner mehr sich mit einiger Hoffnung nähern konnte, als wer ein durchaus geriebener und verstellter Mensch war, so daß schon aus diesen Gründen endlich die Wahl wirklich schwer wurde, weil solche Menschen dann zuletzt doch eine unheimliche Unruhe erwecken und peinlichste Ungewißheit bei einer Schönen zurückgelassen, je geriebener und geschickter sie sind. Das Hauptmittel, ihre Anbeter zu prüfen, war, daß sie ihre Uneigennützigkeit auf die Probe stellte und sie alle Tage zu großen Ausgaben, zu reichen Geschenken und zu wohltätigen Handlungen veranlaßte. Aber sie mochten es machen, wie sie wollten, so trafen sie doch nie das

Rechte. Eines Tages fühlte sie sich so mißmutig und trostlos, daß sie ihren ganzen Hof aus dem Hause wies, dasselbe zuschloß und nach Mailand verreiste, wo sie eine Base hatte. Als sie über den Sankt Gotthard ritt auf einem Eselein, war ihre Gesinnung so schwarz und schaurig wie das wilde Gestein, das sich aus den Abgründen emportürmte, und sie fühlte die heftigste Versuchung, sich von der Teufelsbrücke in die tobenden Gewässer der Reuß hinabzustürzen. Nur mit der größten Mühe gelang es den zwei Mägden, die sie bei sich hatte und die ich selbst noch gekannt habe, welche aber nun schon lange tot sind, und dem Führer, sie zu beruhigen und von der finstern Anwandlung abzubringen. Doch langte sie bleich und traurig in dem schönen Land Italien an, und so blau dort der Himmel war, wollten sich ihre dunklen Gedanken doch nicht aufhellen. Aber als sie einige Tage bei ihrer Base verweilt, sollte unverhofft eine andere Melodie ertönen und ein Frühlingsanfang in ihr aufgehen, von dem sie bis dato noch nicht viel gewußt. Denn es kam ein junger Landsmann in das Haus der Base, der ihr gleich beim ersten Anblick so wohl gefiel, daß man wohl sagen kann, sie verliebte sich jetzt von selbst und zum erstenmal. Es war ein schöner Jüngling, von guter Erziehung und edlem Benehmen, nicht arm und nicht reich zur Zeit, denn er hatte nichts als zehntausend Goldgülden, welche er von seinen verstorbenen Eltern ererbt und womit er, da er die Kaufmannschaft erlernt hatte, in Mailand einen Handel mit Seide begründen wollte; denn er war unternehmend und klar von Gedanken und hatte eine glückliche Hand, wie es unbefangene und unschuldige Leute oft haben; denn auch dies war der junge Mann; er schien, so wohlgelehrt er war, doch so arglos und unschuldig wie ein Kind. Und obgleich er ein Kaufmann war und ein so unbefangenes Gemüt, was schon zusammen eine köstliche Seltenheit ist, so war er doch fest und ritterlich in seiner Haltung und trug sein Schwert so keck zur Seite, wie nur ein geübter Kriegsmann es tragen kann. Dies alles sowie seine frische Schönheit und Jugend bezwangen das Herz des Fräuleins dermaßen, daß sie kaum an sich halten konnte und ihm mit großer Freundlichkeit begegnete. Sie wurde wieder heiter, und wenn sie dazwischen auch traurig war, so geschah dies in dem Wechsel der Liebesfurcht und Hoffnung, welche immerhin ein edleres und angenehmeres Gefühl war als jene peinliche Verlegenheit in der Wahl, welche sie früher unter den vielen Freiern empfunden. Jetzt kannte sie nur eine Mühe und

Besorgnis, diejenige nämlich, dem schönen und guten Jüngling zu gefallen, und je schöner sie selbst war, desto demütiger und unsicherer war sie jetzt, da sie zum ersten Male eine wahre Zuneigung gefaßt hatte. Aber auch der junge Kaufmann hatte noch nie eine solche Schönheit gesehen oder war wenigstens noch keiner so nahe gewesen und von ihr so freundlich und artig behandelt worden. Da sie nun, wie gesagt, nicht nur schön, sondern auch gut von Herzen und fein von Sitten war, so ist es nicht zu verwundern, daß der offene und frische Jüngling, dessen Herz noch ganz frei und unerfahren war, sich ebenfalls in sie verliebte, und das mit aller Kraft und Rückhaltlosigkeit, die in seiner ganzen Natur lag. Aber vielleicht hätte das nie jemand erfahren, wenn er in seiner Einfalt nicht aufgemuntert worden wäre durch des Fräuleins Zutulichkeit, welche er mit heimlichem Zittern und Zagen für eine Erwiderung seiner Liebe zu halten wagte, da er selber keine Verstellung kannte. Doch bezwang er sich einige Wochen und glaubte die Sache zu verheimlichen; aber jeder sah ihm von weitem an, daß er zum Sterben verliebt war, und wenn er irgend in die Nähe des Fräuleins geriet oder sie nur genannt wurde, so sah man auch gleich, in wen er verliebt war. Er war aber nicht lange verliebt, sondern begann wirklich zu lieben mit aller Heftigkeit seiner Jugend, so daß ihm das Fräulein das Höchste und Beste auf der Welt wurde, an welches er ein für allemal das Heil und den ganzen Wert seiner eigenen Person setzte. Dies gefiel ihr über die Maßen wohl; denn es war in allem, was er sagte oder tat, eine andere Art, als sie bislang erfahren, und dies bestärkte und rührte sie so tief, daß sie nun gleichermaßen der stärksten Liebe anheimfiel und nun nicht mehr von einer Wahl für sie die Rede war. Jedermann sah diese Geschichte spielen, und es wurde offen darüber gesprochen und vielfach gescherzt. Dem Fräulein war es höchlich wohl dabei, und indem ihr das Herz vor banger Erwartung zerspringen wollte, half sie den Roman von ihrer Seite doch ein wenig verwickeln und ausspinnen, um ihn recht auszukosten und zu genießen. Denn der junge Mann beging in seiner Verwirrung so köstliche und kindliche Dinge, dergleichen sie niemals erfahren und für sie einmal schmeichelhafter und angenehmer waren als das andere. Er aber in seiner Gradheit und Ehrlichkeit konnte es nicht lange so aushalten; da jeder darauf anspielte und sich einen Scherz erlaubte, so schien es ihm eine Komödie zu werden, als deren Gegenstand ihm seine Geliebte viel zu gut und heilig war, und was ihr ausnehmend behagte, das machte ihn bekümmert, ungewiß und verlegen um sie selber. Auch glaubte er sie zu beleidigen und zu hintergehen, wenn er da lange eine so heftige Leidenschaft zu ihr herumtrüge und unaufhörlich an sie denke, ohne daß sie eine Ahnung davon habe, was doch gar nicht schicklich sei und ihm selber nicht recht! Daher sah man ihm eines Morgens von weitem an, daß er etwas vorhatte, und er bekannte ihr seine Liebe in einigen Worten, um es einmal und nie zum zweitenmal zu sagen, wenn er nicht glücklich sein sollte. Denn er war nicht gewohnt zu denken, daß ein solches schönes und wohlbeschaffenes Fräulein etwa nicht ihre wahre Meinung sagen und nicht auch gleich zum erstenmal ihr unwiderrufliches Ja oder Nein erwidern sollte. Er war ebenso zart gesinnt als heftig verliebt, ebenso spröde als kindlich und ebenso stolz als unbefangen, und bei ihm galt es gleich auf Tod und Leben, auf Ja oder Nein, Schlag um Schlag. In demselben Augenblicke aber, in welchem das Fräulein sein Geständnis anhörte, das sie so sehnlich erwartet, überfiel sie ihr altes Mißtrauen, und es fiel ihr zur unglücklichen Stunde ein, daß ihr Liebhaber ein Kaufmann sei, welcher am Ende nur ihr Vermögen zu erlangen wünsche, um seine Unternehmungen zu erweitern. Wenn er daneben auch ein wenig in ihre Person verliebt sein sollte, so wäre ja das bei ihrer Schönheit kein sonderliches Verdienst und nur um so empörender, wenn sie eine bloße wünschbare Zugabe zu ihrem Golde vorstellen sollte. Anstatt ihm daher ihre Gegenliebe zu gestehen und ihn wohl aufzunehmen, wie sie am liebsten getan hätte, ersann sie auf der Stelle eine neue List, um seine Hingebung zu prüfen, und nahm eine ernste, fast traurige Miene an, indem sie ihm vertraute, wie sie bereits mit einem jungen Mann verlobt sei in ihrer Heimat, welchen sie auf das allerherzlichste liebe. Sie habe ihm das schon mehrmals mitteilen wollen, da sie ihn, den Kaufmann nämlich, als Freund sehr liebhabe, wie er wohl habe sehen können aus ihrem Benehmen, und sie vertraue ihm wie einem Bruder. Aber die ungeschickten Scherze, welche in der Gesellschaft aufgekommen seien, hätten ihr eine vertrauliche Unterhaltung erschwert; da er nun aber selbst sie mit seinem braven und edlen Herzen überrascht und dasselbe vor ihr aufgetan, so könne sie ihm für seine Neigung nicht besser danken, als indem sie ihm ebenso offen sich anvertraue. Ja, fuhr sie fort, nur demjenigen könne sie angehören, welchen sie einmal erwählt habe, und nie würde es ihr möglich sein, ihr Herz einem andern Mannesbilde zuzuwenden, dies stehe mit goldenem Feuer in ihrer Seele geschrieben, und der liebe Mann wisse selbst nicht, wie lieb er ihr sei, so wohl er sie auch kenne! Aber ein trüber Unstern hätte sie betroffen: ihr Bräutigam sei ein Kaufmann, aber so arm wie eine Maus; darum hätten sie den Plan gefaßt, daß er aus den Mitteln der Braut einen Handel begründen solle; der Anfang sei gemacht und alles auf das beste eingeleitet, die Hochzeit sollte in diesen Tagen gefeiert werden, da wollte ein unverhofftes Mißgeschick, daß ihr ganzes Vermögen plötzlich ihr angetastet und abgestritten wurde und vielleicht für immer verlorengehe, während der arme Bräutigam in nächster Zeit seine ersten Zahlungen zu leisten habe an die Mailänder und venezianischen Kaufleute, worauf sein ganzer Kredit, sein Gedeihen und seine Ehre beruhe, nicht zu sprechen von ihrer Vereinigung und glücklichen Hochzeit! Sie sei in der Eile nach Mailand gekommen, wo sie begüterte Verwandte habe, um da Mittel und Auswege zu finden; aber zu einer schlimmen Stunde sei sie gekommen; denn nichts wolle sich fügen und schicken, während der Tag immer näher rücke, und wenn sie ihrem Geliebten nicht helfen könne, so müsse sie sterben vor Traurigkeit. Denn es sei der liebste und beste Mensch, den man sich denken könne, und würde sicherlich ein großer Kaufherr werden, wenn ihm geholfen würde, und sie kenne kein anderes Glück mehr auf Erden, als dessen Gemahlin zu sein! Als sie diese Erzählung beendet, hatte sich der arme schöne Jüngling schon lange entfärbt und war bleich wie ein weißes Tuch. Aber er ließ keinen Laut der Klage vernehmen und sprach nicht ein Sterbenswörtchen mehr von sich selbst und von seiner Liebe, sondern fragte bloß traurig, auf wieviel sich denn die eingegangenen Verpflichtungen des glücklich unglücklichen Bräutigams beliefen? Auf zehntausend Goldgülden! antwortete sie noch viel trauriger. Der junge traurige Kaufherr stand auf, ermahnte das Fräulein, guten Mutes zu sein, da sich gewiß ein Ausweg zeigen werde, und entfernte sich von ihr, ohne daß er sie anzusehen wagte; so sehr fühlte er sich betroffen und beschämt, daß er sein Auge auf eine Dame geworfen, die so treu und leidenschaftlich einen andern liebte. Denn der Arme glaubte jedes Wort von ihrer Erzählung wie ein Evangelium. Dann begab er sich ohne Säumnis zu seinen Handelsfreunden und brachte sie durch Bitten und Einbußung einer gewissen Summe dahin, seine Bestellungen und Einkäufe wieder rückgängig zu machen, welche er selbst in diesen Tagen auch grad mit seinen zehntausend Goldgülden bezahlen sollte und worauf er seine ganze Laufbahn bauete, und ehe sechs Stunden verflossen waren, erschien er wieder bei dem Fräulein mit seinem ganzen Besitztum und bat sie um Gottes willen, diese Aushilfe von ihm annehmen zu wollen. Ihre Augen funkelten vor freudiger Überraschung, und ihre Brust pochte wie ein Hammerwerk; sie fragte ihn, wo er denn dies Kapital hergenommen, und er erwiderte, er habe es auf seinen guten Namen geliehen und würde es, da seine Geschäfte sich glücklich wendeten, ohne Unbequemlichkeit zurückerstatten können. Sie sah ihm deutlich an, daß er log und daß es sein einziges Vermögen und ganze Hoffnung war, welche er ihrem Glücke opferte; doch stellte sie sich, als glaubte sie seinen Worten. Sie ließ ihren freudigen Empfindungen freien Lauf und tat grausamerweise, als ob diese dem Glücke gälten, nun doch ihren Erwählten retten und heiraten zu dürfen, und sie konnte nicht Worte finden, ihre Dankbarkeit auszudrücken. Doch plötzlich besann sie sich und erklärte, nur unter *einer* Bedingung die großmütige Tat annehmen zu können, da sonst alles Zureden unnütz wäre. Befragt, worin diese Bedingung bestehe, verlangte sie das heilige Versprechen, daß er an einem bestimmten Tage sich bei ihr einfinden wolle, um ihrer Hochzeit beizuwohnen und der beste Freund und Gönner ihres zukünftigen Ehegemahls zu werden sowie der treuste Freund, Schützer und Berater ihrer selbst. Errötend bat er sie, von diesem Begehren abzustehen; aber umsonst wandte er alle Gründe an, um sie davon abzubringen, umsonst stellte er ihr vor, daß seine Angelegenheiten jetzt nicht erlaubten, nach der Schweiz zurückzureisen, und daß er von einem solchen Abstecher einen erheblichen Schaden erleiden würde. Sie beharrte entschieden auf ihrem Verlangen und schob ihm sogar sein Gold wieder zu, da er sich nicht dazu verstehen wollte. Endlich versprach er es, aber er mußte ihr die Hand darauf geben und es ihr bei seiner Ehre und Seligkeit beschwören. Sie bezeichnete ihm genau den Tag und die Stunde, wann er eintreffen solle, und alles dies mußte er bei seinem Christenglauben und bei seiner Seligkeit beschwören. Erst dann nahm sie sein Opfer an und ließ den Schatz vergnügt in ihre Schlafkammer tragen, wo sie ihn eigenhändig in ihrer Reisetruhe verschloß und den Schlüssel in den Busen steckte. Nun hielt sie sich nicht länger in Mailand auf, sondern reiste ebenso fröhlich über den Sankt Gotthard zurück, als schwermütig sie hergekommen war. Auf der Teufelsbrücke, wo sie hatte hinabspringen wollen, lachte sie wie eine Unkluge und warf mit hellem Jauchzen ihrer wohlklingenden Stimme einen Granatblütenstrauß in die Reuß, welchen sie vor der Brust trug, kurz ihre Lust war nicht zu bändigen, und es war die fröhlichste Reise, die je getan wurde. Heimgekehrt, öffnete und lüftete sie ihr Haus von oben bis unten und schmückte es, als ob sie einen Prinzen erwartete. Aber zu Häupten ihres Bettes legte sie den Sack mit den zehntausend Goldgülden und legte des Nachts den Kopf so glückselig auf den harten Klumpen und schlief darauf, wie wenn es das weichste Flaumkissen gewesen wäre. Kaum konnte sie den verabredeten Tag erwarten, wo sie ihn sicher kommen sah, da sie wußte, daß er nicht das einfachste Versprechen, geschweige denn einen Schwur brechen würde, und wenn es ihm um das Leben ginge. Aber der Tag brach an, und der Geliebte erschien nicht, und es vergingen viele Tage und Wochen, ohne daß er von sich hören ließ. Da fing sie an, an allen Gliedern zu zittern, und verfiel in die größte Angst und Bangigkeit; sie schickte Briefe über Briefe nach Mailand, aber niemand wußte ihr zu sagen, wo er geblieben sei. Endlich aber stellte es sich durch einen Zufall heraus, daß der junge Kaufherr aus einem blutroten Stück Seidendamast, welches er von seinem Handelsanfang her im Haus liegen und bereits bezahlt hatte, sich ein Kriegskleid hatte anfertigen lassen und unter die Schweizer gegangen war, welche damals eben im Solde des Königs Franz von Frankreich den Mailändischen Krieg mitstritten. Nach der Schlacht bei Pavia, in welcher so viele Schweizer das Leben verloren, wurde er auf einem Haufen erschlagener Spaniolen liegend gefunden, von vielen tödlichen Wunden zerrissen und sein rotes Seidengewand von unten bis oben zerschlitzt und zerfetzt. Eh' er den Geist aufgab, sagte er einem neben ihm liegenden Seldwyler, der minder übel zugerichtet war, folgende Botschaft ins Gedächtnis und bat ihn, dieselbe auszurichten, wenn er mit dem Leben davonkäme: ›Liebstes Fräulein! Obgleich ich Euch bei meiner Ehre, bei meinem Christenglauben und bei meiner Seligkeit geschworen habe, auf Eurer Hochzeit zu erscheinen, so ist es mir dennoch nicht möglich gewesen, Euch nochmals zu sehen und einen andern des höchsten Glückes teilhaftig zu erblicken, das es für mich geben könnte. Dieses habe ich erst in Eurer Abwesenheit verspürt und habe vorher nicht gewußt, welch eine strenge und unheimliche Sache es ist um solche Liebe, wie ich zu Euch habe, sonst würde ich mich zweifelsohne besser davor gehütet haben. Da es aber einmal so ist, so wollte ich lieber meiner weltlichen Ehre und meiner geistlichen Seligkeit verloren und in die ewige Verdammnis eingehen als ein Meineidiger denn noch einmal in Eurer Nähe erscheinen mit einem Feuer in der Brust, welches stärker und unauslöschlicher ist als das Höllenfeuer und mich dieses kaum wird verspüren lassen. Betet nicht etwa für mich, schönstes Fräulein, denn ich kann und werde nie selig werden ohne Euch, sei es hier oder dort, und somit lebt glücklich und seid gegrüßt!‹ So hatte in dieser Schlacht, nach welcher König Franziskus sagte: ›Alles verloren, außer der Ehre!‹, der unglückliche Liebhaber alles verloren, die Hoffnung, die Ehre, das Leben und die ewige Seligkeit, nur die Liebe nicht, die ihn verzehrte. Der Seldwyler kam glücklich davon, und sobald er sich in etwas erholt und außer Gefahr war, schrieb er die Worte des Umgekommenen getreu auf seine Schreibtafel, um sie nicht zu vergessen, reiste nach Hause, meldete sich bei dem unglücklichen Fräulein und las ihr die Botschaft so steif und kriegerisch vor, wie er zu tun gewohnt war, wenn er sonst die Mannschaft seines Fähnleins verlas; denn es war ein Feldleutnant. Das Fräulein aber zerraufte sich die Haare, zerriß ihre Kleider und begann so laut zu schreien und zu weinen, daß man es die Straße auf und nieder hörte und die Leute zusammenliefen. Sie schleppte wie wahnsinnig die zehntausend Goldgülden herbei, zerstreute sie auf dem Boden, warf sich der Länge nach darauf hin und küßte die glänzenden Goldstücke. Ganz von Sinnen, suchte sie den umherrollenden Schatz zusammenzuraffen und zu umarmen, als ob der verlorene Geliebte darin zugegen wäre. Sie lag Tag und Nacht auf dem Golde und wollte weder Speise noch Trank zu sich nehmen; unaufhörlich liebkoste und küßte sie das kalte Metall, bis sie mitten in einer Nacht plötzlich aufstand, den Schatz emsig hin und her eilend nach dem Garten trug und dort unter bittern Tränen in den tiefen Brunnen warf und einen Fluch darüber aussprach, daß er niemals jemand anderm angehören solle.«

Als Spiegel so weit erzählt hatte, sagte Pineiß: »Und liegt das schöne Gold noch in dem Brunnen?« – »Ja, wo sollte es sonst liegen?« antwortete Spiegel, »denn nur ich kann es herausbringen und habe es bis zur Stunde noch nicht getan!« – »Ei ja so, richtig!« sagte Pineiß, »ich habe es ganz vergessen über deiner Geschichte! Du kannst nicht übel erzählen, du Sapperlöter, und es ist mir ganz

gelüstig worden nach einem Weibchen, die so für mich eingenommen wäre; aber sehr schön müßte sie sein! Doch erzähle jetzt schnell noch, wie die Sache eigentlich zusammenhängt!« – »Es dauerte manche Jahre«, sagte Spiegel, »bis das Fräulein aus bittern Seelenleiden so weit zu sich kam, daß sie anfangen konnte, die stille alte Jungfer zu werden, als welche ich sie kennenlernte. Ich darf mich rühmen, daß ich ihr einziger Trost und ihr vertrautester Freund geworden bin in ihrem einsamen Leben bis an ihr stilles Ende. Als sie aber dieses herannahen sah, vergegenwärtigte sie sich noch einmal die Zeit ihrer fernen Jugend und Schönheit und erlitt noch einmal mit milderen ergebenen Gedanken erst die süßen Erregungen und dann die bittern Leiden jener Zeit, und sie weinte still sieben Tage und Nächte hindurch über die Liebe des Jünglings, deren Genuß sie durch ihr Mißtrauen verloren hatte, so daß ihre alten Augen noch kurz vor dem Tode erblindeten. Dann bereute sie den Fluch, welchen sie über jenen Schatz ausgesprochen, und sagte zu mir, indem sie mich mit dieser wichtigen Sache beauftragte: ›Ich bestimme nun anders, lieber Spiegel, und gebe dir die Vollmacht, daß du meine Verordnung vollziehst. Sieh dich um und suche, bis du eine bildschöne, aber unbemittelte Frauensperson findest, welcher es ihrer Armut wegen an Freiern gebricht! Wenn sich dann ein verständiger, rechtlicher und hübscher Mann finden sollte, der sein gutes Auskommen hat und die Jungfrau ungeachtet ihrer Armut, nur allein von ihrer Schönheit bewegt, zur Frau begehrt, so soll dieser Mann mit den stärksten Eiden sich verpflichten, derselben so treu, aufopfernd und unabänderlich ergeben zu sein, wie es mein unglücklicher Liebster gewesen ist, und dieser Frau sein Leben lang in allen Dingen zu willfahren. Dann gib der Braut die zehntausend Goldgülden, welche im Brunnen liegen, zur Mitgift, daß sie ihren Bräutigam am Hochzeitmorgen damit überrasche!‹ So sprach die Selige, und ich habe meiner widrigen Geschicke wegen versäumt, dieser Sache nachzugehen, und muß nun befürchten, daß die Arme deswegen im Grabe noch beunruhigt sei, was für mich eben auch nicht die angenehmsten Folgen haben kann!«
Pineiß sah den Spiegel mißtrauisch an und sagte: »Wärst du wohl imstande, Bürschchen, mir den Schatz ein wenig nachzuweisen und augenscheinlich zu machen?«
»Zu jeder Stunde!« versetzte Spiegel, »aber Ihr müßt wissen, Herr Stadthexenmeister, daß Ihr das Gold nicht so ohne weiteres

herausfischen dürftet! Man würde Euch unfehlbar das Genick umdrehen; denn es ist nicht ganz geheuer in dem Brunnen, ich habe darüber bestimmte Inzichten, welche ich aus Rücksichten nicht näher berühren darf!«

»Hei, wer spricht denn von Heraušholen?« sagte Pineiß etwas furchtsam, »führe mich einmal hin und zeige mir den Schatz! Oder vielmehr will ich dich führen an einem guten Schnürlein, damit du mir nicht entwischest!«

»Wie Ihr wollt!« sagte Spiegel, »aber nehmt auch eine andere lange Schnur mit und eine Blendlaterne, welche Ihr daran in den Brunnen hinablassen könnt; denn der ist sehr tief und dunkel!«

Pineiß befolgte diesen Rat und führte das muntere Kätzchen nach dem Garten jener Verstorbenen. Sie überstiegen miteinander die Mauer, und Spiegel zeigte dem Hexer den Weg zu dem alten Brunnen, welcher unter verwildertem Gebüsche verborgen lag. Dort ließ Pineiß sein Laternchen hinunter, begierig nachblickend, während er den angebundenen Spiegel nicht von der Hand ließ. Aber richtig sah er in der Tiefe das Gold funkeln unter dem grünlichen Wasser und rief: »Wahrhaftig, ich seh's, es ist wahr! Spiegel, du bist ein Tausendskerl!« Dann guckte er wieder eifrig hinunter und sagte: »Mögen es auch zehntausend sein?« – »Ja, das ist nun nicht zu schwören!« sagte Spiegel, »ich bin nie da unten gewesen und hab's nicht gezählt! Ist auch möglich, daß die Dame dazumal einige Stücke auf dem Wege verloren hat, als sie den Schatz hierhertrug, da sie in einem sehr aufgeregten Zustande war.« – »Nun, seien es auch ein Dutzend oder mehr weniger!« sagte Herr Pineiß, »es soll mir darauf nicht ankommen!« Er setzte sich auf den Rand des Brunnens, Spiegel setzte sich auch nieder und leckte sich das Pfötchen. »Da wäre nun der Schatz!« sagte Pineiß, indem er sich hinter den Ohren kratzte, »und hier wäre auch der Mann dazu; fehlt nur noch das bildschöne Weib!« – »Wie?« sagte Spiegel. »Ich meine, es fehlt nur noch diejenige, welche die Zehntausend als Mitgift bekommen soll, um mich damit zu überraschen am Hochzeitmorgen, und welche alle jene angenehmen Tugenden hat, von denen du gesprochen!« – »Hm!« versetzte Spiegel, »die Sache verhält sich nicht ganz so, wie Ihr sagt! Der Schatz ist da, wie Ihr richtig einseht; das schöne Weib habe ich, um es aufrichtig zu gestehen, allbereits auch schon ausgespürt; aber mit dem Mann, der sie unter diesen schwierigen Umständen heiraten möchte, da hapert es eben; denn heutzutage muß die Schönheit obenein vergoldet sein wie die Weihnachtsnüsse, und je hohler die Köpfe werden, desto mehr sind sie bestrebt, die Leere mit einigem Weibergut nachzufüllen, damit sie die Zeit besser zu verbringen vermögen; da wird dann mit wichtigem Gesicht ein Pferd besehen und ein Stück Sammet gekauft, mit Laufen und Rennen eine gute Armbrust bestellt, und der Büchsenschmied kommt nicht aus dem Hause; da heißt es: ich muß meinen Wein einheimsen und meine Fässer putzen, meine Bäume putzen lassen und mein Dach decken; ich muß meine Frau ins Bad schicken, sie kränkelt und kostet mich viel Geld, und muß mein Holz fahren lassen und mein Ausstehendes eintreiben; ich habe ein Paar Windspiele gekauft und meine Brachen vertauscht, ich habe einen schönen eichenen Ausziehtisch eingehandelt und meine große Nußbaumlade drangegeben; ich habe meine Bohnenstangen geschnitten, meinen Gärtner fortgejagt, mein Heu verkauft und meinen Salat gesät, immer mein und mein vom Morgen bis zum Abend. Manche sagen sogar: ich habe meine Wäsche die nächste Woche, ich muß meine Betten sonnen, ich muß eine Magd dingen und einen neuen Metzger haben, denn den alten will ich abschaffen; ich habe ein allerliebstes Waffeleisen erstanden, durch Zufall, und habe mein silbernes Zimmetbüchschen verkauft, es war mir so nichts nütze. Alles das sind wohlverstanden die Sachen der Frau, und so verbringt ein solcher Kerl die Zeit und stiehlt unserm Herrgott den Tag ab, indem er alle diese Verrichtungen aufzählt, ohne einen Streich zu tun. Wenn es hoch kommt und ein solcher Patron sich etwa ducken muß, so wird er vielleicht sagen: unsere Kühe und unsere Schweine, aber –« Pineiß riß den Spiegel an der Schnur, daß er miau! schrie, und rief: »Genug, du Plappermaul! Sag jetzt unverzüglich: wo ist sie, von der du weißt?« Denn die Aufzählung aller dieser Herrlichkeiten und Verrichtungen, die mit einem Weibergute verbunden sind, hatte dem dürren Hexenmeister den Mund nur noch wässeriger gemacht. Spiegel sagte erstaunt: »Wollt Ihr denn wirklich das Ding unternehmen, Herr Pineiß?«

»Versteht sich, will ich! Wer sonst als ich? Drum heraus damit: wo ist diejenige?«

»Damit Ihr hingehen und sie freien könnt?«

»Ohne Zweifel!«

»So wisset, die Sache geht nur durch meine Hand! Mit mir müßt Ihr sprechen, wenn Ihr Geld und Frau wollt!« sagte Spiegel

kaltblütig und gleichgültig und fuhr sich mit den beiden Pfoten eifrig über die Ohren, nachdem er sie jedesmal ein bißchen naß gemacht. Pineiß besann sich sorgfältig, stöhnte ein bißchen und sagte: »Ich merke, du willst unsern Kontrakt aufheben und deinen Kopf salvieren!«
»Schiene Euch das so uneben und unnatürlich?«
»Du betrügst mich am Ende und belügst mich wie ein Schelm!«
»Dies ist auch möglich!« sagte Spiegel.
»Ich sage dir: betrüge mich nicht!« rief Pineiß gebieterisch.
»Gut, so betrüge ich Euch nicht!« sagte Spiegel.
»Wenn du's tust!«
»So tu ich's.«
»Quäle mich nicht, Spiegelchen!« sagte Pineiß beinahe weinerlich, und Spiegel erwiderte jetzt ernsthaft:
»Ihr seid ein wunderbarer Mensch, Herr Pineiß! Da haltet Ihr mich an einer Schnur gefangen und zerrt daran, daß mir der Atem vergeht! Ihr lasset das Schwert des Todes über mir schweben seit länger als zwei Stunden, was sag ich! seit einem halben Jahre! Und nun sprecht Ihr: quäle mich nicht, Spiegelchen! Wenn Ihr erlaubt, so sage ich Euch in Kürze: Es kann mir nur lieb sein, jene Liebespflicht gegen die Tote doch noch zu erfüllen und für das bewußte Frauenzimmer einen tauglichen Mann zu finden, und Ihr scheint mir allerdings in aller Hinsicht zu genügen; es ist keine Leichtigkeit, ein Weibstück wohl unterzubringen, so sehr dies auch scheint, und ich sage noch einmal: ich bin froh, daß Ihr Euch hierzu bereit finden lasset! Aber umsonst ist der Tod! Eh' ich ein Wort weiter spreche, will ich erst meine Freiheit wiederhaben und mein Leben versichert! Daher nehmt diese Schnur weg und legt den Kontrakt hier auf den Brunnen, hier auf diesen Stein, oder schneidet mir den Kopf ab, eins von beiden!«
»Ei du Tollhäusler und Obenhinaus!« sagte Pineiß, »du Hitzkopf, so streng wird es nicht gemeint sein? Das will ordentlich besprochen sein und muß jedenfalls ein neuer Vertrag geschlossen werden!« Spiegel gab keine Antwort mehr und saß unbeweglich da, ein, zwei und drei Minuten. Da ward dem Meister bänglich, er zog eine Brieftasche hervor, klaubte seufzend den Schein heraus, las ihn noch einmal durch und legte ihn dann zögernd vor Spiegel hin. Kaum lag das Papier dort, so schnappte es Spiegel auf und verschlang es; und obgleich er heftig daran zu würgen hatte, so dünkte es ihn doch die beste und gedeihlichste Speise zu sein, die er

je genossen, und er hoffte, daß sie ihm noch auf lange wohl bekommen und ihn rundlich und munter machen würde. Als er mit der angenehmen Mahlzeit fertig war, begrüßte er den Hexenmeister höflich und sagte: »Ihr werdet unfehlbar von mir hören, Herr Pineiß, und Weib und Geld sollen Euch nicht entgehen. Dagegen macht Euch bereit, recht verliebt zu sein, damit Ihr jene Bedingungen einer unverbrüchlichen Hingebung an die Liebkosungen Eurer Frau, die schon so gut wie Euer ist, ja beschwören und erfüllen könnt! Und hiermit bedanke ich mich des vorläufigen für genossene Pflege und Beköstigung und beurlaube mich!«
Somit ging Spiegel seines Weges und freute sich über die Dummheit des Hexenmeisters, welcher glaubte, sich selbst und alle Welt betrügen zu können, indem er ja die gehoffte Braut nicht uneigennützig, aus bloßer Liebe zur Schönheit, ehelichen wollte, sondern den Umstand mit den zehntausend Goldgülden vorher wußte. Indessen hatte er schon eine Person im Auge, welche er dem törichten Hexenmeister aufzuhalsen gedachte für seine gebratenen Krammetsvögel, Mäuse und Würstchen.
Dem Hause des Herrn Pineiß gegenüber war ein anderes Haus, dessen vordere Seite auf das sauberste geweißt war und dessen Fenster immer frisch gewaschen glänzten. Die bescheidenen Fenstervorhänge waren immer schneeweiß und wie soeben geplättet, und ebenso weiß waren der Habit und das Kopf- und Halstuch einer alten Begine, welche in dem Hause wohnte, als daß ihr nonnenartiger Kopfputz, der ihre Brust bekleidete, immer wie aus Schreibpapier gefaltet aussah, so daß man gleich darauf hätte schreiben mögen; das hätte man wenigstens auf der Brust bequem tun können, da sie so eben und so hart war wie ein Brett. So scharf die weißen Kanten und Ecken ihrer Kleidung, so scharf waren auch die lange Nase und das Kinn der Begine, ihre Zunge und der böse Blick ihrer Augen; doch sprach sie nur wenig mit der Zunge und blickte wenig mit den Augen, da sie die Verschwendung nicht liebte und alles nur zur rechten Zeit und mit Bedacht verwendete. Alle Tage ging sie dreimal in die Kirche, und wenn sie in ihrem frischen, weißen und knitternden Zeuge und mit ihrer weißen spitzigen Nase über die Straße ging, liefen die Kinder furchtsam davon, und selbst erwachsene Leute traten gern hinter die Haustüre, wenn es noch Zeit war. Sie stand aber wegen ihrer strengen Frömmigkeit und Eingezogenheit in großem Rufe und besonders bei der Geistlichkeit in hohem Ansehen, aber selbst die Pfaffen

verkehrten lieber schriftlich mit ihr als mündlich, und wenn sie beichtete, so schoß der Pfarrer jedesmal so schweißtriefend aus dem Beichtstuhl heraus, als ob er aus einem Backofen käme. So lebte die fromme Begine, die keinen Spaß verstand, in tiefem Frieden und blieb ungeschoren. Sie machte sich auch mit niemand zu schaffen und ließ die Leute gehen, vorausgesetzt, daß sie ihr aus dem Wege gingen; nur auf ihren Nachbar Pineiß schien sie einen besondern Haß geworfen zu haben; denn sooft er sich an seinem Fenster blicken ließ, warf sie ihm einen bösen Blick hinüber und zog augenblicklich ihre weißen Vorhänge vor, und Pineiß fürchtete sie wie das Feuer und wagte nur zuhinterst in seinem Hause, wenn alles gut verschlossen war, etwa einen Witz über sie zu machen. So weiß und hell aber das Haus der Begine nach der Straße zu aussah, so schwarz und räucherig, unheimlich und seltsam sah es von hinten aus, wo es jedoch fast gar nicht gesehen werden konnte als von den Vögeln des Himmels und den Katzen auf den Dächern, weil es in eine dunkle Winkelei von himmelhohen Brandmauern ohne Fenster hineingebaut war, wo nirgends ein menschliches Gesicht sich sehen ließ. Unter dem Dache dort hingen alte zerrissene Unterröcke, Körbe und Kräutersäcke, auf dem Dache wuchsen ordentliche Eichenbäumchen und Dornsträucher, und ein großer rußiger Schornstein ragte unheimlich in die Luft. Aus diesem Schornstein aber fuhr in der dunklen Nacht nicht selten eine Hexe auf ihrem Besen in die Höhe, jung und schön und splitternackt, wie Gott die Weiber geschaffen und der Teufel sie gern sieht. Wenn sie aus dem Schornstein fuhr, so schnupperte sie mit dem feinsten Näschen und mit lächelnden Kirschenlippen in der frischen Nachtluft und fuhr in dem weißen Scheine ihres Leibes dahin, indes ihr langes rabenschwarzes Haar wie eine Nachtfahne hinter ihr herflatterte. In einem Loch am Schornstein saß ein alter Eulenvogel, und zu diesem begab sich jetzt der befreite Spiegel, eine fette Maus im Maule, die er unterwegs gefangen.

»Wünsch guten Abend, liebe Frau Eule! Eifrig auf der Wacht?« sagte er, und die Eule erwiderte: »Muß wohl! Wünsch gleichfalls guten Abend! Ihr habt Euch lang nicht sehen lassen, Herr Spiegel!«

»Hat seine Gründe gehabt, werde Euch das erzählen. Hier habe ich Euch ein Mäuschen gebracht, schlecht und recht, wie es die Jahrszeit gibt, wenn Ihr's nicht verschmähen wollt! Ist die Meisterin ausgeritten?«

»Noch nicht, sie will erst gegen Morgen auf ein Stündchen hinaus. Habt Dank für die schöne Maus! Seid doch immer der höfliche Spiegel! Habe hier einen schlechten Sperling zur Seite gelegt, der mir heute zu nahe flog; wenn Euch beliebt, so kostet den Vogel! Und wie ist es Euch denn ergangen?«

»Fast wunderlich«, erwiderte Spiegel, »sie wollten mir an den Kragen. Hört, wenn es Euch gefällig ist.« Während sie nun vergnüglich ihr Abendessen einnahmen, erzählte Spiegel der aufmerksamen Eule alles, was ihn betroffen und wie er sich aus den Händen des Herrn Pineiß befreit habe. Die Eule sagte: »Da wünsch ich tausendmal Glück, nun seid Ihr wieder ein gemachter Mann und könnt gehen, wo Ihr wollt, nachdem Ihr mancherlei erfahren!« – »Damit sind wir noch nicht zu Ende«, sagte Spiegel, »der Mann muß seine Frau und seine Goldgülden haben!« – »Seid Ihr von Sinnen, dem Schelm noch wohlzutun, der Euch das Fell abziehen wollte?«

»Ei, er hat es doch rechtlich und vertragsmäßig tun können, und da ich ihn in gleicher Münze wieder bedienen kann, warum sollt' ich es unterlassen? Wer sagt denn, daß ich ihm wohltun will? Jene Erzählung war eine reine Erfindung von mir, meine in Gott ruhende Meisterin war eine simple Person, welche in ihrem Leben nie verliebt noch von Anbetern umringt war, und jener Schatz ist ein ungerechtes Gut, das sie einst ererbt und in den Brunnen geworfen hat, damit sie kein Unglück daran erlebe. ›Verflucht sei, wer es da herausnimmt und verbraucht‹, sagte sie. Es macht sich also in betreff des Wohltuns!«

»Dann ist die Sache freilich anders! Aber nun, wo wollt Ihr die entsprechende Frau hernehmen?«

»Hier aus diesem Schornstein! Deshalb bin ich gekommen, um ein vernünftiges Wort mit Euch zu reden! Möchtet Ihr denn nicht einmal wieder frei werden aus den Banden dieser Hexe? Sinnt nach, wie wir sie fangen und mit dem alten Bösewicht verheiraten!«

»Spiegel, Ihr braucht Euch nur zu nähern, so weckt Ihr mir ersprießliche Gedanken.«

»Das wußt' ich wohl, daß Ihr klug seid! Ich habe das meinige getan, und es ist besser, daß Ihr auch Euren Senf dazu gebt und neue Kräfte vorspannt, so kann es gewiß nicht fehlen!«

»Da alle Dinge so schön zusammentreffen, so brauche ich nicht lang zu sinnen, mein Plan ist längst gemacht!«

»Wie fangen wir sie?«
»Mit einem neuen Schnepfengarn aus guten starken Hanfschnüren; geflochten muß es sein von einem zwanzigjährigen Jägerssohn, der noch kein Weib angesehen hat, und es muß schon dreimal der Nachttau daraufgefallen sein, ohne daß sich eine Schnepfe gefangen; der Grund aber hiervon muß dreimal eine gute Handlung sein. Ein solches Netz ist stark genug, die Hexe zu fangen.«
»Nun bin ich neugierig, wo Ihr ein solches hernehmt«, sagte Spiegel, »denn ich weiß, daß Ihr keine vergeblichen Worte schwatzt!«
»Es ist auch schon gefunden, wie für uns gemacht; in einem Walde nicht weit von hier sitzt ein zwanzigjähriger Jägerssohn, welcher noch kein Weib angesehen hat; denn er ist blind geboren. Deswegen ist er auch zu nichts zu gebrauchen als zum Garnflechten und hat vor einigen Tagen ein neues, sehr schönes Schnepfengarn zustande gebracht. Aber als der alte Jäger es zum ersten Male ausspannen wollte, kam ein Weib daher, welches ihn zur Sünde verlocken wollte; es war aber so häßlich, daß der alte Mann voll Schrecken davonlief und das Garn am Boden liegen ließ. Darum ist ein Tau daraufgefallen, ohne daß sich eine Schnepfe fing, und war also eine gute Handlung daran schuld. Als er des andern Tages hinging, um das Garn abermals auszuspannen, kam eben ein Reiter daher, welcher einen schweren Mantelsack hinter sich hatte; in diesem war ein Loch, aus welchem von Zeit zu Zeit ein Goldstück auf die Erde fiel. Da ließ der Jäger das Garn abermals liegen und lief eifrig hinter dem Reiter her und sammelte die Goldstücke in seinen Hut, bis der Reiter sich umkehrte, es sah und voll Grimm seine Lanze auf ihn richtete. Da bückte der Jäger sich erschrocken, reichte ihm den Hut dar und sagte: ›Erlaubt, gnädiger Herr, Ihr habt hier viel Gold verloren, das ich Euch sorgfältig aufgelesen!‹ Dies war wiederum eine gute Handlung, indem das ehrliche Finden eine der schwierigsten und besten ist; er war aber so weit von dem Schnepfengarn entfernt, daß er es die zweite Nacht im Walde liegen ließ und den nähern Weg nach Hause ging. Am dritten Tag endlich, nämlich gestern, als er eben wieder auf dem Wege war, traf er eine hübsche Gevattersfrau an, die dem Alten um den Bart zu gehen pflegte und der er schon manches Häslein geschenkt hat. Darüber vergaß er die Schnepfen gänzlich und sagte am Morgen: ›Ich habe den armen Schnepflein das Leben

geschenkt; auch gegen Tiere muß man barmherzig sein!« Und um dieser drei guten Handlungen willen fand er, daß er jetzt zu gut sei für diese Welt, und ist heute vormittag beizeiten in ein Kloster gegangen. So liegt das Garn noch ungebraucht im Walde, und ich darf es nur holen.« – »Holt es geschwind!« sagte Spiegel, »es wird gut sein zu unserm Zweck!« – »Ich will es holen«, sagte die Eule, »steht nur so lang Wache für mich in diesem Loch, und wenn etwa die Meisterin den Schornstein hinaufrufen sollte, ob die Luft rein sei, so antwortet, indem Ihr meine Stimme nachahmt: Nein, es stinkt noch nicht in der Fechtschul'!« Spiegel stellte sich in die Nische, und die Eule flog still über die Stadt weg nach dem Wald. Bald kam sie mit dem Schnepfengarn zurück und fragte: »Hat sie schon gerufen?« – »Noch nicht!« sagte Spiegel.
Da spannten sie das Garn aus über den Schornstein und setzten sich daneben still und klug; die Luft war dunkel, und es ging ein leichtes Morgenwindchen, in welchem ein paar Sternbilder flakkerten. »Ihr sollt sehen«, flüsterte die Eule, »wie geschickt die durch den Schornstein heraufzusäuseln versteht, ohne sich die blanken Schultern schwarz zu machen!« – »Ich hab' sie noch nie so nah gesehen«, erwiderte Spiegel leise, »wenn sie uns nur nicht zu fassen kriegt!«
Da rief die Hexe von unten: »Ist die Luft rein?« Die Eule rief: »Ganz rein, es stinkt herrlich in der Fechtschul'!«, und alsobald kam die Hexe heraufgefahren und wurde in dem Garne gefangen, welches die Katze und die Eule eiligst zusammenzogen und verbanden. »Halt fest!« sagte Spiegel und »Binde gut!« die Eule. Die Hexe zappelte und tobte mäuschenstill wie ein Fisch im Netz; aber es half ihr nichts, und das Garn bewährte sich auf das beste. Nur der Stiel ihres Besens ragte durch die Maschen. Spiegel wollte ihn sachte herausziehen, erhielt aber einen solchen Nasenstüber, daß er beinahe in Ohnmacht fiel und einsah, wie man auch einer Löwin im Netz nicht zu nahe kommen dürfe. Endlich hielt sich die Hexe still und sagte: »Was wollt ihr denn von mir, ihr wunderlichen Tiere?«
»Ihr sollt mich aus Eurem Dienste entlassen und meine Freiheit zurückgeben!« sagte die Eule. »So viel Geschrei und wenig Wolle!« sagte die Hexe, »du bist frei, mach dies Garn auf!« – »Noch nicht!« sagte Spiegel, der immer noch seine Nase rieb, »Ihr müßt Euch verpflichten, den Stadthexenmeister Pineiß, Euren Nachbarn, zu heiraten auf die Weise, wie wir Euch sagen werden,

und ihn nicht mehr zu verlassen!« Da fing die Hexe wieder an zu zappeln und zu prusten wie der Teufel, und die Eule sagte: »Sie will nicht dran!« Spiegel aber sagte: »Wenn Ihr nicht ruhig seid und alles tut, was wir wünschen, so hängen wir das Garn samt seinem Inhalte da vorn an den Drachenkopf der Dachtraufe, nach der Straße zu, daß man Euch morgen sieht und die Hexe erkennt! Sagt also: Wollt Ihr lieber unter dem Vorsitze des Herrn Pineiß gebraten werden oder ihn braten, indem Ihr ihn heiratet?«

Da sagte die Hexe mit einem Seufzer: »So sprecht, wie meint Ihr die Sache?« Und Spiegel setzte ihr alles zierlich auseinander, wie es gemeint sei und was sie zu tun hätte. »Das ist allenfalls noch auszuhalten, wenn es nicht anders sein kann!« sagte sie und ergab sich unter den stärksten Formeln, die eine Hexe binden können. Da taten die Tiere das Gefängnis auf und ließen sie heraus.

Sie bestieg sogleich den Besen, die Eule setzte sich hinter sie auf den Stiel und Spiegel zuhinterst auf das Reisigbündel und hielt sich da fest, und so ritten sie nach dem Brunnen, in welchen die Hexe hinabfuhr, um den Schatz heraufzuholen.

Am Morgen erschien Spiegel bei Herrn Pineiß und meldete ihm, daß er die bewußte Person ansehen und freien könne; sie sei aber allbereits so arm geworden, daß sie, gänzlich verlassen und verstoßen, vor dem Tore unter einem Baume sitze und bitterlich weine. Sogleich kleidete sich Herr Pineiß in sein abgeschabtes gelbes Samtwämschen, das er nur bei feierlichen Gelegenheiten trug, setzte die bessere Pudelmütze auf und umgürtete sich mit seinem Degen; in die Hand nahm er einen alten grünen Handschuh, ein Balsamfläschchen, worin einst Balsam gewesen und das noch ein bißchen roch, und eine papierene Nelke, worauf er mit Spiegel vor das Tor ging, um zu freien. Dort traf er ein weinendes Frauenzimmer sitzen unter einem Weidenbaum, von so großer Schönheit, wie er noch nie gesehen; aber ihr Gewand war so dürftig und zerrissen, daß, sie mochte sich auch schamhaft gebärden, wie sie wollte, immer da oder dort der schneeweiße Leib ein bißchen durchschimmerte. Pineiß riß die Augen auf und konnte vor heftigem Entzücken kaum seine Bewerbung vorbringen. Da trocknete die Schöne ihre Tränen, gab ihm mit süßem Lächeln die Hand, dankte ihm mit einer himmlischen Glockenstimme für seine Großmut und schwur, ihm ewig treu zu sein. Aber im selben

Augenblicke erfüllte ihn eine solche Eifersucht und Neideswut auf seine Braut, daß er beschloß, sie vor keinem menschlichen Auge jemals sehen zu lassen. Er ließ sich bei einem uralten Einsiedler mit ihr trauen und feierte das Hochzeitmahl in seinem Hause, ohne andere Gäste als Spiegel und die Eule, welche ersterer mitzubringen sich die Erlaubnis erbeten hatte. Die zehntausend Goldgülden standen in einer Schüssel auf dem Tisch, und Pineiß griff zuweilen hinein und wühlte in dem Golde; dann sah er wieder die schöne Frau an, welche in einem meerblauen Sammetkleide dasaß, das Haar mit einem goldenen Netze umflochten und mit Blumen geschmückt, und den weißen Hals mit Perlen umgeben. Er wollte sie fortwährend küssen, aber sie wußte verschämt und züchtig ihn abzuhalten, mit einem verführerischen Lächeln, und schwur, daß sie dieses vor Zeugen und vor Anbruch der Nacht nicht tun würde. Dies machte ihn nur noch verliebter und glückseliger, und Spiegel würzte das Mahl mit lieblichen Gesprächen, welche die schöne Frau mit den angenehmsten, witzigsten und einschmeichelndsten Worten fortführte, so daß der Hexenmeister nicht wußte, wie ihm geschah vor Zufriedenheit. Als es aber dunkel geworden, beurlaubten sich die Eule und die Katze und entfernten sich bescheiden; Herr Pineiß begleitete sie bis unter die Haustüre mit einem Lichte und dankte dem Spiegel nochmals, indem er ihn einen trefflichen und höflichen Mann nannte, und als er in die Stube zurückkehrte, saß die alte weiße Begine, seine Nachbarin, am Tisch und sah ihn mit einem bösen Blick an. Entsetzt ließ Pineiß den Leuchter fallen und lehnte sich zitternd an die Wand. Er hing die Zunge heraus, und sein Gesicht war so fahl und spitzig geworden wie das der Begine. Diese aber stand auf, näherte sich ihm und trieb ihn vor sich her in die Hochzeitskammer, wo sie mit höllischen Künsten ihn auf eine Folter spannte, wie noch kein Sterblicher erlebt. So war er nun mit der Alten unauflöslich verehelicht, und in der Stadt hieß es, als es ruchbar wurde: »Ei seht, wie stille Wasser tief sind! Wer hätte gedacht, daß die fromme Begine und der Herr Stadthexenmeister sich noch verheiraten würden! Nun, es ist ein ehrbares und rechtliches Paar, wenn auch nicht sehr liebenswürdig!«

Herr Pineiß aber führte von nun an ein erbärmliches Leben; seine Gattin hatte sich sogleich in den Besitz aller seiner Geheimnisse gesetzt und beherrschte ihn vollständig. Es war ihm nicht die geringste Freiheit und Erholung gestattet, er mußte hexen vom

Morgen bis zum Abend, was das Zeug halten wollte, und wenn Spiegel vorüberging und es sah, sagte er freundlich: »Immer fleißig, fleißig, Herr Pineiß?«

Seit dieser Zeit sagt man zu Seldwyla: »Er hat der Katze den Schmer abgekauft!« besonders wenn einer eine böse und widerwärtige Frau erhandelt hat.

Gustav Schenk

Seefahrer Kador

Vielleicht wird einmal noch das Hohelied eines seltsamen, geheimnisvollen Tiervolkes gesungen, das Lied von den Schiffskatzen, die krank werden und sterben, wenn der Lärm der Häfen, der Geruch des Kais und der Schiffe sie verlassen. Unstet fahren sie mit Dampfern und Seglern von Hafen zu Hafen, sie liefern sich Schlachten in den Gassen Tampicos oder Marseilles, sie lieben, räubern, fressen und stellen sich pünktlich wieder am Hafen ein, ehe die Anker ihres Schiffes gelichtet werden. Sie riechen die Abfahrt, sie ahnen die Stunde des Abschieds, sie kennen die Dampfer der großen Linien und wissen, wohin sie fahren und wo sie landen. Kommen sie einmal zu spät, wenn die Zeit im Rausch des Kampfes und der Liebe zu rasch verflogen ist, so finden sie doch ihre schwimmende Wohnung wieder, in Sydney vielleicht oder drei Monate später in Hamburg.

Ich vergesse es nie, wie Kador das erstemal vor mir auftauchte, riesengroß, mitten in der Nacht des Lagerraums. Ich erkannte den grauen Helden an seiner furchtbaren Narbe, von der jeder vielbefahrene Seemann erzählen kann. Sie lief über das Nasenbein und reichte bis auf den Schädel hinauf. Ich erkannte aber auch sein Fell, stählern, mit schwarzem Brustschild, den Bau des Körpers, so wie man ihn mir beschrieben hatte: hochbeinig, geschmeidig, wie der eines Jaguars.

So viel hatte ich schon von dem Ruhelosen und Streitbaren gehört. Sein Mut, seine Entschlossenheit, sein Stolz, eben sein vollkommener Katercharakter, verschafften ihm bei den Seeleuten unter den Tausenden reisender Katzen einen besonderen Platz. Er war das Zeichen einer guten Fahrt. Glücklich das Schiff, dessen Planken Kadors weiche Sohlen berührten.

Er stammte aus einem kühnen Geschlecht. Nie schliefen seine Ahnen auf weichem Pfühl und nie starben sie an der Schwäche des Alters. Ihre Leiber wurden nicht fett, ihre Muskeln nicht schlaff. Kador wurde auf einer der Inseln unter dem Winde geboren. Er, der seinen Ruhm durch jeden Hafen der Welt trug, der den Geruch der Schiffe zwischen San Franzisko und Colombo, zwischen Aden

und Singapur kannte, hatte zur Mutter eine edle Afrikanerin, die aufgewachsen war im Exil von Marseilles und ermordet, fünf Jahre später, von zwanzig algerischen Bastarden in Oran.
Zwölfmal hatte der unermüdliche graue Held sein Schiff verloren, und zwölfmal fand er es in den verlorensten Gegenden der Welt wieder. Zwölfmal war Kador vor Kummer krank gewesen, denn die Gewohnheit war auch für ihn eine große Macht. Daß er sich immer wieder auf den Planken des holländischen Dampfers »Over Flake« einfand, war sicherlich nicht nur Zufall. Ein rätselhafter Wille führte ihn in seine heimische Welt zurück, zurück zu seinem Kapitän, der es nicht über sich brachte, laut zu schreien und Kadors empfindliches Gehör zu verletzen. Immer wieder führte es ihn zu den Matrosen, die ihn nicht plagten und denen vor Freude das Herz klopfte, wenn das Tier mit erhabener Gleichgültigkeit, so, als sei es nie fortgewesen, nach langer Zeit wiederkam.
Nun hatte Kador sein Schiff in Rio verloren. In langsamer, stürmischer Fahrt waren sie von den Westindischen Inseln gekommen, und die Matrosen waren so landhungrig wie die Kater. Zwei Tage blieb Kador fort. Am dritten Tag kam er, besah sich sein Schiff genau, ohne die Menschen darauf zu beachten, und rannte wieder eilig davon, als hätte er noch etwas vergessen. Wenige Stunden danach – die »Over Flake« war schon in See gestochen – ließ er sich wieder am Kai blicken, beroch eifrig mit geducktem, sprungbereitem Leib Steine, Taue, Drahtseile, altes Eisen, Papier und Stroh, das von der Ladung hier liegengeblieben war. Von da an hatte er keinen Sinn mehr für Fraß und Liebe, bis er sich, wie man mir berichtete, auf einem schwedischen Segler niederließ, in Kapstadt das Schiff wechselte und mit einem französischen Frachter nach Algier kam.
Die Mannschaft hatte ihn verwöhnt und gut verpflegt. Aus Kisten und Baumwolle hatten sie ihm eine Schlafstelle gebaut, obgleich er sich doch nur oben auf der Kommandobrücke im Schatten des Sonnensegels zusammenrollte. Man hatte ihm, der an Bord als guter Geist galt, unnütz viel geopfert: Bequemlichkeit, Schlaf und die besten Bissen vom Mittagstisch. Doch er war mürrisch, zänkisch, peitschte oft und ohne Grund mit der Rute durch die Luft, fraß nicht viel und ließ sich nicht berühren.
Man erriet, was ihm fehlte: sein Heimatschiff, das oft jahrelang von Holland fortblieb, von Hafen zu Hafen zog und Fracht nahm,

wo es sie bekam. Ein Stromer, ein Vagabund war die »Over Flake«, die einmal in Brindisi anlegte und dann wieder in Sansibar, so regellos, wie es die Geschäfte mit sich brachten.

So fuhr Kador mißmutig, gereizt, mit schmalem, abgezehrtem Leib in Algiers Hafen ein. Er hockte, ein großer, grauer Fleck mit weit geöffneten braunen Augen, auf der Brücke neben dem Kapitän. Mit verlorenem Blick sah er über die vielen Schornsteine. Er roch das Eisen der Schiffe, die langsam vorüberzogen, den Dunst des Teers, den atemraubenden, schwarzen Kohlenwind. Jede Planke roch anders, jedes Segel, jeder Mast hatte seinen eigenen seltsamen Atem.

Dann aber sprang er plötzlich, als schmerzte ihn etwas, zur Seite, sauste im gleichen Augenblick über das eiserne Gestänge der Treppe und stürzte in zwei, drei Sätzen an Deck. Einige Male lief er ratlos an der Reling hin und her, enterte dann den Lademast, balancierte auf der Rahe entlang, duckte sich und sprang mit einem mächtigen Satz auf das Deck eines vorüberfahrenden Schleppers.

Nun begann die große Jagd auf Kador. Von allen Seiten hatte man den Sprüngen des Tieres mit Spannung zugesehen und wußte auch bald, was es wollte: in der Nähe des Schleppers fuhr ein Dampfer vorbei, zum Hafen hinaus und steuerte hart an der Mole entlang. Es war die »Over Flake«.

Die Reling war besetzt mit schreienden, aufgeregten Leuten, die Kador zusahen. Der sprang gerade auf eine Kohlenbarke und sah sich im Rennen und Stürzen nach dem Dampfer um, eilig und konzentriert, als wolle er sich vergewissern, ob das Schiff noch da sei.

Ein Kohlenboot lag hinter dem anderen, Kador nahm sie alle in langen, federnden Sätzen, mit dem Schwanz steuernd, wenn er zu tief fiel. Doch am Ende der Leichterreihe, schon auf dem Kai, erwarteten ihn böse Dämonen: eine Gruppe arabischer Hafenarbeiter, die mit Tüchern, Händen und Köpfen, mit ausgedörrten, staubigen Leibern und Beinen Kador den Weg verstellten.

Wütend, aufgeregt und im Schwunge der hitzigen Fahrt fegte er in das Knäuel der gefährlichen, hochbeinigen Wesen, wurde aber gleich darauf aufgehoben, von vielen Händen festgehalten, gekniffen und gezerrt. Er schrie auf, so heiser, gellend, daß sogar die Leute auf der »Over Flake« erschraken. Er riß seine Pfoten aus den Schrauben der heißen Finger, hieb irgendwo in die Gesichter ringsum hinein, kratzte mit gespreizten Krallen von oben nach unten, zerfetzte dort ein Ohr und da ein Auge, und ehe er sich versah, wurde er fallen gelassen.

Einen Augenblick stand er benommen allein auf dem Platz, immer noch fauchend und knurrend, während die braunen Gesichter davonstoben. Dann aber raste er, sich herrlich biegend, schwebend fast, um das Rechteck des Hafens zur Mole. Man sah seine Sohlen nicht die Erde berühren. Der Schädel bildete mit dem Rücken eine Linie. Dann und wann, wenn er im Sprung ein Hindernis nahm, flog er durch die Luft, ein Geschöpf aus fremder Welt. So erreichte er die Mole an der Hafeneinfahrt, aus der eben die »Over Flake« steuerte.

Kador stand nun am äußersten Ende des Bollwerkes, lief, das Maul in der Erschöpfung aufgesperrt, unsicher hin und her. Er miaute einmal, leise und ganz kläglich, sah mit verbogenen Ohren hinunter in das Wasser, zum Dampfer hinüber und ratlos auf seine Pfoten und stürzte sich dann mit plötzlichem Entschluß ins Meer. Er sank unter, tauchte auf, schwamm mit weit aufgerissenen Augen und angelegten Ohren hinter dem Schiff einher, eilig mit den Pfoten rudernd.

Die »Over Flake« drehte bei. Ganz Algier stand am Hafen und sah dem Schauspiel zu, wie ein verrückter Kapitän um einer Katze willen sich aufhalten ließ. Niemals mehr hätte man den holländischen Kapitän ernstgenommen, wenn es nicht Kador gewesen wäre, für den er auch noch ein Boot aussetzte, um das Tier zu bergen.

Oben wickelte man den Kater in eine Decke, ließ Milch wärmen, fütterte ihn und klopfte ihm bewundernd auf den starken, noch vom Meerwasser feuchten Rücken.

Gleich darauf besichtigte Kador das ganze Schiff, beroch das Gangspill, die Ketten, die Planken, die Kojen der Leute, stieg hinunter in den Heizraum, sog den Dunst der Kohlen und des Öls ein und war dann erst bereit, sich von der Mannschaft hinter den Ohren kraulen zu lassen. Noch im Halbschlaf rollte aus seiner breiten Brust die Musik eines himmlischen Wohlbehagens.

Märchen, Fabeln, Legenden

Katze bleibt Katze
Altchinesische Fabel

Dschi-Yen hatte eine prachtvoll schöne Katze zum Geschenk bekommen und wollte dem Tiere einen ganz besonderen Namen geben.
»Ich möchte sie ›Tiger‹ nennen«, sagte er zu einem Freunde.
»Ein Tiger«, meinte dieser, »ist zwar ein mächtiges Tier, aber doch nicht so gewaltig wie ein Drache. Nennen wir sie ›Drache‹!«
»Gewiß, der Drache ist mächtiger als der Tiger«, sagte ein anderer, »doch ein Drache kann nicht bestehen ohne Wolken. Du mußt das Tier ›Wolke‹ nennen!«
»Die Wolken können den Himmel bedecken«, erklärte ein dritter, »bedenke aber, ein plötzlich anbrechender Sturm vermag sie wieder zu verteilen. Nenne sie ›Sturm‹!«
»Eine Mauer«, fiel ihm ein vierter ins Wort, »ist stark genug, um auch dem ärgsten Sturm zu trotzen. Nenne sie doch ›Mauer‹!«
»Hört!« rief ein anderer. »Zugegeben, eine Mauer ist stark! Ihr habt aber die Mäuse vergessen, die sie unterhöhlen und sie zusammenstürzen machen! Nein, Freund, du mußt die Katze ›Maus‹ nennen!«
Da begann der Hausherr herzlich zu lachen. »Die Maus«, rief er aus, »wird doch von der Katze gefressen! Da kann ich ihr ja gleich den Namen ›Katze‹ lassen!«

Charles Baudelaire

Die Uhr

Die Chinesen lesen die Zeit aus den Augen der Katzen.
Eines Tages bemerkte ein Missionar, der in der Umgebung Nankings spazierenging, daß er seine Uhr vergessen hatte, und fragte einen kleinen Jungen, wie spät es sei.
Der Gassenjunge aus dem Himmlischen Reich zögerte erst, dann besann er sich und antwortete: »Ich werde es Ihnen gleich sagen.« Wenige Augenblicke später erschien er wieder, eine große, dicke Katze im Arm, und indem er ihr ins Weiße der Augen schaute, versicherte er, ohne zu zögern: »Es ist noch nicht ganz Mittag.« Was richtig war.
Und ich, wenn ich mich über die schöne Feline neige, die so treffend benannte, die gleichermaßen die Ehre ihres Geschlechts, der Stolz meines Herzens und der Duft meines Geistes ist – dann sehe ich, ob bei Nacht, ob bei Tag, im hellen Licht oder im dichten Schatten, in der Tiefe ihrer anbetungswürdigen Augen immer deutlich die Stunde, immer die gleiche; eine weite, feierliche Stunde, groß wie der Raum, ohne Teilung in Minuten und Sekunden – eine unbewegte Stunde, die die Uhr nicht anzeigt und die doch leicht ist wie ein Seufzer und flüchtig wie ein Blick der Augen.
Und käme irgendein aufdringlicher Mensch, mich zu stören, während mein Blick auf diesem reizenden Zifferblatt ruht; sagte irgendein unduldsamer Geist zu mir: Was suchst du in den Augen dieses Wesens? Liest du in ihnen die Stunde, verschwenderischer und müßiger Sterblicher?« würde ich ohne zu zögern, antworten: »Ja, ich lese die Stunde; es ist die Ewigkeit!«
Ist das nicht ein wahrhaft verdienstliches Gedichtchen, Madame? Wirklich, es hat mir so viel Freude gemacht, diese zierliche Schmeichelei zu häkeln, daß ich von Ihnen keine Gegengabe erwarte.

Der Katzenkönig
Englisches Volksmärchen

An einem Winterabend saß die Frau des Totengräbers am Kamin. Ihr großer schwarzer Kater, der alte Tom, lag neben ihr und erwartete mit ihr, schläfrig blinzelnd, die Rückkehr des Herrn. Sie warteten und warteten, aber er blieb lange aus. Schließlich kam er hereingestürzt und rief ganz aufgeregt: »Wer ist denn eigentlich Tommy Tildrum?« Beide, seine Frau und der Kater, starrten ihn an.
»Was regst du dich denn so auf«, sagte endlich die Frau, »und warum willst du wissen, wer Tommy Tildrum ist?«
»Oh, ich habe ein tolles Abenteuer erlebt! Ich war bei Herrn Fordyces Grab am Schaufeln und muß wohl dabei eingeschlafen sein. Jedenfalls wachte ich erst durch das Jaulen einer Katze auf.
»Miau«, sagte der alte Tom zur Antwort.
»Ja, gerade so war's! Ich guckte über das Grab hinweg, und was glaubt ihr, was ich sah?«
»Nun, wie kann ich das wissen!« sagte die Frau.
»Denk dir: neun schwarze Katzen, wie Tom sahen sie aus, alle mit einem weißen Fleck auf ihrem Brustpelz. Und was glaubt ihr, was sie trugen? Einen kleinen Sarg, mit einem schwarzen Sammetbahrtuch bedeckt, und auf dem Tuch lag eine Krone, ganz von Gold; und bei jedem dritten Schritt riefen alle ›Miau‹.«
»Miau«, mauzte wieder der alte Tom.
»Ja, ganz genauso«, sagte der Totengräber, »und wie sie näher und näher kamen, konnte ich sie genauer sehen, weil ihre Augen in grünem Lichte leuchteten. Und nun gingen sie alle auf mich zu. Acht trugen den Sarg, und die neunte, die größte unter ihnen, schritt in aller Würde voran. – Aber sieh nur unsern Tom, wie er mich anstarrt! Man könnte denken, er verstünde alles, was ich sage.«
»Nur weiter, weiter!« sagte seine Frau, »kümmere dich doch nicht um den alten Tom.«
»Also, ich sagte gerade, sie kamen langsam und feierlich auf mich zu und riefen alle bei jedem dritten Schritt ›Miau‹. –«
»Miau«, sagte der alte Tom wieder.

Der Totengräber sah Tom erschreckt an und erblaßte, fuhr aber dann fort: »Denk dir, sie stellten sich genau gegenüber Herrn Fordyces Grabe auf, wo ich war, und alle standen still und sahen zu mir herüber. Aber sieh nur den Tom: er starrt mich genauso an wie sie!«

»Weiter, nur weiter«, sagte seine Frau, »kümmere dich doch nicht immer um den alten Kater!«

»Wo war ich denn? Ach ja, sie standen alle und starrten mich an. Dann kam die eine, die den Sarg nicht mittrug, an mich heran, sah mir gerade ins Gesicht und sagte zu mir – ja, ich versichere dir's, sie sprach zu mir mit quiekender Stimme: ›Sage Tom Tildrum, daß Tim Toldrum tot ist.‹ Und darum, bei allen Heiligen, frage ich dich, ob du weißt, wer Tom Tildrum ist? Denn wie kann ich Tom Tildrum sagen, daß Tim Toldrum tot ist, wenn ich nicht weiß, wer Tom Tildrum ist!«

»Sieh den alten Tom, sieh nur den alten Tom!« schrie da seine Frau.

Und er fuhr ebenfalls vor Staunen zusammen. Denn Tom blähte sich auf, machte einen stattlichen Katzenbuckel und kreischte schließlich: »Was, der alte Tim ist tot? Dann bin ich der Katzenkönig!« und sauste im Kaminschlot in die Höh und ward nie mehr gesehen.

James Joyce

Die Katze und der Teufel

Mein lieber Stevie!
Vor ein paar Tagen habe ich Dir eine Katze voll Leckereien geschickt, aber vielleicht kennst Du ja die Geschichte von der Katze von Beaugency noch gar nicht. Beaugency ist ein winziges altes Städtchen am Ufer der Loire, das ist der längste Strom in ganz Frankreich. Er ist auch ein sehr breiter Strom, wenigstens für Frankreich. Bei Beaugency ist er so breit, daß man mindestens tausend Schritte brauchen würde, um von einem Ufer zum anderen zu kommen.
Vor langer Zeit mußten die Leute von Beaugency, wenn sie zum andern Ufer hinüber wollten, in einem Schiff über den Strom fahren, denn es gab noch keine Brücke. Und selber eine bauen konnten sie auch nicht oder jemanden anderen dafür anstellen und bezahlen. Was sollten sie da nun machen?
Der Teufel, der ja immer die Zeitungen liest, hörte von ihrer Not; und so zog er sich fein an und kam, um dem Bürgermeister von Beaugency einen Besuch zu machen, dessen Name Monsieur Alfred Byrne war. Dieser Bürgermeister zog ebenfalls gern schöne Kleider an. Er trug eine scharlachrote Robe und hatte stets eine große goldene Kette um den Hals hängen, sogar wenn er fest in seinem Bett schlief und die Knie in den Mund steckte.
Der Teufel erzählte nun dem Bürgermeister, was er in der Zeitung gelesen hatte, und sagte, er könnte den Leuten von Beaugency eine Brücke bauen, auf der sie den Strom überqueren könnten, so oft sie nur wollten. Die Brücke, die er machen könnte, wäre eine der allerbesten, versprach er, und er würde sie in einer einzigen Nacht fertigstellen. Der Bürgermeister fragte ihn, wieviel Geld er dafür verlangen würde, so eine Brücke zu bauen. Überhaupt kein Geld, meinte der Teufel, ich verlange nur, daß die erste Person, die über die Brücke gehen wird, mir gehören soll. Abgemacht, sagte der Bürgermeister.
Es wurde Nacht, alle Leute in Beaugency legten sich zu Bett und schliefen. Dann kam der Morgen. Und als sie die Köpfe aus den Fenstern streckten, riefen alle: O Loire, was für eine herrliche

Brücke. Denn sie sahen eine herrliche, starke, steinerne Brücke über die Loire geschlagen.

Alle Leute liefen hinunter zum Kopf der Brücke und guckten hinüber. Dort, auf der anderen Seite, stand der Teufel und wartete auf die erste Person, die herüberkommen würde. Aber niemand getraute sich hinüberzugehen, aus Angst vor dem Teufel.

Da hörte man einen Trompetenstoß – das war ein Zeichen, daß die Leute still sein sollten –, und der Bürgermeister M. Alfred Byrne erschien in seiner scharlachroten Robe und mit der schweren goldenen Kette um den Hals. Er hatte einen Kübel Wasser in der einen Hand, und unter dem Arm – seinem andern Arm – da trug er die Katze. Der Teufel hörte gleich auf zu tanzen, als er ihn auf der anderen Seite der Brücke kommen sah, und setzte sein langes Fernrohr an.

Alle Leute flüsterten einander zu, und die Katze schaute hinauf zum Bürgermeister, denn im Städtchen Beaugency war es wohl erlaubt, daß eine Katze einen Bürgermeister ansah. Als sie es überdrüssig wurde, den Bürgermeister anzuschauen (denn auch eine Katze bekommt einmal genug davon, einen Bürgermeister anzusehen), begann sie mit der schweren goldenen Kette des Bürgermeisters zu spielen.

Als nun der Bürgermeister bei der Brücke ankam, hielt jeder Mann den Atem an und hielt jede Frau ihren Mund.

Der Bürgermeister setzte die Katze auf die Brücke nieder, und bevor sich jemand versah – platsch! –, da goß er den ganzen Kübel Wasser über sie aus.

Die Katze, die nun zwischen dem Teufel und dem Kübel Wasser war, entschloß sich rasch und eilte mit zurückgelegten Ohren über die Brücke und dem Teufel geradewegs in die Arme.

Der Teufel war fuchsteufelswild. »Messieurs les Balgentiens«, schrie er über die Brücke hinüber, »vous n'êtes pas de belles gens du tout! Vous n'êtes que des chats!« Und zu der Katze sprach er: »Viens ici, mon petit chat! Tu as peur, mon petit chou-chat? Tu as froid, mon pau petit chou-chat? Viens ici, le diable t'emporte! On va se chauffer tous les deux.«

Und weg ging er mit der Katze. Und seit jener Zeit nennt man die Leute dieses Städtchens ›les chats de Beaugency‹. Aber die Brücke steht noch immer dort, und die Buben gehen und fahren und spielen auf ihr.

Hoffentlich gefällt Dir diese Geschichte.

NONNO

S: Der Teufel redet meistens eine ganz eigene Sprache, die Bellsygebabbel heißt und die er selber so zusammenreimt, wie's gerade kommt, doch wenn er sehr zornig ist, kann er ganz ordentlich schlechtes Französisch sprechen, obgleich einige, die ihn gehört haben, sagen, die Aussprache klinge sehr stark nach Dublin.

Schicksal einer Schönheit
Altchinesische Fabel

Ein schwerreicher Mann, der in Schan Yü lebte, besaß eine kluge, außergewöhnlich schöne Katze. Ihre Augen waren goldgelb, die Krallen schimmerten bläulichgrau, das Köpfchen war gelbrot, der Schwanz tiefschwarz und das übrige Fell weiß wie frisch gefallener Schnee. Ihr Herr liebte dieses Tier über alles.

Ein junger Edelmann, der in der Nähe wohnte, hatte die Katze einmal von weitem gesehen und war vom ersten Augenblick an so von ihr bezaubert gewesen, daß er sie um jeden Preis erringen wollte.

Er bot eines seiner prachtvollsten Pferde zum Tausche an – er erhielt sie nicht! Er wollte seine kostbarsten Edelsteine für sie geben – der Besitzer der Katze lachte ihn aus. Da erklärte er sich bereit, ihm seine schönste und lieblichste Nebenfrau als Gegengabe zu überlassen – er bekam keine Antwort. Ja, selbst für den angebotenen Preis von tausend Goldstücken vermochte er die Katze nicht zu bekommen.

Der Edelmann war verzweifelt. Er mußte sie erringen. Endlich ließ er seine Diener nachts in das Landhaus des Mannes schleichen, um das Tier zu stehlen. Das Haus war schwer beschädigt worden – die Katze aber hatten die Einbrecher nicht erlangen können!

Der Besitzer der Katze, der langsam einsehen mußte, daß der Edelmann kein Mittel unversucht lassen werde, zu der Katze zu kommen, konnte schließlich nichts anderes tun, als seinen Haushalt auflösen und in eine andere Gegend zu übersiedeln. Da er ahnte, daß der Mann nicht davor zurückschrecken werde, dem Tiere auch an dessen neuen Aufenthaltsort zu folgen, reiste er eines Nachts heimlich mit der Katze ab und mietete sich in Kuang Ling im Landhause eines wohlhabenden Kaufmanns ein.

Das Unglück wollte es jedoch, daß sich auch dieser Mann für die Katze, als er sie zum ersten Male erblickte, so sehr begeisterte, daß nun er es wieder war, der hundert Pläne ersann, sie für sich zu bekommen. Aber auch ihm mißlangen alle seine noch so gewagten Versuche. Besessen von dem Wunsche, das schöne Tier zu besitzen, versuchte es der Kaufmann eines Tages, die Katze mit vergiftetem Wein zu betäuben.

Das anhängliche Tier wich jedoch niemals von der Seite seines Herrn. So mußte dieser also erst in tiefen Schlaf versetzt werden! Durch eine Reihe von Bestechungen gelang auch dies, und der Kaufmann kam nachts heimlich in das Haus, schlich sich an die beiden heran und stellte der Katze leise und vorsichtig eine Schüssel mit dem betäubenden Weine hin. Zu seiner größten Freude sah er, daß das Tier davon zu nippen begann. Rasch goß er noch ein wenig von dem Weine nach. Die Katze nippte wieder und schob die Schüssel dann mit der Pfote fort. Da erwachte ihr Herr und konnte gerade noch sehen, wie der Kaufmann sich eiligst aus dem Staube machte.

Diese Vorgänge hatten ihn aber in solche Unruhe versetzt, daß er sich noch in derselben Nacht entschloß, das Haus zu verlassen und wieder an einen anderen Ort zu reisen.

Er nahm seine Katze unter den Arm und ging im Dunkeln zum Hafen hinunter. Als er eben nach einem Schiff Ausschau hielt, sah er einen alten Bekannten bei einem Boote stehen. Da dieser im Begriffe war, abzureisen, bat er ihn, mit seiner Katze mitkommen zu dürfen, und dies wurde ihm mit Freuden bewilligt.

Als das Schiff am nächsten Morgen den Hoang Ho überquerte, machte der Besitzer der Katze eine ungeschickte Bewegung, glitt aus und fiel in den Fluß. Das Tier, das seinen Herrn in den Wellen verschwinden sah, sprang ihm augenblicklich nach und versuchte, ihn an seinen Kleidern ans Ufer zu ziehen. Aber alle Bemühungen, ihn zu retten, mißlangen, und schließlich verlor es die Kraft und wurde gleichfalls von den Fluten in die Tiefe gezogen.

In der folgenden Nacht hatte ein Freund des Ertrunkenen einen recht ungewöhnlichen Traum. Er sah seinen Freund aus weiter Ferne winken und meinte, ihn rufen zu hören: »Meine Katze und ich haben uns zum Tempel der Götter Guan Yin geflüchtet! Wir sind nicht tot!«

Voll Besorgnis ging er am nächsten Morgen zu dem besagten Tempel und sah dort zu seinem größten Kummer die von den Wellen angeschwemmten Leichen seines Freundes und der Katze unterhalb der Terrasse liegen. Tieftraurig kaufte er einen Sarg und bettete die treue, schöne Katze an die Seite ihres Herrn.

Aesop

Die tote Katze

In einem Hause gab es besonders viele Mäuse, bis eines Tages eine Katze dahinterkam und sich dort niederließ, um sie eine nach der andern zu fangen und zu verspeisen. Die letzten, die noch übrig waren, aber verkrochen sich in ihre Löcher, wo die Katze sie nicht erreichen konnte, und hüteten sich, wieder zum Vorschein zu kommen. Da gedachte die Katze, sie durch eine List hervorzulokken. Sie erklomm einen Balken und hängte sich mit dem Kopf nach unten daran, als wäre sie tot. Nicht lange danach steckte auch wirklich eine von den Mäusen die Nase aus ihrem Loch.
»He, du dort«, rief sie, »und wenn du zehnmal mausetot bist, wir bleiben doch lieber, wo wir sind.«
Die Lehre dieser Fabel: Kluge Leute, die einmal die Bosheit gewisser Menschen kennengelernt haben, die lassen sich durch keinerlei Verstellung mehr hinters Licht führen.

Warum Hund und Katze einander feind sind
Chinesisches Volksmärchen

Ein Mann und eine Frau hatten einen goldenen Ring. Das war ein Glücksring, und wer ihn besaß, hatte immer genug zu leben. Sie wußten es aber nicht und verkauften den Ring aus dem Hause, da wurden sie immer ärmer und wußten schließlich nicht mehr, woher sie genug zum Essen nehmen sollten. Sie hatten auch einen Hund und eine Katze, die mußten mit ihnen Hunger leiden. Da ratschlagten die Tiere miteinander, wie sie den Leuten wieder zu ihrem alten Glück verhelfen könnten. Schließlich fand der Hund einen Rat.

»Sie müssen den Ring wiederhaben«, sagte er zur Katze. Die Katze sprach: »Der Ring ist wohl verwahrt in einem Kasten, wo niemand dazu kann.«

»Fange du eine Maus«, sagte der Hund. »Die Maus soll den Kasten aufnagen und den Ring herausholen. Sag ihr, wenn sie nicht wolle, so beißest du sie tot, dann wird sie es schon tun.«

Dieser Rat gefiel der Katze, und sie fing eine Maus. Nun wollte sie mit der Maus zu dem Haus, wo der Kasten stand, und der Hund ging hinterdrein. Da kamen sie an einen großen Fluß. Und weil die Katze nicht schwimmen konnte, nahm sie der Hund auf den Rücken und schwamm mit ihr hinüber. Die Katze trug die Maus zu dem Haus, wo der Kasten stand. Die Maus nagte ein Loch in den Kasten und holte den Ring heraus. Die Katze nahm den Ring ins Maul und kam zurück zu dem Strom, wo der Hund auf sie wartete und mit ihr hinüberschwamm. Dann gingen sie miteinander nach Hause, um den Glücksring ihrem Herrn und ihrer Frau zu bringen.

Der Hund konnte aber nur auf der Erde laufen; wenn ein Haus im Wege stand, so mußte er immer drum herum. Die Katze aber kletterte hurtig über das Dach, und so kam sie viel früher an als der Hund und brachte den Ring ihrem Herrn.

Da sagte der Herr zu seiner Frau: »Die Katze ist doch ein gutes Tier, der wollen wir immer zu essen geben und sie pflegen wie unser eigenes Kind.«

Als nun der Hund zu Hause ankam, da schlugen und schalten sie

ihn, weil er nicht auch geholfen habe, den Ring wieder heimzubringen. Die Katze aber saß beim Herd und schnurrte und sagte nichts. Da wurde der Hund böse auf die Katze, weil sie ihn um seinen Lohn betrogen, und wenn er sie sah, jagte er ihr nach und wollte sie packen.
Seit jenem Tage sind Hund und Katze einander feind.

Brüder in der Not
Tausendundeine Nacht

Einst hatten ein Rabe und eine Katze Brüderschaft geschlossen; und während die beiden nun zusammen unter einem Baum saßen, erblickten sie plötzlich einen Panther, der gerade auf jenen Baum zulief. Doch sie hatten ihn nicht eher bemerkt, als bis er in der Nähe des Baumes war. Da flog der Rabe hoch in den Baum, die Katze aber blieb erschrocken stehen und rief dem Raben zu: »Lieber Freund, weißt du ein Mittel, mich zu retten, wie ich es von dir erhoffe?« Der Rabe antwortete ihr: »Man erwartet von Brüdern, daß sie im Falle der Not nach einem Ausweg suchen, wenn das Unglück über sie hereinbricht.«
Es waren aber in der Nähe des Baumes Hirten, die Hunde bei sich hatten; nun flog der Rabe fort und schlug dabei mit den Flügeln auf die Erde, krächzte und schrie. Dann näherte er sich den Hirten, schlug mit seinem Flügel einem Hunde ins Gesicht und flog wieder ein wenig in die Höhe, während die Hunde ihm nachsetzten und ihn verfolgten. Da erhob auch ein Hirte sein Haupt und sah einen Vogel, der nahe dem Erdboden auf- und niederflog; so folgte auch er ihm. Der Rabe aber flog immer nur so weit, daß er den Hunden gerade noch entrinnen konnte und sie doch gierig machte, ihn zu zerreißen; dann stieg er wieder ein wenig auf, und die Hunde liefen hinter ihm her. So kam er schließlich zu dem Baum, unter dem sich der Panther befand. Als jedoch die Hunde den Panther erblickten, sprangen sie auf ihn los; und der Panther wandte sich zur Flucht, nachdem er bereits vermeint hatte, er würde die Katze fressen. So wurde die Katze durch die List ihres Freundes, des Raben, gerettet.
Und diese Geschichte zeigt, daß die Liebe der lauteren Brüder vor Not und Tod behütet und bewahrt.

Brüder Grimm

Der Gestiefelte Kater

Ein Müller hatte drei Söhne, seine Mühle, einen Esel und einen Kater; die Söhne mußten mahlen, der Esel Getreide holen und Mehl forttragen und die Katz die Mäuse wegfangen. Als der Müller starb, teilten sich die drei Söhne in die Erbschaft, der älteste bekam die Mühle, der zweite den Esel, der dritte den Kater, weiter blieb nichts für ihn übrig. Da war er traurig und sprach zu sich selbst: »Ich hab' es doch am allerschlimmsten kriegt, mein ältster Bruder kann mahlen, mein zweiter kann auf seinem Esel reiten, was kann ich mit dem Kater anfangen? Laß ich mir ein Paar Pelzhandschuhe aus seinem Fell machen, so ist's vorbei.« – »Hör«, fing der Kater an, der alles verstanden hatte, was er gesagt, »du brauchst mich nicht zu töten, um ein Paar schlechte Handschuh aus meinem Pelz zu kriegen, laß mir nur ein Paar Stiefel machen, daß ich ausgehen kann und mich unter den Leuten sehen lassen, dann soll dir bald geholfen sein.« Der Müllerssohn verwunderte sich, daß der Kater so sprach, weil aber eben der Schuster vorbeiging, rief er ihn herein und ließ ihm ein Paar Stiefel anmessen. Als sie fertig waren, zog sie der Kater an, nahm einen Sack, machte den Boden desselben voll Korn, oben aber eine Schnur dran, womit man ihn zuziehen konnte, dann warf er ihn über den Rücken und ging auf zwei Beinen, wie ein Mensch, zur Tür hinaus.
Dazumal regierte ein König in dem Land, der aß die Rebhühner so gern: es war aber eine Not, daß keine zu kriegen waren. Der ganze Wald war voll, aber sie waren so scheu, daß kein Jäger sie erreichen konnte. Das wußte der Kater und gedacht, seine Sache besser zu machen; als er in den Wald kam, tät er den Sack auf, breitete das Korn auseinander, die Schnur aber legte er ins Gras und leitete sie hinter eine Hecke. Da versteckte er sich selber, schlich herum und lauerte. Die Rebhühner kamen bald gelaufen, fanden das Korn, und eins nach dem andern hüpfte in den Sack hinein. Als eine gute Anzahl darin war, zog der Kater den Strick zu, lief herzu und drehte ihnen den Hals um; dann warf er den Sack auf den Rücken und ging geradeswegs nach des Königs Schloß. Die Wache rief:

»Halt! wohin?« – »Zu dem König«, antwortete der Kater kurzweg. – »Bist du toll, ein Kater zum König?« – »Laßt ihn nur gehen«, sagte ein anderer, »der König hat doch oft Langeweil, vielleicht macht ihm der Kater mit seinem Brummen und Spinnen Vergnügen.« Als der Kater vor den König kam, machte er einen Reverenz und sagte: »Mein Herr, der Graf«, dabei nannte er einen langen und vornehmen Namen, »läßt sich dem Herrn König empfehlen und schickt ihm hier Rebhühner, die er eben in Schlingen gefangen hat.« Der König erstaunte über die schönen fetten Rebhühner, wußte sich vor Freude nicht zu fassen und befahl dem Kater, so viel Gold aus der Schatzkammer in den Sack zu tun, als er tragen könne: »Das bring deinem Herrn und dank ihm noch vielmal für sein Geschenk.«
Der arme Müllerssohn aber saß zu Haus am Fenster, stützte den Kopf auf die Hand und dachte, daß er nun sein Letztes für die Stiefeln des Katers weggegeben, und was werde ihm der Großes dafür bringen können. Da trat der Kater herein, warf den Sack vom Rücken, schnürte ihn auf und schüttete das Gold vor den Müller hin: »Da hast du etwas vor die Stiefeln, der König läßt dich auch grüßen und dir viel Dank sagen.« Der Müller war froh über den Reichtum, ohne daß er noch recht begreifen konnte, wie es zugegangen war. Der Kater aber, während er seine Stiefel auszog, erzählte ihm alles, dann sagte er: »Du hast zwar jetzt Geld genug, aber dabei soll es nicht bleiben, morgen zieh' ich meine Stiefel wieder an, du sollst noch reicher werden, dem König hab' ich auch gesagt, daß du ein Graf bist.« Am andern Tag ging der Kater, wie er gesagt hatte, wohl gestiefelt, wieder auf die Jagd und brachte dem König einen reichen Fang. So ging es alle Tage, und der Kater brachte alle Tage Gold heim und ward so beliebt wie einer bei dem König, daß er aus- und eingehen durfte und im Schloß herumstreichen, wo er wollte. Einmal stand der Kater in der Küche des Königs beim Herd und wärmte sich, da kam der Kutscher und fluchte: »Ich wünsch', der König mit der Prinzessin wär beim Henker! Ich wollt ins Wirtshaus gehen und einmal trinken und Karte spielen, da soll ich sie spazierenfahren an den See.« Wie der Kater das hörte, schlich er nach Haus und sagte zu seinem Herrn: »Wenn du willst ein Graf und reich werden, so komm mit mir hinaus an den See und bad dich darin.« Der Müller wußte nicht, was er dazu sagen sollte, doch folgte er dem Kater, ging mit ihm, zog sich splitternackend aus und sprang ins Wasser. Der Kater

aber nahm seine Kleider, trug sie fort und versteckte sie. Kaum war er damit fertig, da kam der König dahergefahren; der Kater fing sogleich an, erbärmlich zu lamentieren: »Ach! allergnädigster König! Mein Herr, der hat sich hier im See gebadet, da ist ein Dieb gekommen und hat ihm die Kleider gestohlen, die am Ufer lagen, nun ist der Herr Graf im Wasser und kann nicht heraus, und wenn er länger darin bleibt, wird er sich verkälten und sterben.« Wie der König das hörte, ließ er haltmachen, und einer von seinen Leuten mußte zurückjagen und von des Königs Kleidern holen. Der Herr Graf zog die prächtigsten Kleider an, und weil ihm ohnehin der König wegen der Rebhühner, die er meinte von ihm empfangen zu haben, gewogen war, so mußte er sich zu ihm in die Kutsche setzen. Die Prinzessin war auch nicht bös darüber, denn der Graf war jung und schön, und er gefiel ihr recht gut.

Der Kater aber war vorausgegangen und zu einer großen Wiese gekommen, wo über hundert Leute waren und Heu machten. »Wem ist die Wiese, ihr Leute?« fragte der Kater. – »Dem großen Zauberer.« – »Hört, jetzt wird der König bald vorbeifahren, wenn der fragt, wem die Wiese gehört, so antwortet: dem Grafen; und wenn ihr das nicht tut, so werdet ihr alle totgeschlagen.« – Darauf ging der Kater weiter und kam an ein Kornfeld, so groß, daß es niemand übersehen konnte, da standen mehr als zweihundert Leute und schnitten das Korn. »Wem ist das Korn, ihr Leute?« – »Dem Zauberer.« – »Hört, jetzt wird der König vorbeifahren, wenn er frägt, wem das Korn gehört, so antwortet: dem Grafen; und wenn ihr das nicht tut, so werdet ihr alle totgeschlagen.« – Endlich kam der Kater an einen prächtigen Wald, da standen mehr als dreihundert Leute, fällten die großen Eichen und machten Holz. – »Wem ist der Wald, ihr Leute?« – »Dem Zauberer.« – »Hört, jetzt wird der König vorbeifahren, wenn er frägt, wem der Wald gehört, so antwortet: dem Grafen; und wenn ihr das nicht tut, so werdet ihr alle umgebracht.« Der Kater ging noch weiter, die Leute sahen ihm alle nach, und weil er so wunderlich aussah und wie ein Mensch in Stiefeln daherging, fürchteten sie sich vor ihm. Er kam bald an des Zauberers Schloß, trat kecklich hinein und vor ihn hin. Der Zauberer sah ihn verächtlich an und fragte ihn, was er wolle. Der Kater machte einen Reverenz und sagte: »Ich habe gehört, daß du in jedes Tier nach deinem Gefallen dich verwandeln könntest; was einen Hund, Fuchs oder auch Wolf betrifft, da will ich es wohl glauben, aber von einem Elefant, das scheint mir ganz unmöglich, und deshalb bin ich gekommen, um mich selbst zu überzeugen.« Der Zauberer sagte stolz: »Das ist mir eine Kleinigkeit«, und war in dem Augenblick in einen Elefant verwandelt; »das ist viel, aber auch in einen Löwen?« – »Das ist auch nichts«, sagte der Zauberer und stand als ein Löwe vor dem Kater. Der Kater stellte sich erschrocken und rief: »Das ist unglaublich und unerhört, dergleichen hätt ich mir nicht im Traume in die Gedanken kommen lassen; aber noch mehr als alles andere wäre es, wenn du dich auch in ein so kleines Tier, wie eine Maus ist, verwandeln könntest, du kannst gewiß mehr als irgendein Zauberer auf der Welt, aber das wird dir doch zu hoch sein.« Der Zauberer ward ganz freundlich von den süßen Worten und sagte: »O ja, liebes Kätzchen, das kann ich auch«, und sprang als eine Maus im Zimmer herum. Der Kater war hinter ihm her, fing die Maus mit einem Sprung und fraß sie auf.

Der König aber war mit dem Grafen und der Prinzessin weiter spazierengefahren und kam zu der großen Wiese. »Wem gehört das Heu?« fragte der König. – »Dem Herrn Grafen«, riefen alle, wie der Kater ihnen befohlen hatte. – »Ihr habt da ein schön Stück Land, Herr Graf«, sagte er. Darnach kamen sie an das große Kornfeld. »Wem gehört das Korn, ihr Leute?« – »Dem Herrn Grafen.« – »Ei! Herr Graf! große, schöne Ländereien!« – Darauf zu dem Wald: »Wem gehört das Holz, ihr Leute?« – »Dem Herrn Grafen.« – Der König verwunderte sich noch mehr und sagte: »Ihr müßt ein reicher Mann sein, Herr Graf, ich glaube nicht, daß ich einen so prächtigen Wald habe.« Endlich kamen sie an das Schloß, der Kater stand oben an der Treppe, und als der Wagen unten hielt, sprang er herab, machte die Türe auf und sagte: »Herr König, Ihr gelangt hier in das Schloß meines Herrn, des Grafen, den diese Ehre für sein Lebtag glücklich machen wird.« Der König stieg aus und verwunderte sich über das prächtige Gebäude, das fast größer und schöner war als sein Schloß; der Graf aber führte die Prinzessin die Treppe hinauf in den Saal, der ganz von Gold und Edelsteinen flimmerte.

Da ward die Prinzessin mit dem Grafen versprochen, und als der König starb, ward er König, der Gestiefelte Kater aber erster Minister.

Quellennachweis

Der Verlag dankt für die freundliche Genehmigung der Abdruckrechte folgender Beiträge:

Karel Čapek: *Die fanatischen Mütter* (S. 32)
    Aus: »Meine Hunde – meine Katzen«. Mit freundlicher Genehmigung der Rechtsinhaber.
Colette: *Saha* (S. 46)
    Aus: Gabrielle-Sidonie Colette, »Eifersucht«. Paul Zsolnay Verlag, Wien–Hamburg.
    Deutsch von Erni Ehm.
Bernhard Grzimek: *Die Katze mit den zwei Heimaten* (S. 24)
    Aus: Bernhard Grzimek, »Unsere Brüder mit den Krallen«. Ullstein Verlag, Berlin.
Ernest Hemingway: *Die Katze im Regen* (S. 67)
    Aus: Ernest Hemingway, »49 Stories«. Rowohlt Verlag, Reinbek b. Hamburg.
    Deutsch von Annemarie Horschitz-Horst.
James Joyce: *Die Katze und der Teufel* (S. 207)
    Aus: Richard Ellmann, »James Joyce«. Suhrkamp Verlag, Frankfurt.
    Deutsch von Fritz Senn.
Rudyard Kipling: *Die Katze geht ihre eigenen Wege* (S. 14)
    Aus: Rudyard Kipling, »Gesammelte Werke«. Paul List Verlag, München.
    Deutsch von Hans Rothe.
Svend Leopold: *Goethes Katze* (S. 75)
    Svend Leopold: *Napoleons Katze*
    Beide aus: Svend Leopold, »Goethes Katze oder Dichtung und Wahrheit«. Ernst Heimeran Verlag, München.
    Deutsch von Marieluise Henniger.
Edgar Allan Poe: *Der schwarze Kater* (S. 123)
    Aus: Edgar Allan Poe, »Werke«, Bd. III. Walter Verlag, Olten.
    Deutsch von Arno Schmidt und Hans Wollschläger.
Eugen Roth: *Die Katze* (S. 63)
    Mit freundlicher Genehmigung von Dr. Eugen Roth Erben, München.
Gustav Schenk: *Seefahrer Kador* (S. 196)
    Aus: Gustav Schenk, »Die Unzähmbaren«. Adolf Sponholtz Verlag, Hameln.
Eugen Skasa-Weiß: *Charivari aus dem Park* (S. 71)
    Aus: Eugen Skasa-Weiß, »Zimmerherr mit schwarzer Katze«. Mit freundlicher Genehmigung von Frau Konstanze Skasa-Weiß, Grafing.
Kurt Tucholsky: *Die Katz* (S. 60)
    Aus: Kurt Tucholsky, »Gesammelte Werke«, Bd. I. Rowohlt Verlag, Reinbek b. Hamburg.

Kurt Tucholsky: *Brief an einen Kater* (S. 9)
Das in diesem Brief genannte »kleine Buch, weiß wie du ...« bezieht sich auf den Band »Katzen« von Axel Eggebrecht, Herbert Stuffer Verlag, Berlin 1927. Da diese Ausgabe nicht mehr lieferbar ist, wurden die entsprechenden Passagen – nach Genehmigung des Kurt-Tucholsky-Archivs – gestrichen. Aus: Kurt Tucholsky, »Gesammelte Werke«, Bd. II. Rowohlt Verlag, Reinbek b. Hamburg.
Robert Walser: *Das Kätzchen* (S. 13)
Aus: Robert Walser, »Das Gesamtwerk«, Bd. II. Suhrkamp Verlag, Zürich/Frankfurt.

Sollten in diesen Band Beiträge von noch geschützten Autoren aufgenommen worden sein, deren Quellen hier nicht nachgewiesen sind, so bitten wir die Besitzer dieser Rechte, sich mit dem Verlag in Verbindung zu setzen.

Die »Leihkatze« gehört zum allerbesten,
was ich über Katzen gelesen habe.
Genau in der Beobachtung,
liebevoll, ohne sentimental zu werden,
leicht und überlegen-heiter im Ton.
LEO DOMZALSKI

Welch zauberhaftes, kluges Katzenbuch!
LUISE RINSER

Erzählung. 96 Seiten, geb.
Mit Vignetten von Jan Balet

WINDECKER WINKELPRESSE
GÜNTHER WEISS-MARGIS

**Der Mensch
kann auf dem Mond
erwachen, aber
keine Katze machen.**

Reiner Kunze
Das Kätzchen

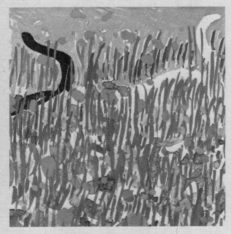

Mit Bildern
von Horst Sauerbruch

S. Fischer